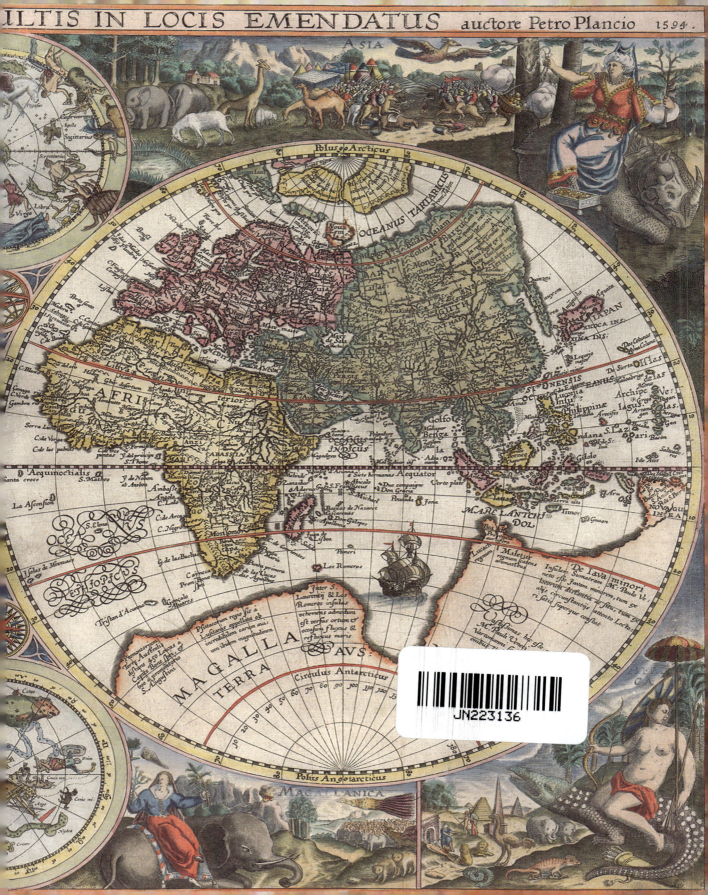

世界を
おどらせた
地図

THE
GOLDEN
ATLAS

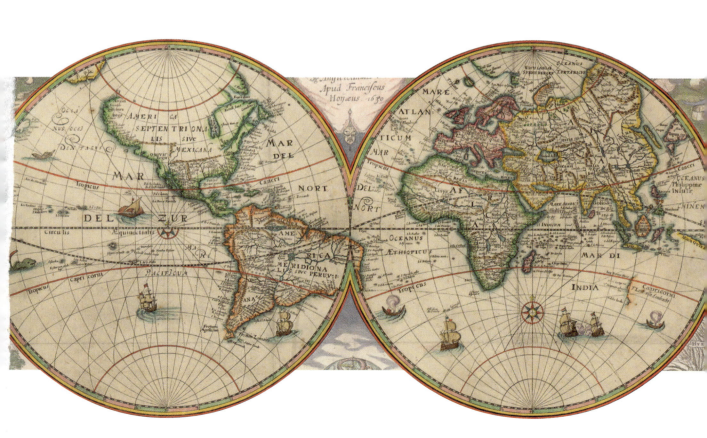

大切な宝物の
エマとフランクリンに

目次

はじめに 8

紀元前2250年~紀元150年
古代世界の探検と地図作り 18

833年
イスラムの地理学者たちと
知識の探求 28

986~1010年
バイキングによる
アメリカ大陸到達 34

1271~1295年
マルコ・ポーロの旅 38

1405~1433年
中国・鄭和の大航海 44

1435~1488年
ポルトガルによる
熱帯アフリカの探検 48

1492~1504年
クリストファー・コロンブスの
大西洋横断 52

1497~1498年
ジョン・カボットの北米への旅 58

1497~1499年
ヴァスコ・ダ・ガマがインドへ到達 64

1500年
大西洋条約を破った
ペドロ・カブラルがブラジルに到達 70

1513年
フアン・ポンセ・デ・レオンが
フロリダに到達 76

1519~1521年
フェルディナンド・マゼランの
世界一周航海 82

1524年
ヴェラッツァーノによる
北米東海岸の探検 88

1526~1533年
フランシスコ・ピサロのペルー征服 94

1577~1580年
フランシス・ドレーク卿の
世界周航 100

1582~1610年
マテオ・リッチと中国での
キリスト教宣教 108

1594~1611年
ウィレム・バレンツ、
ヘンリー・ハドソンと
北西航路の探索 114

1595~1617年
ウォルター・ローリー卿の
エルドラド探しの旅 120

1606~1629年
オランダ東インド会社と
ヨーロッパ人による
オーストラリアの発見 124

1642~1644年
アベル・タスマンが
ニュージーランドに到達 132

1683~1711年
インテリ海賊
ウィリアム・ダンピアの冒険 136

1725~1741年
ヴィトゥス・ベーリングの
北方大探検 142

1766~1769年
科学を追求した
ブーガンヴィルの世界周航 148

1768~1778年
クック船長による
太平洋と南極海の調査 156

1785~1788年
消えたラ・ペルーズ伯の探検隊 162

1791~1795年
ジョージ・バンクーバーによる
アメリカ北西海岸の探検 168

1795~1806年
ムンゴ・パークの北アフリカ探検 174

1799~1802年
アレクサンダー・フォン・フンボルトと
エメ・ボンプランの南米探検 178

1803~1806年
ルイスとクラーク探検隊の
太平洋までの道のり 184

1819~1820年
ウィリアム・エドワード・パリーが
北極諸島へ 190

1839~1843年
ジェームズ・クラーク・ロスと
磁北極、磁南極の探索 196

1845~1847年
フランクリン探検隊の謎の失踪 200

1846年
女性旅行家時代の幕開け 206

1853~1873年
デイヴィッド・リヴィングストン、
ヘンリー・モートン・スタンリーと
「暗黒大陸」 216

1860~1861年
バークとウィルズの探検隊による
悲運のオーストラリア縦断 220

1878~1880年
アドルフ・ノルデンショルドの
ユーラシア大陸周航 224

1893~1909年
北極点到達競争 228

1903~1912年
ロアール・アムンセンによる
北西航路横断と
南極点到達競争 232

1914~1917年
アーネスト・シャクルトンの
エンデュアランス号による
南極探検 238

あとがき 246

主な参考文献 248

索引 249

謝辞／図版・地図クレジット 255

はじめに

「太陽の光を追って、私たちは古い世界を後にした」
——クリストファー・コロンブス

Introduction

最初に言っておこう。地図は単に地形や位置を描いただけのものではない。有史以来、人間はその時代に手に入るあらゆる材料を駆使して、知っている世界の位置関係を刻みつけ、絵に描き、印刷してきた。イタリアのカモニカ渓谷に残るペルム紀の砂岩には、紀元前1500年頃の鉄器時代に彫られた、周辺の地形を表したベドリナの岩絵が残っている。13世紀に入って船乗りたちが使った上質皮紙の羅針儀海図はそれまでとは違い、正確さを求めた実用的な地図であり、波しぶきを浴びても傷まないように動物

イギリス初の世界地図

『世界著名地域』(1627年)に収録されたジョン・スピードの世界地図。イギリスの最初の世界地図でもある。

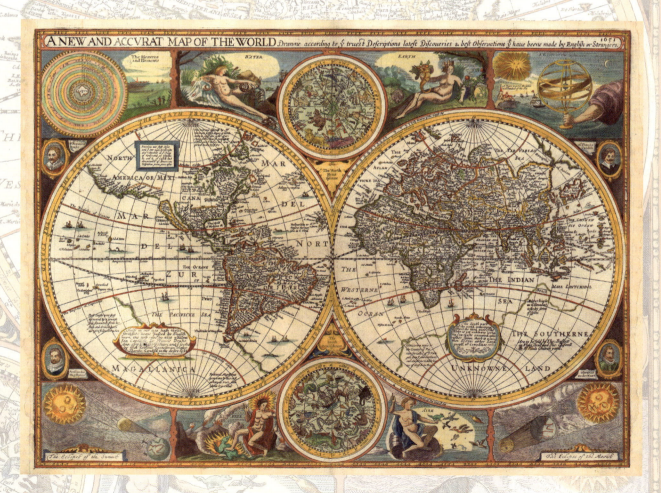

はじめに 9

の革が使われていた。また、きわめて珍しい例として、19世紀の宣教師たちが改宗対象となる異教徒の人数を書き込んだ巨大なキャンバス地の地図や、ヴィクトリア期には地図愛好家がいつも手元に置けるように、コットン地に世界地図を描いて傘のように折り畳める地球儀や、精密な地図が彫り込まれた銀貨などが登場した。

地図は物語によって命を吹き込まれる

これらの地図は形も素材も様々だが、一つ共通する点がある。地図製作に絶対に欠かせない物語がすみずみまで込められていることだ。雑然とした地図のそこかしこには、何世紀にもわたって

航海の必需品

3枚の上質皮紙をつなぎ合わせた、地中海域の巨大羅針儀海図。1641年のジョヴァンニ・バティスタ・カヴァリーニによるもの。

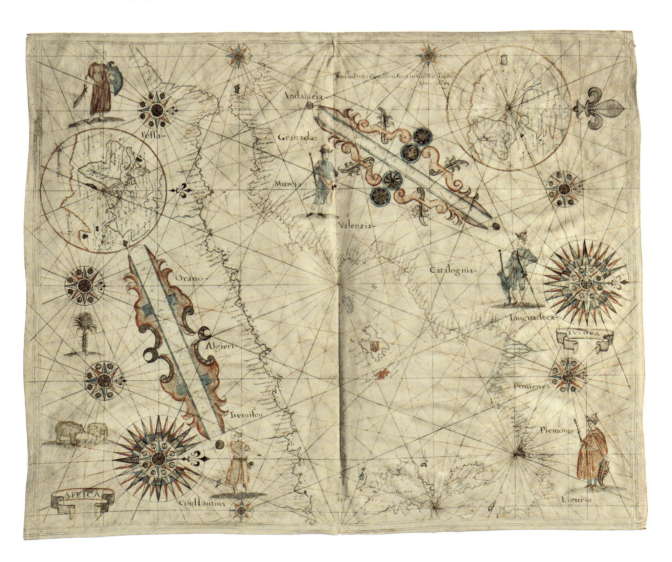

断片的な情報をつなぎ合わせ、全貌をつかもうと努力してきた跡が見てとれる。発見者たちが見た海岸の曲線や川を再現した緻密な筆遣いを見てほしい。先人の行跡を越え、未知の地域からつかみ取ってきた情報は、もしかすると両手いっぱいの財宝よりも価値のある戦利品だったのだろう。なぜなら、それこそが未知の大地に隠された莫大な財宝へと導いてくれる手がかりだったからだ。地図は、冒険が複雑に織り込まれたタペストリーのようなものだ。王や征服者、会社に科学者、一匹狼の財宝探しが探検した成果が随所にちりばめられている。空白だらけの地図を埋めるためにあらゆる情報が集められ、新たな地図が誕生していった。

本書のテーマは、地図に込められた偉大な探索者たちの物語を紹介し、歴史を拓いた彼らの功績がどのように地図の中に織り込まれ、世界が形作られてきたかを明らかにしていくことだ。同時に、非常に美しい地図のコレクションを眺めながら、地図の歴史を振り返ろうという意図もある。いくつかの地図は、新しい国家の「出生証明書」でもあり、それらの国家が誕生した頃に行われた恥ずべき略奪行為が透けて見えるものもある。博物館や図書館だけでなく、世界中の個人地図収集家や古美術商から協力を得られたおかげで、本書が初公開となった希少な地図も収録している。中には、驚くほどの値がつく地図もある。例えば「ヴェラッツァーノによる北米東海岸の探検」に掲載したマッジョーロ羅針儀海図には、現在1000万ドルの値がつけられている（これまで公式市場で販売された地図としては最も高価だ）。そして、一部の地域の地図であれ、世界地図であれ、どの地図にも必ず語るべき物語がある。

古代から中世の地図の物語

最も古い古代の探検の記録から話は始まるが、それよりもずっと昔から、ポリネシア航法で海を渡り歩く優れた船乗りたちもいた。紀元前3000～1000年頃、彼らは潮の流れや波の形、星の位置と動きに関する知識を語り継ぎ、それだけを頼りにアウトリガーカヌーに乗って太平洋を渡る航海に出ていた。つまり、この頃の地図は口伝だった。これら最初期の探検を書き残した冒険物語や地図は存在しないが、彼らがメラネシアからトンガやサモアへ、さらに東のソシエテ諸島、ハワイ諸島、イースター島へと進んで、ついにはニュージーランドの南まで移住したことを示す考古学的な証拠は残っている。古代エジプトの船乗りたちはナイル川や紅海、その先まで探検した。それら古代の記録は、ヘロドトス、ストラボン、プリニウスなどのギリシャとローマの文人が、今では失われた

折り畳み式地球儀

傘の構造を応用した折り畳み式の地球儀。ジョン・ベットが1860年に発明した。

文書を徹底的に調べて書き上げた著作に、数段落ほどの記述として残っている。

　初期の交易網が発達するにつれて、征服者たちは次々と新たな土地を発見し、地理の理解は大幅に進んだ。「世界の果て」を求めた紀元前4世紀のアレクサンドロス大王の東方遠征やローマ帝国の拡大を受けて、優れた地図製作者でもあったクラディウス・プトレマイオスは、紀元140年頃に座標という画期的な数学的体系を用い、かつてないほど詳しく世界を描くことに成功した。ローマの支配下にあったヨーロッパは帝国の崩壊とともに暗黒時代を迎える。その頃に国境を越えて繰り返された歴史上最も有名な遠征があった。イスラム世界への十字軍の遠征だ。これにより、スペインから東方まで広く、学者たちは自由に行けるようになった。同じ頃、北欧の探検家たち（バイキング）も大荒れの北大西洋を抜けてアイスランドやグリーンランドに行き、10世紀後半にはまった

北の海の地図

セバスチャン・ミュンスターの地図に登場する、スカンジナビア海域を脅かしていると考えられていた怪物たち。1550年。

くの偶然によって「ヴィンランド（北米）」に到達した。

大航海時代が始まる

　ヨーロッパの大半の地域では、このバイキングたちの発見より、モンゴル勢力の急激な拡大のほうが影響は大きかった。遊牧民の君主である大ハンの統治により、13世紀のヨーロッパの商人たち（マルコ・ポーロもその1人だった）は比較的安全にアジア全体を通行できるようになった。魅力的な東方の富を運ぶ陸路での旅は、このうえなく長く過酷な道のりだった。そこで、東方の絹織物と香辛料を船いっぱいに積み込んで運べる海路探しが始まり、15世紀に大航海時代が幕を開けた。ポルトガルはアフリカ西海岸を南下するルートを選び、インドへの航路を探すかたわら、サハラの黄金や奴隷の売買ができる拠点づくりをもくろんだ。1488年にはポルトガルのバルトロメウ・ディアスがアフリカ最南端の喜望峰に到達し、その10年後にヴァスコ・ダ・ガマがインドに行った。ほぼ同じ頃、イギリスは大西洋を横断する大航海でカナダ東部のニューファンドランドに到達した。スペインは1494年にポルトガルと条約を結んで東回りの航路を譲り渡したため、西回りの航路探しに乗り出した。クリストファー・コロンブスは中国を目指す競争で勝利するべく勇んで大西洋横断に挑んだが、着いた先は目指す場所ではなく新世界だった（しかし、コロンブスはアジアに着けなかったことをその後も決して認めなかった）。

　新大陸の富はやがてヨーロッパ人に先住民の文化を破壊させることになる。だが、彼らが南米の財宝の存在を知るのはもう少し後のことだ。当時のヨーロッパは東洋に続く道を探すことが最優先事項であり、フェルディナンド・マゼランは海を隔てる大陸を迂回して東方に行く航路を探すために船出し、南米南端のマゼラン海峡を開拓した。彼らは波が荒く強風が吹き続けるマゼラン海峡を横断し、1520年に初めて太平洋に出た。しかし、黄金の国といわれるアステカ帝国やインカ帝国の発見により、残忍な新手の探検家たちが財宝を求めて南米に渡り始めた。黄金を探し求めたスペインの「征服者（コンキスタドール）」のフアン・ポンセ・デ・レオンは1513年にフロリダを発見し、エルナン・コルテスは1517〜1521年にメキシコを占領して略奪を行い、アステカ帝国を崩壊させた。

　このようなスペインの動きにイギリスも追随した。フランシス・ドレークは1577年にイギリスを船出し、マゼラン海峡から太平洋に出て、略奪行為を行った。他国の進出をまったく想定していなかったスペインはあわてふためいた。このときのドレークの航海は、

フランス隊の探検

次ページ：ピーテル・ファン・デル・アーによる『平面球体世界地図』（1713年）。フランスが探検した範囲が示されている。

はじめに　13

結果的にイギリス初の世界一周航海となる。ウォルター・ローリー卿が数々の悲劇を招いた伝説の黄金郷エルドラドを探して新大陸に渡った頃、彼の母国イギリスは北西航路の開拓という新たな目標に向かって突き進もうとしていた。アメリカ大陸を横断できなくても、その北端を回れば大西洋から太平洋に簡単に行くことができ、東洋と交易しやすくなると期待されていたからだ。さらに17世紀に入ると交易会社が独占企業となって台頭し、やがて国家に匹敵する金と力を手にする。イギリスのモスクワ会社はモスクワ大公国(現ロシア)と中央アジアに貿易団を派遣し、中国に向かう北東航路を探した。一方、イギリス東インド会社はオランダ東インド会社(VOC)と対立しながら南回りのルートで東洋の富を狙っていた。VOCは極秘の交易路を持ち(「海のともしび」と名づけられた秘密の地図があった)、歴史上で類をみないほど潤沢な資金を持った。現代の通貨に換算すると、資産総額は実に7兆ドル(およそ750兆円超)にのぼったという(ちなみに、現在最高の資産額を誇るアップル社でも、本書執筆時点の時価総額は7500億ドル、およそ80兆円ほどだ)。VOCはジャワ島に拠点を置き、さらに新天地を求めて西に向かった。やがて彼らはオーストラリアに達し、ほどなくしてヨーロッパ人として初めてニュージーランドを目撃することになる。

■科学的な探検から冒険航海の終焉へ

18世紀に入ると、より科学的なアプローチを用いた地理調査が行われ、地図の随所に数字が入って装飾は排除された。本書の登場人物も、黄金に飢えた私掠船の船乗りから、命令に従って任務を遂行する現実主義の探検家に変わる。ヴィトゥス・ベーリングは、ピョートル大帝が死の床で出した命令によって凍りついたロシアを横断した。1766〜1769年にはルイ=アントワーヌ・ド・ブーガンヴィルが、フランス人として初めて世界周航を成し遂げた。彼の船にはこっそり女性が乗船しており、初めて世界を一周した女性という知られざるストーリーも生んだ。

しかし、科学的探検の時代を象徴する人物といえば、何といってもジェームズ・クック船長、通称キャプテン・クックだろう。ハワイで非業の死を遂げるまで、彼は3回の探検航海に出かけ、太平洋周辺を丹念に調べ上げてすばらしい成果を残している。クック船長に続けとばかりにラ・ペルーズ伯(航海の途中で消息を絶ち、その後も不明)やジョージ・バンクーバーなど大勢の航海者たちが船出し、地図の大陸海岸線の描線はどんどん緻密になった。19世紀には未踏の地域に行く探検家がさらに増え、地図はますます詳し

はじめに 15

いものになっていった。スコットランド人探検家ムンゴ・パークは、アフリカ地図で空白の内陸部奥地へと向かい、アレクサンダー・フォン・フンボルトとエメ・ボンプランは、ヨーロッパとはまったく異質の南米の自然に囲まれながら旅をし、調査記録を残し、地図を作った。メリウェザー・ルイスとウィリアム・クラークは、当時の米国大統領トーマス・ジェファーソンの命を受けて広大なアメリカ西部を初めて陸路で横断した。

北極圏の探検熱も冷めなかった。19世紀半ばにはイギリスで北西航路探索が活発化し、ウィリアム・パリーやジョン・ロス、そして最終的に全滅した有名なジョン・フランクリンの探検隊などが出発し、航行可能な航路を求めて氷の迷宮と闘った。北西航路の探索は、探検の英雄時代最後の20世紀初頭まで執拗に続けられた。1903～1906年には、ついにロアール・アムンセンが初めて北西航路の横断航海を成功させ、探検家たちに残された最後の大きな挑戦は、誰よりも先に北極点に到達することになった。これは十分な資金と、勇気と、無謀さがあれば誰でも自由に参加できる競争だった。実は初の北極点到達を主張した2人の話はかなり疑わしく、最初に北極点に到達した人物が誰だったのかは今でもわかっていない。一方、南極点では、イギリスの探検隊とノルウェーの探検隊が先に旗を立てることを競い、悲運に見舞われながらも奮闘する感動的な物語もある。世界中を巻き込んだ第一次世界大戦の勃発により、この南極点到達競争を最後に探検の時代は幕を閉じた。

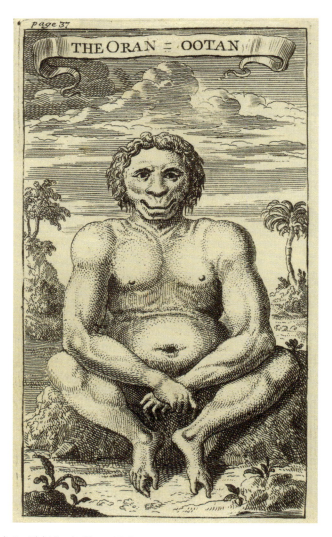

ボルネオのオランウータン

ヨーロッパ人が最初に描いたオランウータンの図。ダニエル・ビークマンの『ボルネオ島航海記』(1718年)より。

地図に込められた物語

どの物語も、地図にその痕跡をとどめている。偉業は輝き、悲劇は哀愁を漂わせる。地図は探検から生まれた芸術作品だ。科

学的なすばらしさと芸術的な美の両方を持ち、人間が知識を獲得していく段階が形となって表現されている。ほかのどんな文書にもそんな真似はできない。現在は技術の進歩によって衛星画像を基に地図が作成され、物語が込められた地図はほとんど姿を消し、地図はただ便利な道具として使われるようになった。しかし、ここにたどり着くまでに一体どんな旅や航海があり、闘いがあり、どんな犠牲が払われてきたのだろうか？　現代の地図が花開くまでに、どのように世界に関する知識が集められ、どんな代償が伴ったのだろう？ これから始まる物語には、4000年以上の昔から近代までの世界中の探検家たちが登場する。まずは、本来ならすべての物語がそうあるべきなのだが、踊る小人から話を始めよう。

航海のナビゲーター

1874年頃に発明された、W・マーシャム・アダムズの唯一現存する天体位置計算器(コエロメーター)。星の動きを観測して進む航海術の教材として使われていた。

古代世界の探検と地図作り
Exploration and Mapping of the Ancient World

古代エジプト、古代ギリシャ、ローマ帝国が広げていった世界

「志のあるものには、何事も不可能ではない」
——アレクサンドロス大王

紀元前2250年〜紀元150年

古代エジプト地図

オルテリウスが、シケリアのディオドロス、ヘロドトス、ストラボン、プリニウスら歴史家の情報を基に、1584年に作成した2枚の紙をつなぎあわせた古代エジプト地図。

名前が残っている探検家の物語を最古までさかのぼるなら、断固たる姿勢と確固たる孤立主義を貫いていた古代エジプト王国にたどり着く。この時代の探検家を一人だけ選ぶとしたら、アスワンの丘に墓があり、エジプト第6王朝時代(紀元前2345〜2181年頃)にナイル川流域を探検した高官ハルクフだろう。墓の岩壁に彫られたハルクフの物語には、はるか彼方の「ヤム」国を目指した4回の大旅行が描かれている。ヤム国の場所は今もわかっていないが、上ナイル地方の現在のスーダンのあたりと考えられている。「私はたったの7カ月で成し遂げた」とヤム国への最初の旅についてハルクフは豪語している。「さらにそこからあらゆる贈り物を運んできた(中略)このことで私は大いに称賛された」。ハルクフはその後の3回の旅でも異国の貢ぎ物を携えて帰国した。最後の遠征では、「聖霊の国からやってきた踊る神の小人」を持ち帰るという知らせを母国に送り、当時8歳の少年だった王ペピ2世をたいそう喜ばせた。「すぐに北に向かい、宮廷に来るように」というペピ王の返事が来たと、ハルクフの墓には誇らしげに彫られている。「その小人をそなたとともに連れてくるように(中略)くれぐれも小人を水に落とさぬよう」

古代エジプト、南の大陸に足を踏み入れる

　ヤム国以上に謎の国は、やはり南東のどこかにあったが、正確な場所はわからない「プント国」だ。紀元前2450年頃にエジプトのサフラー王が使節団を派遣したのが最初の訪問だとされる。船の建材をナイル川から約150マイル(250km)先の紅海まで運ぶのは大変だったが、プント国から豪華絢爛な品々がもたらされたため、定期的に交易するようになった。しかし、紀元前2000年頃からその交易は途絶え、紀元前1479年にハトシェプスト女王がエジプト初の女性ファラオに即位するまでのおよそ500年間、国交がまったくなかった。女王は不朽の名声を求め、プント国との国交回復に向けて210人の部隊を送った。部隊は、エジプトではかつて見られないほど見事な庭を造る異国の木を携えて戻って来た。プント国から没薬と乳香などのほか、プント人家族までが女王に贈られた。この成功により、歴史に名を残すという女王の希望は叶えられた。ハトシェプスト女王葬祭殿には、プント国との交易が誇らしげに書かれたレリーフが飾られている。

　それからおよそ860年後にエジプト王となったネカウ2世は、ナイル川と紅海の間の通行を容易にするため、運河の建設を指示した。これがのちにスエズ運河となる。しかし砂雪崩で1万2000

最古の探検家

墓のレリーフに彫られたハルクフ。

エジプト女王の遠征隊

ハトシェプスト女王のプント国遠征に参加したエジプトの兵士たち。デル・エル・バハリにあるハトシェプスト女王葬祭殿に描かれたもの。

人が犠牲になったことをきっかけに運河の計画は頓挫し、ネカウ王は紅海よりも南方への探索に関心を向けるようになった（運河が完成すれば敵対していたバビロニアの侵略を容易にする恐れもあった）。紀元前610〜594年頃にネカウ2世はフェニキアの熟練の船乗りたちを集めて部隊を組織し、南方への大航海を命じた。この探検の記録は唯一、ヘロドトスの『歴史』に短く記述されている。探検隊はアフリカの東海岸に沿って南下し、南アフリカのあたりで西に向きを変え、太陽を右にして進んだ（当時は地球が球体だとわかっていなかったので、ヘロドトスはこのことを不思議に思った）。最終的に探検隊はアフリカ大陸を一周し、地中海を経由してエジプトに戻った。この話の信憑性については2000年以上にわたって議論が繰り広げられてきた。プリニウスはこの話が本当だと考えていたが、プトレマイオスはこれを一蹴した。彼は、アフリカが広大な南方大陸から突き出した岬のようなものだと考えており（彼の地図では実際にそうなっている）、一周することなどできるはずがないと思ったからだ。

また、ヘロドトスは、カリュアンダのスキュラクスというギリシャ人探検家にも言及している。ペルシャに仕えていたスキュラクスは、紀元前515年にインド洋の沿岸部を探索し、アラビア半島を一周した。一方、ある貴族の娘を汚した罪で捕らえられ、串刺しの刑を逃れるためにアフリカ一周という「もっと重い」処罰を選択したのは、ペルシャ王ダレイオスの甥サタスペスだった。紀元前470年、エジプトから船出したサタスペスは、ジブラルタル海峡を抜け、数カ月かけてアフリカを南下したのちに、ヤシの葉を身にまとった小人族の国を発見した。潮流によって船はその先に進めず、彼はこの発見による減刑を期待してペルシャに戻った。しかし期

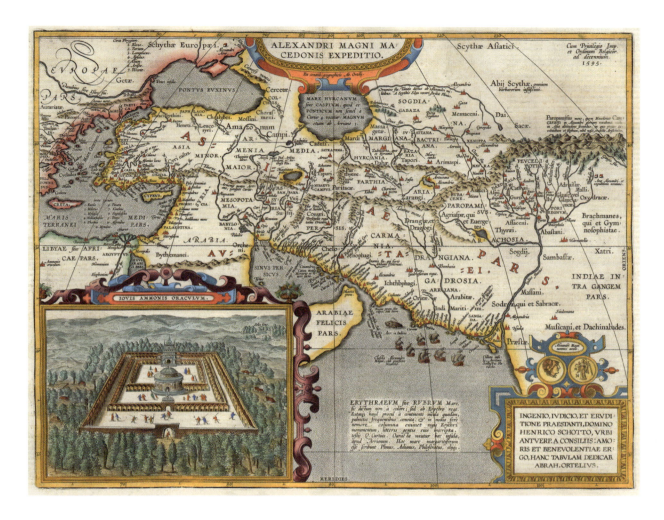

アレクサンドロス大王の征服地

オルテリウスによる1608年の地図。アレクサンドロス大王が征服した中東地域とペルシャ帝国が描かれている。

待もむなしく、クセルクセス王はこの航海の成果はほとんどないと判断し、あわれなサタスペスは串刺しの刑に処された。

アレクサンドロス大王が東へ進む

　続く紀元前4世紀はアレクサンドロス大王の時代だった。彼は20歳のときに、古代ギリシャの王国の一つマケドニアの王だった父ピリッポスを暗殺され、王位についた。アレクサンドロス大王は圧倒的な強さで恐れられたギリシャ軍を率いて、紀元前334年にダーダネルス海峡（ヨーロッパとアジアの事実上の境界だった海峡）を渡る一大軍事遠征に出かけた。アジアのみならずアフリカ北西部にも足をのばし、30歳の頃には無類の強さを誇る王の一人になった。アレクサンドロス大王の教育係は16歳までアリストテレスが務めたが、アリストテレスが教えた世界観はギリシャ世界の知識

不正確な緯度、経度

マルティン・ヴァルトゼーミューラーによるブリテン諸島の地図。プトレマイオスがピュテアスの不正確な緯度・経度を使ったために、スコットランドがいびつな形になっている。

にとどまっていた。カスピ海の東側やアラビア海の南については仮説の域を出なかったし、アジアの実際の広さはまったくわかっていなかった。アリストテレスは世界が一つの巨大な島で、そこを広大な大洋が取り囲むイメージを持っていたようだ。

　この「最果ての海」を目にしたいという欲望から、大王はエジプトからメソポタミア、ペルシャまでの数千マイルを進軍した。そして、中央アジアの果てのない大平原を発見し、紀元前326年にとうとうインダス川流域に到着した（ここで大王は有名なイエティを連れ帰って調べたいと希望したが、低地でイエティは生きられないと止められたと伝わっている）。大王はさらに広大なガンジス川を渡って進もうとしたが、兵士たちは疲れ切り、これ以上の進軍を拒否した。

マッシリアの地理学者が北へ航海する

　紀元前325年には、ギリシャの植民地で交易の中心地だったマッシリア（現在のマルセイユ）から、地理学者ピュテアスが途方もない探検航海に出かけた。彼はグレートブリテン島や北欧、さらにその北方の地を初めて航海記『大洋』（現存しない）に記録した。北方では数カ月間も夜に太陽が沈まない「白夜」が続くことを最初に紹介したのも、極冠やゲルマン人を初めて科学的に調査したのも、謎の島トゥーレを発見したのもピュテアスだった。特にトゥー

レはその後千年以上にわたって北方の伝説の地として語り継がれた。ピュテアスは、ビスケー湾から現在のブルターニュ地方を回ってイギリス海峡を渡り、「プレタニ(グレートブリテン)島」の南西端のコーンウォールに着いたと思われる。そこからグレートブリテン島と周辺の島々を船で回り、オークニー諸島やシェトランド諸島を調査したのち、北へ向かい、トゥーレにたどり着いたという(このときのトゥーレはアイスランドかノルウェーではないかと考えられている)。

　ピュテアスの話を疑う者もいたが(例えばストラボンはピュテアスを「こずるい嘘つき」と断罪した)、『大洋』はその後何世紀間も歴史家や地理学者たちに引用され、地図の作成にも目に見える形で影響を残した。22ページのプトレマイオスの地図では、スコットランドが本

プトレマイオスの後継

プトレマイオスの著作を基に、メルカトルが1578年に作成した世界地図。

古代世界の探検と地図作り　23

来よりもかなり右に曲がっている。これはピュテアスの不正確な緯度・経度をそのまま利用した可能性が高いと考えられる。

紀元後に「プトレマイオス図」が登場

　次の千年紀に入る頃、ユリウス・カエサルとその後継者たちが率いるローマ帝国がフランス、ドイツ、スペイン、イギリスに遠征し、未知の地域の全貌が明かされ始めた。ヨーロッパの地理や先住民の文化に関する詳しい情報が初めて文書にまとめられたのもこの頃だ。紀元84年頃のスコットランドは、ローマの将軍アグリコラが支配していた。ピュテアスの航海を知らなかった彼は、周辺の海に艦隊を派遣し、オークニー諸島を領土として宣言し、「トゥーレ」を目撃したと主張した（これはシェトランド諸島だった）。一方、南方では紀元42年にスエトニウス・パウリヌスが北アフリカのアトラス山脈を越え、紀元60年には皇帝ネロの命令でローマ帝国の親衛隊がナイル川の源流を探す旅に出たが、南スーダンの広大なスッド湿地で川の流れを見失った。それ以降も何度も探検が行われたが、いずれもその先に進めなかった。

　紀元2世紀のギリシャの地図製作者テュロスのマリノスは、当時判明していたあらゆる地理情報を集め、緯度経度を用いて最初の世界地図を苦心の末に完成させた。マリノスは不詳の人物で、製作した地図も残っていない。しかし彼の地図は、紀元140〜150年頃にクラディウス・プトレマイオスが書き、古代の地理の

紀元前の道路地図（写本）

紀元前300年のポイティンガー図を基に作成された、1200年頃の写本の一部。元のポイティンガー図は全長22フィート（7m）の長い道路地図で、ローマ帝国の約4000の街が記録されている。左上がイギリスの海岸線。

探検の余波

右ページ：『ガリア戦争』（1753年）。この「巨大枝編み人形（ウィッカーマン）」は、古代ケルトの祭司（ドルイド）が作ったもので、人間を詰め込んでそのまま燃やしてしまうという。ユリウス・カエサルの『ガリア戦記』でも言及されているが、実際にこのような方法で人身御供が捧げられていたという証拠はなく、先住民の野蛮さを誇張した作り話だった可能性が高い。

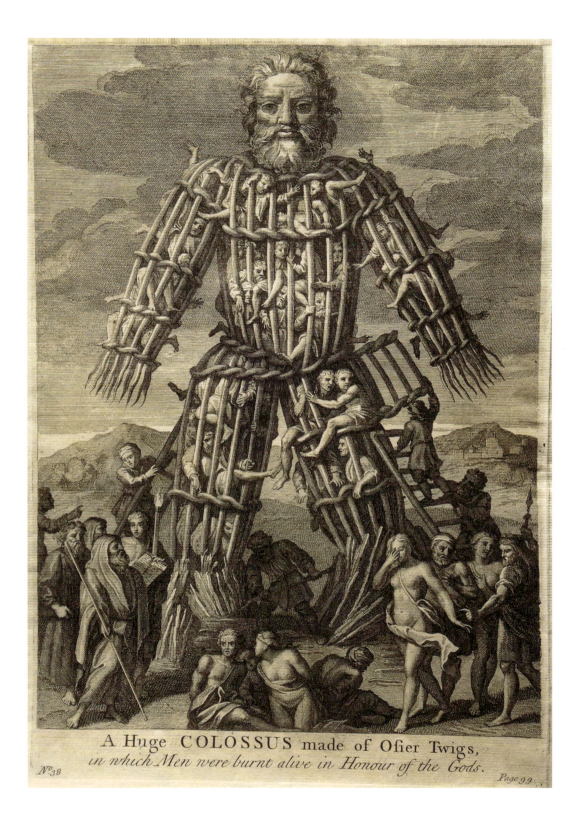

A Huge COLOSSUS made of Ofier Twigs, in which Men were burnt alive in Honour of the Gods.

古代世界の探検と地図作り

26 | Exploration and Mapping of the Ancient World

本として唯一現存する『地理学』に影響を与えている。『地理学』も一時は行方不明となり、9世紀にイスラム世界の地図製作者たちが発見するまでほとんど知られていなかった。『地理学』は14世紀の初めにヨーロッパで見直されて地理学者たちに大きな影響を与えた。そのきっかけは、東ローマ帝国時代のギリシャの修道士マクシムス・プラヌデスが『地理学』をラテン語に翻訳し、プトレマイオスが本の執筆と同時期に作成したと思われる地図「プトレマイオス図」を再現したことだった。これを皮切りに、その後も多数のプトレマイオス図が製作されるようになった。

『地理学』には、古代世界の探検の歴史が丁寧にまとめられている。中世の写本のプトレマイオス図は、やがて宗教色が強いマッパ・ムンディ（世界地図）に取って代わられたが、プトレマイオスはその後も200年間にわたって一般的な地理学の認識に大きな影響を及ぼし続けた。

プトレマイオス図（写本）

2世紀にギリシャの数学者プトレマイオスが作成した地図の写本。1478年にローマで印刷された。

古代世界の探検と地図作り | 27

833年 イスラムの地理学者たちと知識の探求
Islamic Geographers and the Search for Knowledge
数百年に及ぶイスラムの知の蓄積

「たとえ地の果てまで行かねばならぬとしても、知識を追い求めよ」

——預言者ムハンマド

　9世紀のアラブやペルシャの学者たちは、プトレマイオスの仕事を受け継ぎ、ヘレニズム時代の地理学を土台として、地図の上に世界を構築していた。イスラムの地理学者たちは、アラブの交易商人たちの話や、中国、アフリカ、インド、果ては東南アジア地域への過去の遠征から得た知識と、ギリシャ人やローマ人ではなかなか知り得ないような、何百年もの時間をかけて蓄積された東方の情報をかき集め、プトレマイオスが数世紀前に書いた『地理学』を、能力の限りを尽くして改変していった。

11世紀前半の世界地図

1020〜1050年頃の作者不詳の宇宙誌『驚異の書』に収録されている長方形の世界地図。この本は11世紀前半にエジプトで編さんされた。

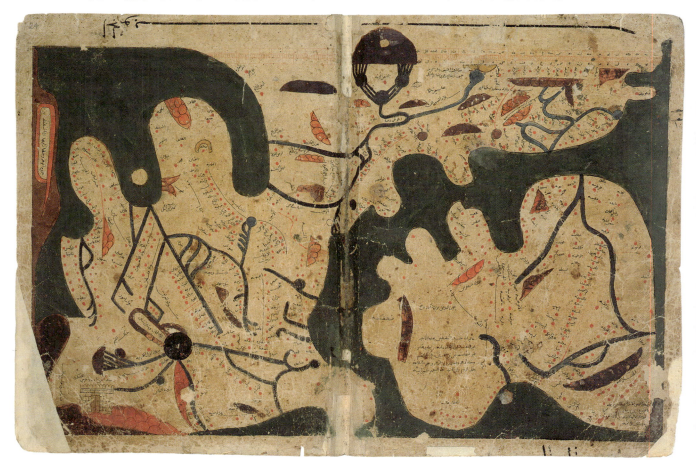

プトレオマイオスから始まる

833年、バグダードの知恵の館で、ペルシャの学者ムハンマド・イブン・ムーサー・アル＝フワーリズミーは、プトレマイオスの『地理学』を初めて大幅に改訂し、著作『大地の概念』を書いた。プトレマイオスが作成した地図は残っていなかったため、アル＝フワーリズミーは苦労しながら、最新の情報を取り入れ、誤りを修正しつつ、『地理学』の書き直しを進めた（例えば、地中海の幅をプトレマイオスは経度で63度とかなり広く見積もっていたが、アル＝フワーリズミーは50度前後と実際に近い数字に修正した。また、プトレマイオスは大西洋とインド洋が陸地に囲まれていると想像していた）。

これに続き、イブン・フルダーズベが、現存する中では最も古いアラビア語の行政地図の本を書いた。この本には東南アジアまでのあらゆる交易路が詳しく記され、ブラマプトラ川、アンダマン諸島、マレー半島、ジャワ島付近まで含む土地、人々、文化が記録

12世紀の知見の集大成

12世紀のアラビアの地理学者アル＝シャリフ・アル＝イドリースィーによる、1154年の円形の世界地図。上が南。ボドレリアン図書館所蔵。

イスラムの地理学者たちと知識の探求 | 29

されている。イブン・フルダーズベは唐（中国）や新羅（朝鮮半島）、日本について早い時期から言及し、伝説の島ワクワクも紹介している。ワクワク島は、夜明けと夕暮れどきに声を上げて日の出と日没を告げる木が生えていることで有名だった。「シナの東にワクワクの島があり、黄金が豊富なために犬をつなぐ鎖や猿の首輪までもが黄金でできている。島の人々は黄金で服を編む」

イスラムの旅行家による世界調査

10世紀初頭、アラビアの旅行家アフマド・イブン・ファドラーン

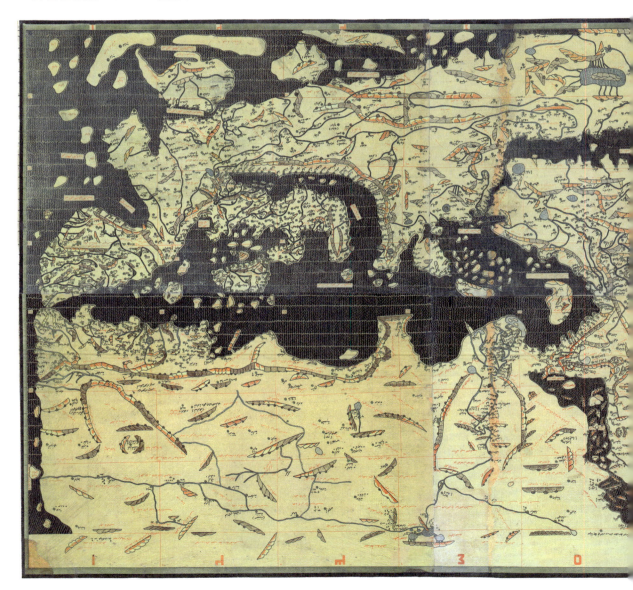

は、ボルガ・ブルガール（現在のロシアにあるヨーロッパに近い地域）を目指す使節団の一員として、922年にカスピ海を渡るという歴史に残る大旅行を行った。完全版が1923年にようやく発見された彼の旅行記のかなりの部分は、「ルーシーヤ」族の説明にあてられている。現在ではバイキングという名前の方が有名だろう。アラビアから来たイブン・ファドラーンの目には、金髪でヤシの木ほどに背が高く、「爪先から首まで」に黒っぽい「木の模様」の入れ墨を彫り込んだ男たちは奇異に映った。彼はルーシーヤ族を、完璧な肉体の見本のようだが、非常に粗暴で衛生意識はまったくないと

聖地がある南を上に

ムハンマド・アル＝イドリースィーが1154年に作成した、タブラ・ロジェリアナの世界地図。この地図は南を上にして描かれているため、見やすいように上下を逆に掲載している。当時のイスラム世界では多くの地域が聖地メッカの北に位置しており、信者の多くが南に向かって礼拝を行っていたため、地図は南を上にするのが一般的だった。

イスラムの地理学者たちと知識の探求

説明し、族長の一人を葬るときには船葬の一部として人身御供を捧げるおぞましい光景を目にしたと報告している。

さらに尊敬を集めていた旅行者に、「アラブのヘロドトス」とも呼ばれたイラク生まれのアブル・ハサン・アル=マスウーディーがいる。彼はあくなき好奇心を抱いて世界のあちこちを回った。マスウーディーはシリア、イラン、アルメニア、カスピ海沿岸部、インダス川、スリランカ、オマーン、アフリカ東海岸から、南はザンジバル諸島まで、広く旅をした。マダガスカルにも行ったという説もある。著作の多くは失われてしまったが、それでも彼が書いたと思われる宗派や毒薬をテーマにした本が12冊以上残っている。最も有名な著作は全30巻におよぶ百科事典『時代の諸情報』で、イスラム世界(その外側の世界)の国々に関する圧巻の知識を披露している。マスウーディーは自身を「あらゆる種類と色合いの真珠を探し出し、それらを集めて持ち主が細心の注意を払って守り続けるようなネックレスを作る人間」と例えた。

東の果てにある
ワクワクの木

伝説のワクワク島に生えていたという、人間の頭が叫び声を上げる木。初期のイスラムの地図によく掲載されていた。

天才がアメリカ大陸を予言する

マスウーディーの死後40年が経った頃、彼の遺志を継ぐ知識の後継者が現れた。それが990年に若干17歳で自分の街の緯度を正確に計算で割り出した天才アブ・ライハーン・アル=ビールーニーだ。イスラムの黄金時代を築いた大学者として歴史に燦然と名を残すビールーニーは、測地学と人類学の父として知られる。インドまでの広い範囲を旅し、詳細な地理情報をもらさず記録し、各地で出合った習慣や宗教について書き残している。その功績が認められ、「アル=ウスタド(マスター)」の称号を与えられた。ビー

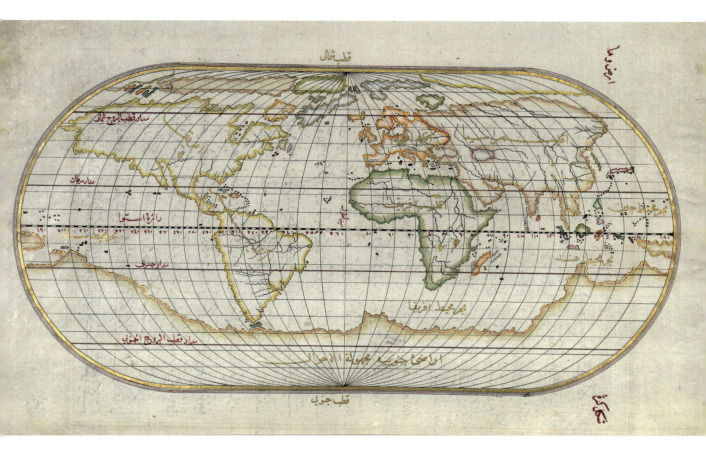

ルーニーの最大の功績は、地球の円周を計測する新しい手法を考え出し、誤差10.44マイル(16.8km)以内のほぼ正確な値を導き出したことだ。それまでに知られていた都市と主要な地形を、緯度経度の情報に基づいて地球儀に配置してみると、ユーラシア大陸全体でも地球の5分の2程度しか占めないことを彼は発見した。従来の考え方では、残りの部分には「世界大洋」があると思われていたが、ビールーニーは比重を研究し、ヨーロッパとアジアの間の海には大陸が存在するに違いないと考えた。この結論は理論から導き出されたもので何の証拠もなかったが、1037年の段階でアメリカ大陸の存在を予言していたことになる。

偶然にも、彼が著書『マスウード宝典』で未知の大陸の存在を発表するわずか数年前に、ヨーロッパ人がアメリカ大陸を見つけていた。しかも、この発見はかつてイブン・ファドラーンを恐れさせた「粗野な」人種こと、バイキングによってなされたのだった。

新大陸発見後の
オスマン帝国による地図

オスマン帝国の提督であり、地図製作者でもあったピーリー・レイース(1465/70~1553年)の世界地図。

イスラムの地理学者たちと知識の探求　33

バイキングによるアメリカ大陸到達
The Vikings Discover America

986〜1010年

コロンブスの前に北米大陸に到達したヨーロッパ人

「旅する者は、出会った人々を支配する霊を見分けることができる」
——古くから北方に伝わる詩、高き者の言葉(ハヴァマール)

移り住んだアイスランド

オルテリウスが1587年に作成した、有名なアイスランド地図。噴火する火山や伝説の海洋生物も描かれている。

　コロンブスからさかのぼること数世紀前、アメリカ大陸の海岸の砂を踏みしめながら歩くバイキングたちがいた。誤って人を殺した罪でノルウェーを追われたバイキング、通称「赤毛のエイリーク」は、グリーンランドに入植し、自分や家族、それに彼を慕って一緒についてきた者たちとの新たな生活の地を切り開こうとしていた。この新しい入植地は、島の4分の3がほぼ一年中氷床に覆われていたが、抜け目のないエイリークは、この土地に「グリーン

北大西洋を行く

グリーンランド沖合いを航行するバイキング船。19世紀の画家イェンス・エリック・カール・ラスムッセンによる。

ランド」といういかにも魅力的な名前をつけ、広大で肥沃な場所であるかのように吹聴し、新たな入植者たちを呼び込んだ。中世ヨーロッパで最も高価な交易品の一つだったセイウチの牙がたくさん獲れるという噂は、ノルウェー人やアイスランド人の耳まで届き、まもなく北方の海には新天地に向かう家族を乗せた船が押し寄せた。なかには予定の航路を偶然に外れる船もあった。そして、思わぬ航路を進むはめになった船に乗り合わせた人々は、さらにすごい発見にめぐり合うことになった。

予想外の航路の先

　986年、ノース人のビャルニ・ヘルヨルフソンは、アイスランドに住む家族に会いにやってきた。しかし、父親が家を売ってアイスランドを離れ、赤毛のエイリークについてグリーンランドに移り住むと聞いて不安を覚えたヘルヨルフソンは、父の移住先に同行することにした。出港して3日目に、ヘルヨルフソンの船は北風に流されて大幅に進路を外れてしまい、やがてまったく見知らぬ土地に行き着いた。そこは(カナダ北東部の)ラブラドル半島だった。彼はたどり着いた地の森や丘を探検したのちに再びグリーンランドに向かい、今度は無事にたどり着いた。それから15年後、赤毛のエイリークの息子であるレイフ・エリクソンは、ヘルヨルフソンが見たという土地に興味を持ち、彼の船を雇ってその島を目指した(ちなみに、赤毛のエイリークの伝説(サーガ)によれば、土地の発見者はヘルヨルフソンではなくエリクソンになっている)。

　1000年頃、レイフは15人の乗組員とともにヘルヨルフソンがかつて通った航路をたどり、ヘルランド(平石の国)に到着したという記述がアイスランドの伝説(サーガ)に残っている。このヘルランドは、現在ではカナダのヌナブト準州に属し、世界第5位の島面積を誇るバ

バイキングによるアメリカ大陸到達　35

フィン島だというのが一般的な意見だ。土地が痩せて山だらけのこの島は定住には向かないように思われたため、レイフは島を離れて南に向かい、「マルクランド」に到着した。ここはうっそうとした森が海のすぐ手前まで生い茂り、やはり住みにくい土地に思えた。そこで、彼はさらに航海を続け、かなり進んだところで別の島を見つけた。ここは地形も気候も少し穏やかなようだった。彼はそこで一冬を過ごし、帰国後もその土地のすばらしさを触れ回った。温暖で植物がよく育ち、川には魚がたっぷりいる。何といってもすばらしいのは、たわわに実をつけたブドウの木が生えていることだ。そのため、レイフはここをヴィンランド（ワインの国）と名づけた（最後のブドウの話は真実か、それとも父親譲りの人集めの才能をもつレイフのほら話なのかは意見が分かれている）。

　真偽はともかく、ヴィンランドの噂は北方に広まった。レイフは統治のためグリーンランドに残らざるを得なかったので、レイフの弟ソルバルドが率いる探検隊がヴィンランドに向かったが、先住民の抵抗にあい、ソルバルドは先住民の矢に倒れた。そのためバイキングたちは新たな土地への探検航海をしばらく控えていた。1010年になって、レイフの義理の弟にあたるソルフィン・カルルセフニが、61人の男たちとその家族や家畜を引き連れて旅立ち、新天地に上陸した。このあたりの話はいくつもある伝説によって異なるが、総合的に判断すると、どうやら彼らはニューファンドランドの北端あたりに落ち着いたようだ。彼らが定住地からどの程度先まで進んだかはほとんど記録が残っていないが、どうやら14世紀半ばまではアメリカ大陸にとどまっていたらしい。このような定住者たちがいたことを示す史跡が、カナダ東部のランス・オ・メドーで1960年に発見され、コロンブスのはるか前に大西洋を横断していた人々がいたことが裏づけられた。

謎のヴィンランドを載せた地図

　ランス・オ・メドーでバイキングの史跡が発掘されたのとほぼ同時期に、別の発見もあった。それが15世紀の世界地図だといわれる「ヴィンランド地図」だ。アフリカ、アジア、ヨーロッパに並んで、ノース人が発見した「ヴィンランド半島（Vinlanda Insula）」を含めた新世界が記されている。史跡と異なり、この地図は議論を呼んだ。この地図は、1957年（ランス・オ・メドーのバイキング居住地跡発見の3年前）に、ロンドンのアーヴィング・デイヴィスという本屋が大英博物館に買ってもらおうと持ち込んだ『タルタル人の歴史』という、中世の薄い書物のページの間にはさまった状態で発見され

た。最初のうちは本物である可能性は低いと考えられていた。地図にあいた虫食いの穴と一致する穴が本の中に見つからなかったことも、その判断理由の一つだった。しかし、1年後に同じ本屋がたまたま見つけた第3巻は、地図と同じ場所に穴があいており、ヴィンランド地図はがぜん注目の的となった。インクの化学分析や顕微鏡写真、分光法や放射性炭素による年代測定が時間をかけて行われ、徹底的に調査されたが、ヴィンランド地図が本物かどうかについて、まだ正式な結論は出ていない。

地図は1965年にエール大学に寄贈された。同大学は真偽についての公式発表を拒んでいる。「本学は極めて興味深く、また論争の的である文書の管理を任されているという認識でいます」とエール大学図書館司書のアリス・プラチャスカ氏は2002年に述べている。「私たちは大きな関心を持って学術的な作業を見守っています」。しかし、2011年に同大学で歴史学を教えるポール・フリードマン教授は、地図が「残念ながら偽物だ」と発言しており、現在では多くの研究者が同じ立場をとっているようだ。

本物か、偽物か

ノース人が発見したと伝えられるヴィンランドの地図。真贋は不明だが、偽物の可能性が高い。

1271～1295年

マルコ・ポーロの旅
The Travels of Marco Polo
マルコが中世ヨーロッパに伝えたアジア

「私はまだ見たことの半分も話していない」 ——マルコ・ポーロ

　バイキングの時代が終焉を迎えつつあった11世紀後半、スカンジナビア半島は大きく様変わりした。カトリック教会の勢力が強まり、ノルウェー、デンマーク、スウェーデンなどの王国が次々と誕生した。記録に残るヴィンランド（36ページ参照）への最後の航海は、アイスランドの司教エリック・グヌプソンが「ヴィンランドを探しに旅立った」1211年となっている。その後の彼の消息はわからず、理由は不明だが、これを最後にヴィンランドへの植民は行われなくなった（グリーンランドでも15世紀半ばにバイキングは姿を消した）。一方、中央アジアでも大きな変化が起こっていた。激変をもたらしたのはたった一人の男、チンギス・ハンだった。モンゴルの一

正確さを増す

1375年のカタロニア図。最初期の羅針儀海図（船乗りたちが使う地図）の一つで、マルコ・ポーロの旅行記にあった地理情報もそのまま引用されている。

族長だったチンギス・ハンは、13世紀初めに中央アジアで互いに争っていた諸部族を統一して無敵の軍隊を手に入れ、ユーラシア大陸にかつてない平和と安定をもたらした。この時代は「タタール（モンゴル人）の平和」と呼ばれ、初めてヨーロッパから中国まで比較的安全に旅ができるようになった。

■『東方見聞録』の始まり

　1298年、イタリアの作家ルスティケロ・ダ・ピサは、じめじめしたジェノヴァの獄中で、監獄に送られてきたばかりの囚人の身の上話を聞いていた。40代半ばぐらいの相手は旅の商人だと名乗った。その囚人は何カ月もかけて、はるか東方への旅について荒唐無稽な話を語り続けた。彼は、野の花が咲き乱れる翡翠色のホータンの川を越え、ペルシャの過酷な砂漠とバラシャンの緑豊かな田園地帯を抜けて旅をしたという。何より圧巻だったのは、残忍さで恐れられたタタール軍モンゴルの大ハン（最高指導者）であるフビライ・ハンの宮廷に滞在し、本人の弁によれば、彼らに「世界征服を決意させて」東方のキリスト教国を恐怖のどん底に陥れ

マルコ・ポーロの旅　39

たというくだりだった。作家と語り手は互いに協力することを決めた。旅の商人はヴェネチアから自分の覚え書きを取り寄せ、恋愛小説家のピサが物語を書き留めて、恋の代わりに冒険をテーマにした物語が生まれた。こうして誕生した本は700年後の現在も版を重ね、日本では『東方見聞録』の題名で読み継がれている。

　1269年、15歳のマルコは初めて父のニコロ・ポーロと叔父のマテオ・ポーロに対面した。ニコロとマテオは、マルコが生まれる前からの東方への長い旅を終えて、ヴェネチアに戻って来たところだった。ニコロとマテオは1260年に交易の場を広げようと、コンスタンティノープルからクリミア半島のスダクの港を目指して旅立った（彼らがこのタイミングで出発したことは幸運だった。出発後まもなく、東ローマ帝国皇帝ミカエル8世パライオロゴスがコンスタンティノープルを制圧し、すべてのヴェネチア人は捕らわれて目をつぶされた）。2人はボルガ川まで着いてそこで商売をしていたが、現地で戦争が起こったために

マルコが見たアジア極東

マルコ・ポーロの著作の内容を初めて地図で表した、1522年のロレンツ・フライズによる中国と周辺の地図。例えば東海岸にある杭州（Quinzay）の港やジパング（Zinpangri）など、極東地域のみが描かれている。

The Travels of Marco Polo

帰国できなくなった。彼らはブハラ（現在のウズベキスタン）に逃れた。そこでレバント（東部地中海沿岸地方）を統治していたタタールの王から、全タタールの王フビライ・ハンに会わないかという申し出を受け、キャセイ（中国）の大都（現在の北京）に向かった。フビライは代々の王の中でも特に好奇心が強く、遠い西の国からやってきた2人を丁重に迎えた。彼らからキリスト教の話を聞いたフビライは、100人の宣教師を連れてきて自分にキリスト教の教義を教えてくれるように頼み、彼らをヴェネチアに送り返した。

マルコが東方に出発する

こうしてニコロ・ポーロとマテオ・ポーロは、フビライの使命を果たすためにヴェネチアに帰国した。新教皇グレゴリウス10世は協力を約束したが、100人もの宣教師は集まらなかった。そこで、1271年にニコロとマテオは、17歳のマルコ一人を連れて、再びはるか遠いキャセイに向かって旅立った。3人はイスラエルのアッコまで船で行き、ラクダに乗ってイランのホルムズ港を目指した。そこからキャセイまで船で行くつもりだったが、予定の船に問題があり、古くからアジアとの交易路だったシルクロードを通って陸路で向かうことにした。これが彼らの厳しい旅の始まりとなった。モンゴル帝国は圧倒的な軍事力で勢力を拡大し続けており、シルクロード地域も帝国の統治下にあったため、旅はしやすかった。それでも危険がまったくないわけではなかった。ポーロ一行は危険を避けるために道程のほとんどを隊商（商人たちが集団で旅をするキャラバン）とともに進んだが、山賊の襲撃を受けたり、砂嵐に襲われたり、様々な困難に出合った。約3年半の旅ののち、一行はようやくフビライ・ハンの宮廷にたどり着いた。彼らは熱烈な歓迎を受け、皇帝に教皇の信書とエルサレムの香油を献上した。

ここからのマルコ・ポーロの物語には、3人が王の厚遇を受け、モンゴルの宮廷で正式な地位を与えられてフビライに仕える経緯が綴られている。『東方見聞録』は当初こそ空想物語と見なされたようだが（それでもヨーロッパ全土での高い人気は失われなかった）、数百ページ以上にわたってモンゴル帝国の地理や文化的な歴史が非常に巧みに描かれていた。フビライ・ハンのいとこのクトゥルン姫の物語のように、現地の歴史を描いたエピソードも魅力の一つだった。クトゥルン姫は戦いに長けた女性で、両親を見て結婚にすっかり失望していた。そこで彼女は結婚を申し込んできた男性に、自分と戦って勝つことを結婚の条件にした。もし相手が勝てば結婚するが、負ければ馬を差し出せというのだ。結局、姫は死ぬま

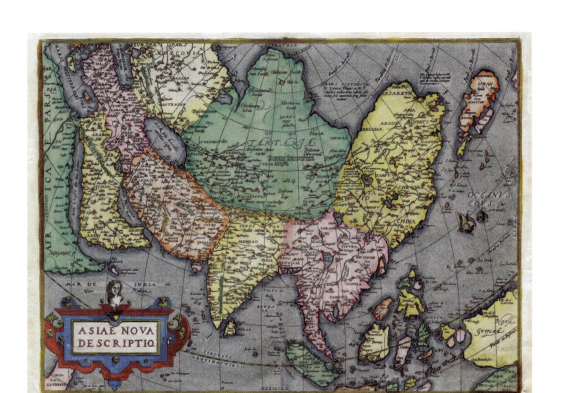

で結婚せず、1万頭の馬を所有していたという。

　また、ポーロはほかの作家が広めた東アジアの地理や住民にまつわる誤解も正した。例えば、ポルデノーネのオドリコ（1286～1331年）は、長江が身長わずか3スパン（1スパンは親指の先から小指の先までの幅）の小人族の国に流れ込んでいると語っていたし、ジョヴァンニ・ダ・ピアン・デル・カルピネ（1185～1252年）は、「まったく言葉を話さず、脚に関節のない野蛮人」や、犬を夫とする女性のような姿の怪物など、古代の神話に由来するらしい現実離れした話を残していた。また、最初にヨーロッパに凧を紹介したポーロの説明もやや変わっている。凧の話は写本の中でも特に希少な、15世紀の2種類のラテン語版に登場する。ここでポーロは、中国の貿易船が出港するときに、船員が人間を乗せた巨大な凧を揚げて、旅の吉兆を占うとルスティケロに語っている。

　　　船の乗組員たちは枝を編んだ骨組みを作り（中略）次に、どこ
　　　かでうすのろか酔っぱらいを見つけてきて、骨組みにその男
　　　をくくりつける。正気の人間や理性がある状態の人間をこん
　　　な危険にさらしてはならない。これは風が強いときに行う。す

マルコ情報満載の
アジア地図

ジャコモ・ガスタルディは、1574年に作成したアジア地図のほとんどの情報を、マルコ・ポーロの旅行記から得ていた（140カ所を超える地名が採用されている）。実在するアラル海（カスピ海の東に位置する）が見当たらないのは、ポーロがこの湖に言及していなかったためだ。

42　｜　The Travels of Marco Polo

ると風の力で骨組みが上昇し、空高く浮かび、男たちは長い綱で骨組みが飛ばないように支える。

　ポーロの話の信ぴょう性をうんぬんする以前に、彼の物語が写本だけで伝えられてきた期間があることは無視できない。『東方見聞録』が書かれたのは印刷機が登場する前の時代であり、物語はすべて手作業で書き写された。そのため、現存する写本は翻訳によって内容にかなりの開きがある。また、当時の中国で一般的だった様々な習慣、例えば漢字や中国茶、箸、纏足に関する記述が見当たらないことから、信ぴょう性を疑う声もある。さらに、ポーロが万里の長城に一言も触れていないのも、作り話の証拠だといわれる。ただし、ポーロの後に中国を訪れたとされるジョヴァンニ・デ・マリニョーリ（1290～1360年）やポルデノーネのオドリコも万里の長城に言及していない。それもそのはずで、現在見られる万里の長城の大部分はポーロの中国来訪のおよそ2世紀後に建設されており、当時はそれほど大規模な建造物ではなかった。

　『東方見聞録』で架空の物語と本当の話を見分けるのは無理だといさぎよく割り切って、ルスティケロの物憂げで詩的な散文と、ポーロの多彩なエピソードを、話半分で楽しむのがこの本の最善の読み方なのではないだろうか。実際にはポーロが体験していない「回想」があったとしても、大目に見てはどうだろう。

大航海時代の世界地図にも

大航海時代を代表する一枚と呼ぶにふさわしい、1459年のフラ・マウロの地図。ここにはマルコ・ポーロによってもたらされた情報が書かれており、例えば、テンダクの地にはウン・モンゴルという名の北東アジア民族がいるという記述がある。この地図では、ポーロの言及に従って中国北部が「キャセイ(Cathay)」、宋王朝が支配する南部が「マンジ国(Mangi)」となっている。

中国・鄭和の大航海
The Extraordinary Voyages of Chinese Admiral Zheng He

1405～1433年

貢ぎ物を満載してインド洋を行き来した大艦隊

「私たちの帆は昼も夜も雲のごとく空高く広がり、
船は星のごとくにすばやく航路を進み続けた」

——艦隊司令官・鄭和

　ヨーロッパの宣教師やポーロ一家のような商人を友好的に受け入れてきたモンゴル帝国（元）は、1368年、ついに崩壊して対抗勢力に領土を明け渡すことになった。漢民族の王朝となる明が中国を掌握し、国の強化に着手した。軍勢は100万人を超え、世界最大の造船ドックも建設された。1402年に明の第三代皇帝となる永楽帝が即位すると、明は国土の拡大に目を向け始めた。永楽帝は大規模な遠征軍を南太平洋やインド洋に送り、かつてないほどの強さを見せつけた。これらの遠征の指揮を永楽帝から任されたのが、宮廷で重用されていた宦官で武将としても知られた鄭和だった。

3万人近い乗組員を載せた宝船艦隊

　鄭和（1371～1435年頃）が率いた船団は史上まれに見る大艦隊で、中国でも最大規模だったといわれている。鄭和は、20年間にわたる7回の航海で、南アジアと西アジアの広い地域、さらに東アフリカの島国にまで進出した。鄭和の艦隊は、「宝船」とも呼ばれる超大型の中国帆船に、補助艦の大艦隊が随行していた。伝えられるところによれば、最大級の船には甲板が4カ所あり、全長は450フィート（137m）、船で一番幅が広い部分である船梁の長さは180フィート（55m）だったという。イギリスの中国研究者ジョセフ・ニーダムは、この数字でも控えめに見積もられていると考えており、実際の長さは600フィ

鄭和の航海図

中国の兵法書『武備志』から抜粋した、木版地図の一部。武備志は極めて広範な内容を扱い、総ページ数は1万405ページに及ぶ。この部分には、鄭和のマラッカ（マレーシア）を通る航路が示されており、「鄭和の航海図」と一般的に呼ばれている。

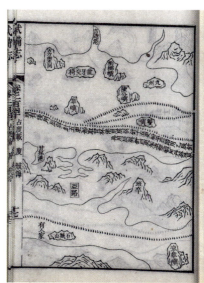

ート(183m)前後だった可能性があるという*。

　この船がどのくらい大きいかというと、タイタニック号(全長882フィート/269m、幅92フィート/28m)と比較して、幅が2倍、全長は半分強に相当する。コロンブスの艦隊の中で最大の船だったサンタ・マリア号ですら、鄭和の船の前ではちっぽけに見えるにちがいない。さらに言えば、コロンブスとヴァスコ・ダ・ガマの航海で使われたすべての船を集めても、鄭和の宝船の上甲板に全部の船が載ってしまう。このような中国の船は1隻だけ見てもすごいというほかないが、隊列を組んで航行する様は、まさしく木製の都市が丸ごと水上を進むような圧巻の光景だったはずだ。

　すべての船の建造は1405年に完了し、宝船艦隊は遠征航海に旅立った。62隻の巨大船と225隻の小型船(乗組員の総数は2万7780人)は、インドの東海岸までの海域を調査して交易網を新たに整備し、皇帝への貢ぎ物を集めるという使命を果たすために、鄭和の指揮の下、インド洋からカリカット(インド南西部にある現在のコーリコード)を目指した。チャンパ(ベトナム南部)、シャム(タイ)、マラ

鄭和の情報？

最近発見された世界地図。鄭和の航海による情報を基に製作された地図だという人もいるが、17世紀初頭のヨーロッパの地図に見られる特徴的な誤りがあり、実際の作成時期はその頃だと思われる。

*伝えられる船の大きさがあまりに巨大なため、船が実際に建設できたかどうかについては意見が割れていた。伝聞にはある程度の誇張がつきものだが、この船を作ったという龍江の造船所の2ヵ所の乾ドックは、幅が210フィート(64m)あったという記述が残っており、途方もなく巨大な船も実現不可能ではなかったようだ。

中国・鄭和の大航海 ↑ 45

ッカ、ジャワ島などを経由してカリカットに到着した彼らは、大量の香辛料を買い込んだ。中国への帰途についた一行は、浅はかにも艦隊を奪い取ろうともくろんでいたインドネシアの海賊、陳祖義の襲撃を受けたが、鄭和の艦隊は5000人以上の海賊を殺し、10隻の船を沈めて、まったく動じた様子もなくそのまま帰国した。

その後7年間、艦隊は何回もインド洋の航海に出かけた。乗組員の総数が2万8560人に達した4回目の遠征(1413〜1415年)では、艦隊はアラビア海沿岸に沿ってさらに先に進み、サウジアラビアのジッダに到達した。ジッダの人々は皇帝に敬意を表し、貢ぎ物として皇帝が喜びそうな異国の品々や生きた動物が船いっぱいに積み込まれた。さらに、皇帝を表敬訪問するために集められた異国の使節19人も同行することになった。インドへの次の航海からは、ダチョウやシマウマ、ラクダなどの珍しい動物も運ばれるようになった。しかし、船に乗った希少な動物たちの中でも一番の目玉は、ケニアからベンガル(現在のインドの西ベンガル州からバングラディシュのあたり)を経由して連れて来られた背の高いキリンで、中国に帰り着くと大変な評判になった。ベンガルの使者から贈られたこの生物はそれまで誰も見たことがなく、幸せを運ぶといわれる伝説の動物、麒麟ではないかと思われ、喜んで宮廷に迎え入れられた。

アフリカまで行ったのか?

鄭和の航海は歴史に残るすばらしい偉業だが、さらに、彼の宝船艦隊は以前の説よりはるかに遠方まで到達していたという、あまり根拠のない説もある。この説を裏づける証拠とされているのが、1459年にフラ・マウロが作成した世界地図(地図全体は43ページ参照)だ。この地図では、アフリカの南端を回る中国帆船のそばに不思議な記述が添えられている。

西暦1420年前後に、私たちがインドのザンク(中国帆船)と呼ぶ船が1隻、インド洋を横断して男女島に向かっていたところ、嵐に遭ってディアブの岬を越え、緑の島々を抜けて、暗黒の海を西南西に進むことになった。40日間というもの空と海以外は何も見えなかった。船は2000マイルは進んだと思われ、船乗りたちは天が自分たちを見放したと考えた。

地図を製作したマウロはこの地図で、1隻の船と記録しており、鄭和に関する言及も見当たらない。だが、鄭和が少なくとも大西

貢ぎ物のキリン

ベンガルの使者から永楽帝への貢ぎ物として1414年9月20日に贈られたキリンを、画家の沈度が絹に描いた。

アフリカの海を行く宝船

1459年に作成されたフラ・マウロの世界地図の一部。アフリカの南を航海する中国の帆船が描かれている。

洋あたりまで行った可能性を示す記述だと解釈する意見もある（しかし、この説を裏づける証拠はほかには見当たらない）。マウロのこの記述の情報源は、鄭和と同時代にインド洋を航海して回っていた、ポルトガルの商人で探検家のニッコロ・デ・コンティだと思われる。デ・コンティは、ダマスカスの自宅を離れて砂漠を横断し、バグダードに行ったあと、珍しい香辛料を入手するルートを求めた。そして20年以上にわたって、レバント（地中海沿岸地域）、インド、スマトラ、ジャワ、現在のベトナムなどの交易の中心地をめぐり、交易路を開拓した（マウロは東方の地図に華やぎを加えるため、マルコ・ポーロ以外にデ・コンティが集めた情報も付け加えていた）。

　鄭和は6回目と7回目の遠征で東アフリカ沿岸を航海し、マダガスカルとアフリカ大陸を隔てるモザンビーク海峡あたりまで南下したのではないかと言われている。しかし、帰国した鄭和を迎えた母国の様子は一変していた。鄭和の遠征中に第5代皇帝となる宣徳帝が即位し、力を取り戻しつつあったモンゴルの脅威が明国にとって最大の課題となっていた。そのため調査航海は中止され、資金は国力強化に回すことが決まった*。鄭和は自らの航海の総括として次のような記述を残している。「我々の航行距離は10万里を越え、膨大な海域を航海した。空に届かんばかりの山のごとき大波に目を見張り、青く透き通る淡い霧の彼方に隠れた未開人の土地を目標に定め、私たちの帆は昼も夜も雲のごとく空高く広がり、船はまるで整備された広い道を歩むかのように荒波をものともせず、星のごとくにすばやく航路を進み続けた」

アジア東部の交易地図

17世紀初頭に製作された、作者不詳のセルデンの中国地図。法律学者セルデンが所有していたためにこう呼ばれている。中国だけでなく、東アジアや東南アジア全体が描かれている。コンパスの方位が添えられた船の航路も入っており、最初期の中国の交易地図の一例として知られる。

*当時の中国ではヨーロッパはほとんど知られていなかったようだ。1517年にポルトガルが広東の港に入港したとき、海事大臣のク・インシャンは、「葡萄牙（ポルトガル）というのは国の名前で、これまで思い込んできたような大砲の名前ではなかった」という通達を出さざるを得なかった。

1435〜1488年 ポルトガルによる熱帯アフリカの探検
The Portuguese Explore the African Tropics

ポルトガルの繁栄をもたらした最初の大航海

「天より啓示を与えられたルシタニアの王子、
すばらしき栄光の愛へと人類を引き上げた」
——ジェームス・トムソンによる詩集『四季』より、エンリケ航海王子にまつわる一節

　圧倒的な宝船艦隊（44〜47ページ参照）で外洋を席巻していた中国が、大規模な航海の中止に踏み切り、世界の海から姿を消したのと時期をほぼ同じくして、ヨーロッパでは大航海時代が幕を

開けようとしていた。15世紀後半に始まる大航海時代は18世紀まで続く。この時代に西洋諸国は、領土を拡大して自分たちの支配下に新たな帝国を建設し、未知の土地に眠る富や財宝を手に入れようと、大洋への進出を図った。この時代で最も有名な出来事はクリストファー・コロンブスの航海（52～57ページ参照）だろう。コロンブスはジェノヴァ共和国出身だが、スペインのカトリック両王から支援を受けて航海に出た。しかし、スペインより早く海に乗り出し、ヨーロッパを転換させたのは、ポルトガルだった。それまでは地味な国といえたポルトガルの行動は、当時の社会を驚かせた。それから100年もたたないうちに、ポルトガルが歴史上類を見ないほど大規模な海上帝国を築き上げ、北大西洋からシナ海まで広い海域で覇権を握るとは、誰も予想していなかった。

大航海時代前夜のエンリケ航海王子

　15世紀に入ると、アフリカ大陸の南端を回る交易路を求めて、アフリカ西海岸の探索が盛んに行われ始めた。この航路が開拓できれば、アフリカの黄金を狙いつつ、アジア産の香辛料を手に入れて一儲けできるからだ。かつてアフリカへの航海は魅力的なものではなかった。海流は不安定で激しく、海岸線には荒れ地が多い。気候は焼けつくように暑く、住民は非友好的だった。さらに西サハラの北海岸には、ボジャドール岬という、当時の船乗りたちに非常に恐れられていた場所があった（アラビア語では「危険の父」という名前で呼ばれていた）。この岬を越えた先は誰も足を踏み入れたことがない大西洋だ。アラブの地理学者たちはこの海を、巨大な「緑色をした暗黒の海」と地図に記した。そして、船を壊す海の怪物たちがうようよいて、赤道では太陽と地球の距離が非常に近いため、やって来た船と船乗りたちは太陽の熱で焼き尽くされると言い伝えていた。ポルトガルはここに航海士ジル・エアネスを送り込んだ。1435年、エアネスは岬を越えて先に進むことに成功した。こうしてポルトガルは大きな一歩を踏み出したのだ。

　ポルトガルの船に南への航海を指示したのは、「航海王子」の異名を持つエンリケ王子だった。この呼び名は、王子が盛んな海洋進出を行ったことによる（しかし、彼自身は一度も航海に出なかった）。かつては、科学的な好奇心で航海を進めたと高く評価されていたが、実際の動機はありきたりな欲得だけだったようだ。エンリケ王子は、サハラの黄金と奴隷貿易による北アフリカでの帝国建設を思い描いていた。だが、うまくいかず、セネガルやガンビアの川を探検してアフリカ奥地に隠された黄金の土地を目指すことにした。

新たに挑んだ海域

左ページ：ステファノ・ボンシニョーリによる1580年の西アフリカ地図。セネガル、ギニア、マリ、シエラレオネなどが載っている。

それまで航海船は不格好で壊れやすい1本マストのバリンジャー帆船が主流だったので、エンリケ王子はこれに代わる船を開発させ、1451年にカラベル船と呼ばれる帆船を完成させた。3本のマストに三角の帆を張ったカラベル船は、ジグザグに航行して風上にも進むことができた。機敏に動ける新しい船は、エンリケ王子の旗をなびかせてどんどん南下し、王子が死去した1460年頃にはシエラレオネやカーボベルデ周辺まで到達した。

1469年、商人のフェルナン・ゴメスはポルトガル王アフォンソ5世から、ギニア湾で独占的に商売をする権利を与えられた。ただし、5年間アフリカの海岸を毎年100リーグずつ（1リーグは3海里で5.5km）進んで調査を行うという条件つきだった。ゴメスは任務に励み、条件以上の範囲を調査した。1471年、ゴメスは現在のガーナにあたるエルミナ（「鉱山」という意味を持つ街）に交易拠点を設けた。西アフリカで初めてのヨーロッパ人の植民地だ。さらに彼は1474年に赤道を越え、ギニア湾の島々を発見した。しかし、その先の探検はジョアン王子に任せられ、ゴメスは翌年以降の同地域の独占権を失った。1481年、26歳のジョアン王子は即位してポルトガル王ジョアン2世となり、直ちにポルトガル王家の復権を目指して立ち上がった。新国王は貴族階級の力を奪い、東洋に向かう航路を新たに探索することにした。ジョアン2世はエルミナに要塞を築き、航海士ディオゴ・カンを派遣して、引き続きアフリカの海岸線を調査し、インドへの航路を探すように命じた。

カンは、行く先々でポルトガルの紋章が刻まれた大きな石柱（パドラン）を領有のしるしとして建てた。河口を見つけるたびに奥地まで進み、そこの地形や住民についての情報を集めた。だが、彼が何よりも探し求めていたのは、伝説のプレスター・ジョンの王国（120〜123ページ参照）の場所を示す手がかりだった。プレスター・ジョンの国を追い求めるうちに、カンは南アンゴラからコンゴ川にたどり着き、この川を探検した初めてのヨーロッパ人となった。そして数々の発見を携えて母国への帰途についた。1485年の2回目の航海でカンはさらに先に進んで、砂漠が続くナミビアの海岸のクロス岬まで到達したが、ベンゲラ海流に押し戻され、アフリカ大陸の南端を回ることはできなかった。

「喜望峰」を発見

カンの航海により、探検は複数の船のほうが成功しやすいとわかったため、1487年、バルトロメウ・ディアスが3隻のカラベル船に補助船を従えて、カンが果たせなかった任務を成功させるため

に旅立った。クロス岬を越え、一行は南アフリカで一番長いオレンジ川の河口に近づいたが、激しい嵐に遭って西へ押し流され、岸から離れて外洋に出た。ディアスはあきらめずに南に進路をとり続けたが、南大西洋で南極からの強風を受けて北東に方角を変えた。その後ようやく、彼らは自分たちがついにアフリカ南端の岬を（はるか離れたところから）回ったことに気づいた。30日間もディアスらはまったく陸地を見ることがなかったが、その後アフリカ南端にある現在のモッセルベイのあたりに上陸し、牛の群れを追っていた先住民と出会った。さらに彼らは喜望峰からおよそ425マイル（684km）東のアルゴア湾まで進み、そこにポルトガルの紋章を刻んだパドランを建てた。荒天に振り回されたディアスはこの岬を「嵐の岬」と呼んだ。1488年にポルトガルに帰国すると、帝国の拡大と莫大な利益を期待できる新時代への道が開けたことを喜んだジョアン2世が「喜望峰」という名前に改めた。海路でインドにたどり着くまでは、あと一息だった。

ポルトガルと 北大西洋航路

ポルトガルの海図製作者ペドロ・レイネルが1504年に作成した北大西洋の海図。

ポルトガルによる熱帯アフリカの探検 | 51

クリストファー・コロンブスの大西洋横断
Christopher Columbus Crosses the Atlantic Ocean

1492〜1504年

コロンブスの大航海は本当に成功だったのか

「海は誰にでも新たな希望を与え、眠りは祖国の夢をもたらす」
——クリストファー・コロンブス

ポルトガルの海洋進出を受けて熾烈な競争が始まった。ヨーロッパからアフリカ経由で東を目指す航路が現実的になったため、どの国も主要航路の確立に力を入れざるをえなくなった。1453年には東ローマ帝国のコンスタンティノープルがオスマン帝国の手に落ち、かつてマルコ・ポーロが旅したシルクロードは、もはやキャラバンが旅する安全な陸路ではなくなっていた。一方でポルトガルはアフリカ西海岸を南下し、大陸の南端を回ることに成功した。だが、ヴァスコ・ダ・ガマが見事インドへの航海を成功させる5年前の1492年の段階では、アジアへ行くアフリカ回りの航路はまだ未知のルートだった。

コロンブス、西を目指す

ジェノヴァに生まれ、ポルトガル貴族の娘と結婚したクリストファー・コロンブスの頭には、別のアイデアがあった。西へと航海してインドを目指そうというのだ。コロンブスの計画は、それまでヨーロッパ各地の港やアフリカ西海岸、おそらくアイスランドも回った商売の経験や、1477〜1485年に暮らしたリスボンの船乗りたちのおしゃべりや噂話がヒントになっていた。親交のあった天文学者のパオロ・ダル・ポッツォ・トスカネッリの影響も大きかった。トスカネッリは、1474年にポルトガル国王アフォンソ5世に送った書簡や地図の複製をコロンブスに渡していた。その中に西回りでインドに到達する考

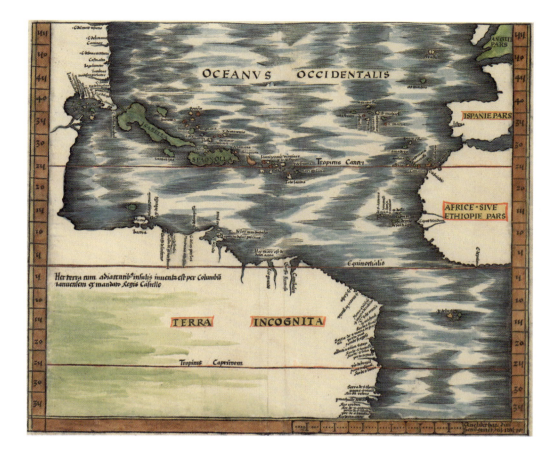

えの概要が紹介されていた。

　しかし、ジョン・カボット（58〜63ページ参照）も気づいたように（カボットとコロンブスは協力して計画を進めたようだが、途中で仲違いしたらしい）、これほど大規模な冒険には、多額な資金と安全の確保が絶対に必要で、それは個人の資産家の支援では追いつかない。さらに新航路で手に入る富の分け前をもらうためにも、国の支援が欠かせなかった。だが、コロンブスは西回り航路の実現性をポルトガルの枢密院に納得させることができなかった。ポルトガル国王は1485年と1488年の2回、コロンブスの提案をはねつけた。カスティーリャ、イギリス、フランスへの働きかけも失敗に終わった。却下の理由はみな同じだった。ポルトガルが開拓した航路がある以上、わざわざ違う方向を目指すのは無駄だというのだ。

　さらに、コロンブスの計算にも問題があった。彼はピエール・ダイイの宇宙誌『イマゴ・ムンディ』（1410年）を使って計画を立てていたが、経度1度分の距離の計算を間違えていた。本の単位がアラビアマイルだったのに、距離が短い古代ローマイルで計算し

新大陸の印刷地図

マルティン・ヴァルトゼーミューラーの『新大陸地図』（『提督の地図』とも呼ばれる）。1513年に製作されたこの地図は、最も古い新大陸の印刷地図の一枚に数えられる。

探検家による新大陸地図

左ページ：航海士フアン・デ・コサによる1500年の地図。発見されたばかりのアメリカ大陸が描写されている。

コロンブスと伝わる男

クリストファー・コロンブスだとされる人物の肖像画（1519年）。

たのだ。その結果、地球一周の距離が、実際の2万5000マイル（4万km）の4分の3程度の1万8765マイル（3万200km）と見積もられた。さらにコロンブスは、ヨーロッパからわずか数千海里でアジアに着けると信じて疑わなかった。王室の周囲は、こんな大きな計算違いをしている計画の支援は危険だと忠告したが、スペインを統治するカトリック両王、すなわちアラゴン王フェルナンド2世とカスティーリャ女王イサベル1世は興味を示し、2年後、ついに協力を認めた。計画が成功したあかつきには、コロンブスは「大洋提督」の称号と、発見した土地の副王・総督の地位、提督領から得る利益の10パーセントを受けることになった。

出航、そして顛末

こうして1492年8月3日、サンタ・マリア号、ピンタ号、ニーニャ号の3隻を率いたコロンブスは、「カトリック両王フェルナンド陛下およびイサベル陛下」から中国を治める元朝廷の大ハンへの親書と、旅先で間違いなく出会うはずの日本とインドの君主に宛てた親書を携えて、スペインのパロス・デ・ラ・フロンテーラからインドに向けて船出した。補給のためカナリア諸島に停泊し、出港か

らわずか3日後に壊れたピンタ号のかじを修理し、いよいよ誰も航海したことがない大西洋に乗り出した。

　この旅でコロンブスが書いた航海日誌の記述は短い。航行距離の測定でしばしば「航海が長引くことを嫌がる乗組員たちを安心させるため、実際の数字よりも距離を短く」したこと、「へたな舵取りをした」船員たちを繰り返し叱らざるをえなかった程度の記録しかない。10月11日、「たくさんの鳥の群れ」についていったコ

新大陸のない地図

ヨアン・ブラウの『新世界地図』（1648年）。幅10フィート（3m）のこの地図は写しが2枚現存するのみだ。2つの半球の間の下に、コロンブスが大西洋を横断する直前の1490年当時の情報を基にした、新大陸のない世界地図が添えられている。

ロンブスの船団は、船の前を漂う緑の葦を見つけ、次に「茎と棒」を見つけた。乗組員たちは必死に地平線に目を凝らした。フェルナンド王とイサベル女王は最初に陸地を見た者に1万マラベディスの銀貨と銅貨を生涯与えると約束していたからだ。航海が5週間を越えた10月12日の早朝、ピンタ号の見張り役だったロドリゴ・デ・トリアナの「陸地だ！」という叫び声で船員たちは目を覚ました。ピンタ号船長のマルティン・アロンソ・ピンソンは陸地が見えることを確認し、コロンブスに知らせるために大砲を鳴らした（のちにコロンブスは最初に陸地を発見したのは自分だと言い張り、金を受け取ってしまったため、トリアナは約束の報酬を得られなかった。「私が夜の10時に船尾甲板にいたところ、光が見えた」とコロンブスは書いている。「私は王の食卓で執事を務めていたペドロ・グティエレスを呼んだ（中略）彼も同じ光を目にした。さらに私はロドリゴ・サンチェス・デ・セゴビアにもその話をした（中略）しかし、彼には何も見えなかった。立っていた場所がずれていたせいだ」）。

コロンブス上陸

1492年10月12日に西インド諸島に上陸したクリストファー・コロンブスを描いた、ジョン・バンダーリンの絵画。

南米に初めてヨーロッパ人が上陸した場所は、現在のバハマにある島の一つで、先住民はここをグアナハニと呼んでいたが、コロンブスはここをサン・サルバドル島と名づけた（コロンブスたちが最初に上陸した島は現在も正確にはわかっていない）。ここの先住民は温厚で、平和的に彼らを迎え入れたが、「50人がかりで私たちは先住民全員を屈服させることができた」とコロンブスは書き残している。コロンブスの船団はこの島を後にして、周辺の5つの島を探索し、10月28日にキューバの北東海岸に上陸した。コロンブスは、ここがマルコ・ポーロの話に出てくるキャセイ（中国）かもしれないと考え、ロドリゴ・デ・ヘレスと優秀な通訳だったルイス・デ・トレスを、中国皇帝を探すために送った。しかし、宮殿らしきものはまったく見当たらず、タバコの煙が立ち上るのが見えるばかりだった（この習慣はすぐに彼らの間に持ち込まれた）。

　コロンブスはさらに進んで、12月5日に大アンティル諸島のイスパニョーラ島に上陸した。クリスマスの日にサンタ・マリア号が座礁したため、彼らは船を捨て、その残骸を先住民たちを圧倒する銃撃訓練に使った。コロンブスは先住民の族長グアカナガリと取引をして、通訳のトレスを含めて39人の乗組員に、ここに残って植民地を作るように命じた。コロンブス自身はニーニャ号に乗船し、ピンタ号とともに1493年1月6日にスペインに向かった。船にはイスパニョーラ島の北東部で出会った非友好的なシグアヨ族の捕虜25人も乗せられていた。2隻は嵐に見舞われ、予定の航路を外れて1週間ほどリスボンに滞在したのち、1493年3月15日にパロス・デ・ラ・フロンテーラの港に帰港した。

　コロンブスの4回の航海のうち、最初の航海は世界を変えたと言われるが、よく考えてみれば、この航海は当初の目的をあらゆる意味でまったく果たしていない。そもそもコロンブスは、ポーロの記録にあるインドや東インド諸島への航路を探し出し、香辛料や絹、東洋の王たちからの贈り物を持ち帰るはずだった。そのどれ一つとして達成できず、価値のある積荷といえば捕虜にした先住民くらいだったが、大西洋を横断するうちに大半が死亡し、わずか数人しか連れ帰れなかった。コロンブスは最初に新大陸を発見したヨーロッパ人として後世に名を残したが、続く3回の航海のあとも（コロンブスは3回目の航海でようやく南米大陸に足を踏み入れた）、未知の大陸を発見したことを絶対に認めなかった。彼は死ぬまで自分がアジアにたどり着いたと信じていたのだ。

ジョン・カボットの北米への旅
John Cabot Journeys to North America
大西洋の北の海を横断するというアイデア

1497〜1498年

「今年の聖ヨハネの日にブリストルの商人によりアメリカの土地が発見される」
―― 1497年6月24日ブリストル・クロニクル紙の記事

イギリスの歴史学者アルウィン・ラドックは、2005年に亡くなるまで、1497年にイギリスの探検隊を率いて北米に行ったヴェネチア人探検家ジョン・カボットの研究に生涯の大半を捧げた。カボットは500年前に北米に上陸したバイキング以来（34〜37ページ参照）、北米大陸に初めて到達したヨーロッパ人だ。ラドックがヨーロッパ中の昔の記録を探し回って、画期的な新発見をしたという噂が流れ、世間が沸いたことも何度かあったが、それ以降のラドックの動向はほとんど知られていなかった。本の草案を書き上げたこともあったが、彼女は仕上がりに満足できず、原稿を燃やしてしまった。ラドックが友人に語ったところによれば、この著作は出だしから、カボットについて知られている話を文字通り「ひっくり返す」ようなものだったという。結局、彼女の作品が形になることはなく、思いもよらぬ展開が待っていた。ラドックの死後まもなく、親しい友人と遺産管理人が彼女の家を訪れ、遺言に従って貴重なカボット研究のあらゆる資料、様々な写真やマイクロフィッシュ（多数の小さな写真を1枚のシートに収めたもの）、数十年間にわたる画期的な調査の成果をまとめたノートなどを漏れなく集めた。すべての資料を入れ終えると、78個の大袋がいっぱいになったという。こうして集められた資料は、ラドックの遺志により、すべて破棄された。

ラドックが生涯をかけた仕事の成果をなぜ捨て去ることにしたのか、確かなことはわからない。しかし、ここ数年間ブリストル大学のエヴァン・T・ジョーンズ博士とマーガレット・コンドン博士が進めている「カボット・プロジェクト」のおかげで、ラドックが発掘した多数の文書が突き止められ、探検家ジョン・カボットの人物像と彼の驚くべき航海の全貌が明らかになった。

コロンブスの発見に触発されて

ジョン・カボットの出自は不明だが、1498年の書簡には「コロンブスと同じジェノヴァ人」と書かれている。その後、カボットはヴ

ェネチア市民となる。1483年に彼は「エジプトのスルタン」が治める国に旅をして、当時キリスト教徒には危険といわれたメッカにも行ったと主張していた。しかし1488年11月4日、ユダヤ教の戒律に反する商取引を行ったとして、カボットに逮捕令状が出た。カボットは妻と3人の子供を連れてスペインのバレンシア港に逃れ、「フアン・カボーテ・デ・モンテカルンヤ」と名乗り、ヴェネチアで得た知識を生かして橋の建設で生活した。コロンブスの新大陸発見の知らせがスペインに届いて国中が沸いていた頃、カボットはセビリアでその興奮の渦に巻き込まれていた。おそらくコロンブスの発見にヒントを得て、マルコ・ポーロの記録にある東の国への新たな航路を思いついたのだろう。カボットはイギリス国王ヘンリー7世の支援を求めて1495年、イギリスに向かった。それは前人未踏の航路だった。北方の高緯度で大西洋を横断すれば、航行距離を大幅に短縮でき、コロンブスよりも先に中国や日本に行けるはずだと踏んだのだ。

　スペインを出し抜ける可能性を悟ったヘンリー国王はカボットの提案を受け入れ、「ヴェネチア市民、ジョン・カボット」に「東方、西方、および北方の海のあらゆる地域、地方および海岸を当国の

カボットの故郷ヴェネチア

細部まで緻密に描かれたマテウス・メーリアンのヴェネチア地図（1636年）。ジョン・カボットは北米への航海に出るまで、ヴェネチアで皮商人として生計を立てていた。

ジョン・カボットの北米への旅 | 59

旗の下で航行し（中略）いかなる土地であれ異教徒と異端者の島、国、地域もしくは国を調査する」ことを許可した特許状を与えた。特許状は、カボットが発見者の権利を主張することを認めるだけでなく、権威あるイギリスの旗の下での安全な航海を保証するものでもあった。さらに、この航海にはアジアへの航路発見に加え、伝説のブラジル島が見つかる期待もあった。ブラジル島は実際には存在しない幻の島だが、数世紀にわたって噂され、地図にも載っていた。バスクの作家ロペ・ガルシア・デ・サラサールは1471～1476年頃に書いた年代記で、商人たちが貪欲にブラジル島を探し求める理由に言及している。

イギリスの旗を立てた北米海岸

フアン・デ・コサの地図の一部（地図全体は52ページ参照）。長い北米大陸の海岸線に5本の英国旗が配置され、「イギリスが発見した海」であることを示す記述がある。

> ある日の夜明けに（イギリスの）ブリストルからの1隻の船が島を見つけ、どこかもわからないままに上陸してたくさんの薪を集めたところ、薪はすべてブラジル（アジアで産出されるブラジル木）であり、これを渡された船主がそのことに気づき、彼は大金持ちになった。船主たちは再び島を探しに出かけたが、見つけることはできなかった。ときおり、船がこの島を見かけることはあったものの、嵐のためにたどり着けなかった。これは丸い形をした小さい平らな島だと伝えられている。

2回目の航海に出る

　1496年夏の最初の大西洋航海は失敗に終わった。その唯一の資料は、1950年代にようやく発見された、イギリスの港ブリストルの商人ジョン・ディーからクリストファー・コロンブスに宛てた1498年の手紙の短い記述だ。「閣下がお知りになりたがっておられた最初の航海につきましては、彼（カボット）が1隻の船で出港したものの、彼が雇った人々が彼を困らせ、食糧も心細くなり、向かい風に遭って引き返すことを決断したということです」。カボットは失意のうちにブリストルの港に戻り、8カ月かけて2回目の航海計

画を立てた。50トンのマッソー号を手に入れたカボットは1497年5月2日に北大西洋を目指して船出した。

　2回目の航海でも航海日誌は残っておらず（日誌を書かなかったのかもしれない）、カボットや乗組員による記録もないため、航海の様子は現存する同時代の資料から知るしかない。商人ジョン・ディーが、ライバルの出現に心穏やかでないコロンブスに送った手紙から、乗組員は20人でカボットの友人2人も含むこと、その1人はブルゴーニュ公国（現在のオランダ）から来て、もう1人はジェノヴァの「床屋」で船医として雇われたらしいことがわかる。

　ディーは、マッソー号の航路にも言及している。カボットの船はアイルランドを通り過ぎて「数日の間」北に進んでから西に向きを変え、アイスランドとの交易船が通る海域を航行したのちに、イギリス船が未踏の海域をさらに進み、35日間の航海後、ついに陸地を目にした。カボットの上陸地点は結論が出ていないが、カナダ

北米行きから およそ100年

歴史に残るデ・ヨーデの北米地図（1593年）。新大陸が描かれた初めての二つ折り版サイズの世界地図で、カボットを含めた探検家たちの発見に関する注釈があちこちに入っている。

ジョン・カボットの北米への旅　61

東部のニューファンドランドが最も有力とされる。貴重な情報としてディーは、上陸地点の緯度に言及し、最北端は「ダーザル岬（アイルランドのダージー岬）の西1800マイル（2900km）」、最南端は「バルデオス川（フランスのボルドー川）」に並ぶと説明している。

　カボットの探検隊は十字架を手に上陸し、「教皇庁の旗とイギリス国旗」を立てた。それから、その土地に船の帆柱に十分な長さの木と、牧草がたっぷり生えていることを知った。とりあえず内陸部に進んだ一行は、何者かのたき火の跡と、削られて色を塗られた木の棒を見つけ、人間が暮らしていることを悟った（先住民のベオトク族の可能性が高い）。少人数での移動に強い不安を覚えた彼らは船に戻り、海岸線に沿って航行した。「彼らは2つの巨大な物体が走るのを目撃しました。一方が他方を追いかけているようでしたが、人間か獣かは見分けられませんでした。村のような場所には耕された土地があるようでした」とディーは書いている。

姿を現す新大陸

ヨハネス・ルイシュの『普遍認識世界地図』。1507年の時点でヨーロッパ人がどの程度までアメリカ大陸を知っていたかがわかる。

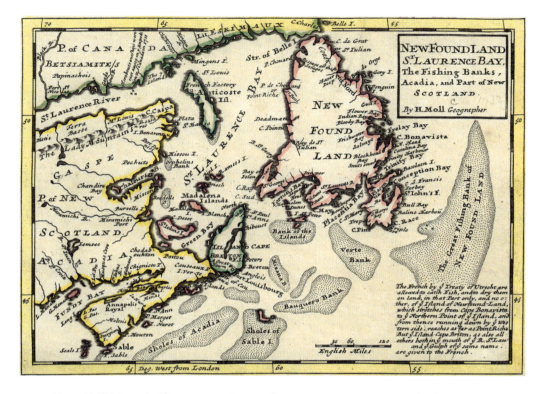

1カ月ほど海岸沿いを探検したのち、母国を目指したカボットの一行はたった15日間で大西洋を横断し、8月6日にブリストルに到着した。カボットは国王に航海の成果を報告するため、オックスフォードの北、ウッドストックの宮殿に向かった。国王の会計簿には「新しい島を発見した報酬」として10ポンドをカボットに支払ったとある。イタリア人たちは、破産して逃亡中の男がイギリスのコロンブスと評価されたことが滑稽だったようだ。8月23日にロレンツォ・パスクアリーゴは「私たちと同じヴェネチア人は大提督と呼ばれ、高い敬意を払われ、絹の服を身に着け、イギリス人たちは彼を夢中で追いかけている」と書いている(この「大提督」はコロンブスに与えられた称号に似せた見せかけの肩書だった)。

ロバート・ファビアンが16世紀のロンドンについて書いた『ファビアンの年代記』には、その後のジョン・カボットの記述がある。航海を成功させたカボットはヘンリー7世から厚遇を受け、英雄として暮らしていくこともできたが、すぐに再び新天地を目指す航海の資金集めにかかった。5隻の船が1498年5月に出港したが、大西洋に乗り出した船団を激しい嵐が襲った。壊れかかった1隻だけがなんとかアイルランドにたどり着き、カボットが乗った船を含め、残りの船が姿を現すことは二度となかった。

カナダ東端の
ニューファンドランド周辺

ハーマン・モールの新大陸地図(1732年頃)。カボットはこの地域をイギリスの領土と宣言した。

ジョン・カボットの北米への旅 | 63

ヴァスコ・ダ・ガマがインドへ到達

1497〜1499年

Vasco da Gama Reaches India

東洋と西洋を結びつけたインド航路

「かつて英雄と詩人たちの時代があった
やがて勇気という新たな気高い思想が生まれた」
——ヴァスコ・ダ・ガマの偉業をたたえて1572年に書かれたポルトガルの叙事詩『ウズ・ルジアダス』より

ポルトガルのバルトロメウ・ディアスが意気揚々と南アフリカの喜望峰を回ってから（51ページ参照）、10年の年月が過ぎた。ヨーロッパから海路でインドの主要交易地マラバール海岸まで到達できる可能性は証明されたものの、ポルトガルは思うように先に進めずにいた。新大陸上陸からヨーロッパに戻ったクリストファー・コロンブスは、リスボンに寄港した際、ポルトガル国王ジョアン2世に、ライバル国であるカスティーリャ王国の支援を受けた航海の成果を伝えた。ひどく腹を立てたジョアン2世はスペインに手紙を書き送り、1479年に両国が合意したアルカソバス条約について

ポルトガルが知った世界

カンティーノ平面天球図（世界地図）。ポルトガルによる地理上の発見を示した最初期の地図の一つ。地図の名前は、1502年にイタリアのフェラーラ公爵が、この地図をポルトガルからこっそり持ち出すために差し向けた密偵アルベルト・カンティーノに由来する。

問いただした。この条約では、アフリカ南西沖のカナリア諸島以南で発見されたすべての陸地（ポルトガル王はコロンブスが発見した土地も含まれると考えていた）は、ポルトガルの領土とすることが定められていたからだ。スペイン両王（アラゴン王フェルナンドとカスティーリャ女王イサベル）との間で交渉が行われた結果、1494年にトルデシリャス条約が結ばれ、大西洋を縦断する子午線（前ページの世界地図で左側を縦に横切る太い線）を境界として、ポルトガルとスペインが新世界を分け合うことになった。西側で発見された土地はスペインの領土、東側のアフリカ西海岸やインドへの航路を含む土地はポルトガルの領有が認められた（ポルトガルの航路開拓がなかなか進まなかったのは、トルデシリャス条約の交渉が長引いたせいもある）。1497年にようやく（エンリケ航海王子の向こうを張ろうとしていた）ポルトガル国王マヌエル1世の承認を得て、探検家ヴァスコ・ダ・ガマは艦隊を率いてインドに向かう初の航海に旅立った。

アフリカの西岸

オランダの天文学者ペトルス・プランシウスによる、アフリカ西海岸の地図（1660年）。ポルトガル王国の公式地図製作者ルイス・テイシェイラの情報をもとにして作成された。

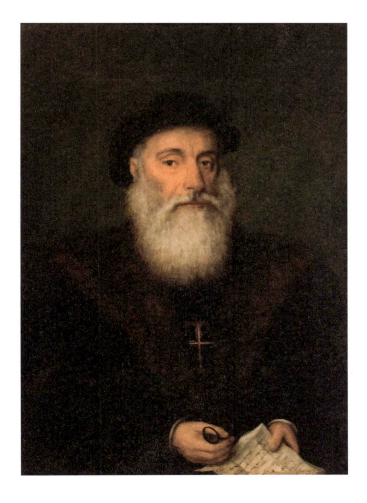

ヴァスコ・ダ・ガマ

1525年頃の肖像。

アフリカ東海岸を北上するインド航路

　170人の乗組員と食糧を載せた4隻の船は、7月8日にリスボンを出港し、先人たちが確立した航路をたどって、西アフリカの海岸に沿って南下した。アフリカ大陸の西に突き出した部分にあるシエラレオネで、ダ・ガマは海岸線を離れて南を目指した。南大西洋特有の偏西風をうまく捕まえれば、東に速く進めるからだ。このように方向を変える航海法はボルタ・ド・マール(「海の回転」)と呼ばれた。ガマたちを乗せたポルトガル船は3カ月近くにわたって陸地を見ることなく航海を続けるという、驚くべき偉業を達成し、1497年11月に喜望峰を回り、バルトロメウ・ディアスが10年前にたどり着いた南アフリカのモッセルベイに上陸した。

　この時点で彼らの航海距離は5000海里(9260km)以上にも達していたが、まだこの先には、アフリカ南東海岸に沿って北上する

ヴァスコ・ダ・ガマがインドへ到達 | 67

という次なる旅が待っていた。クリスマスの日に彼らは危険なナタール海岸（ナタールはポルトガル語でクリスマスの意味）を目撃し、3月にはマダガスカル西のモザンビーク島周辺までアフリカ東海岸を北上していた。その地域を治める王は、彼らがキリスト教徒だと知って攻撃してきた。そのうえ、ダ・ガマが雇った現地の水先案内人が裏切り、船を岩場にぶつけようとした。航海を乗り切ってきた船を1隻失ったものの、ケニアの港町マリンディで友好的な現地の首長から紹介されて雇ったベテランの水先案内人が季節風に詳しかったため、ダ・ガマの船隊は23日間の航海ののち、インドの南西部の交易の中心地、カリカットに到着した。

ポルトガルが海路でインドに到着したことは歴史的な快挙だった。ダ・ガマの偉業はヨーロッパ中を揺るがせ、衝撃のあまり信じなかった者もいたようだ。ヴェネチアの作家ジローラモ・プリウリは、「ポルトガル王が所有する3隻のカラベル船がアデンとインドのカリカットに到着した。彼らが派遣された目的は香辛料諸島の発見であり、船長はコロンブスだった」という間違った噂を記録している。プリウリは海からインドに行くのは不可能だと考えていたようだ。「この知らせに私は激しく動揺している。もし本当であるなら……（中略）だが、私はこのことを信じない」

一方、インド側は、最初のうちは、ヨーロッパ人が海から来たことを重大事だと思わなかったようだ。ガマが携えてきた心ばかりの贈り物と交易品は価値がなさそうなものばかりであり、さらにカリカットのアラブの交易商人たちは、現地の権力者たちにポルトガルを相手にしないよう働きかけていた。

1498年8月、交易の中心地で交易国としての立場を確立させることに失敗したダ・ガマは母国に船を向けた。水先案内人は季節風が吹くまで待つように進言したが、残念ながらダ・ガマは耳を貸さなかった。彼らの船はマリンディの港に戻るまで長引く嵐に見舞われ、乗組員のおよそ半数が壊血病などで命を落とし、4カ月後にリスボンの港に戻ったときには、船は2隻だけで船員は44人に減っていた。それでも国王マヌエル1世は、ダ・ガマの偉業への褒美として、シーネスの街と、「アラビア、ペルシャ、インドおよびあらゆる東洋の海の提督」の称号を与えた（カスティーリャ国がコロンブスに与えた称号「大洋の提督」に対抗したものと思われる）。大西洋とインド洋はつながっていないというプトレマイオスの誤りを正し、地図に描かれるアフリカの形を正し、アレクサンドロス大王の時代以来初めて西洋と東洋の民族を結び合わせた航海にふさわしい報酬だったのではないだろうか。

ポルトガルによる地中海

ジョルジェ・アギアが1492年に作成した海図。当時ポルトガルが持っていた地中海の知識が描かれている。

ヴァスコ・ダ・ガマがインドへ到達 | 69

大西洋条約を破ったペドロ・カブラルが ブラジルに到達

1500年

Pedro Cabral Cracks the Atlantic Code and Discovers Brazil

ポルトガルによる植民地化を招いた航海

「彼らのうち一人が提督の金色の襟をじっと見つめ、
地面を指しては襟を指さし始めました。
その様子は、まるでこの土地に金があることを
我々に伝えたがっているようでした」

──カブラルの航海に同行したペロ・ヴァス・デ・カミーニャの書簡

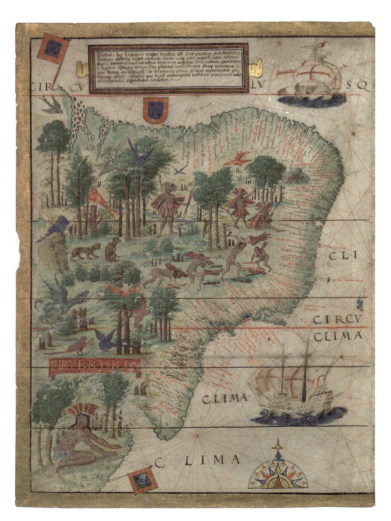

ヨーロッパ人が見たブラジル

ペドロ・レイネルとロポ・オーメンによる『ブラジル地図』。カブラルの上陸から20年も経たない1519年にポルトガル国王マヌエル1世の命により作成された『ミラー世界地図』の一部。

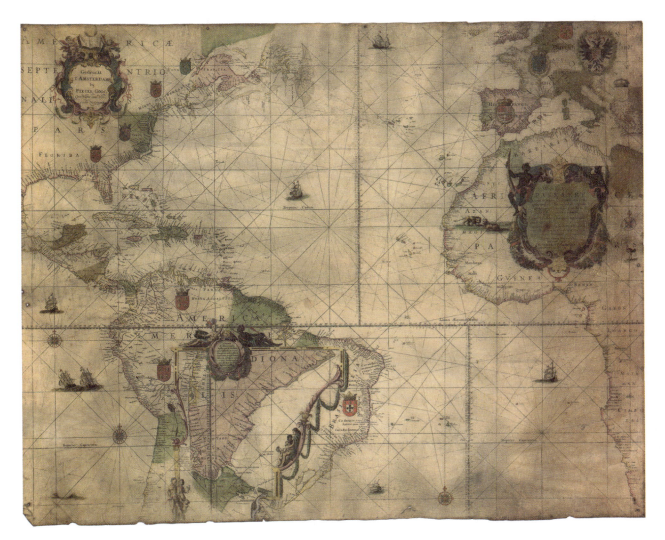

新大陸へ渡る海図

ウィレム・ブラウが大西洋を横断するヨーロッパ船のために、1695年頃に作成した非常に珍しい大判の大西洋海図。

　私たちが知る限り、大航海時代の主役の一人ペドロ・アルヴァレス・カブラルがブラジルを発見したのは、まったくの偶然だった。ヴァスコ・ダ・ガマ（64～69ページ参照）がインドへの航路を開いた歴史的航海から帰国してわずか1年後の1500年、新たな航路を開拓する計画の準備がすでに着々と進められていた。

　当時のポルトガル王国では、軍隊の遠征や新たな航海を率いる役目は、経験や能力とは関係なく、貴族階級の中でも特に重用されている者に与えられ、経験豊富な航海士を乗組員に加えるのがしきたりだった。理由は記録に残っていないが、ポルトガルのマヌエル王は、インドへの2回目の航海の最高司令官にカブラルを任命した。1500年3月3日、13隻の船に1500人が乗った艦隊はリスボンを出港した。今回の航海の目的は、伝説のプレスター・

ブラジルに「漂着」

オスカー・ペレイラ・ダ・シルヴァが描いた、カブラルの探検隊がブラジルの海岸に上陸した場面。

ジョンの王国(120〜123ページ参照)を引き続き探すことのほか、上陸した先でキリスト教を広めるという任務も課されていた。また、西アフリカで奴隷と金を交易するためにポルトガルの地位を確立すること、交易の中心地であるインドに交易拠点を築くことも重要な目的だった。

インドのはずがブラジルに

　当時、ポルトガルの船乗りの間では、ボルタ・ド・マールと呼ばれる貿易風と偏西風を利用した航海術が広まっていた。カブラルもボルタ・ド・マール航海法を採用した。アフリカ西海岸の島国カーボベルデに到達したあとは、大西洋を横切るように西に向かい、偏西風を捕まえて向きを変えながら、アフリカ南端の岬を東に向かって進むのが予定の航路だった。しかし、カーボベルデを過ぎてからわずか1日で、思いがけない事態が起こった。ヴァスコ・デ・アタイデ船長と150人の船員を載せた1隻の船が跡形もなく姿を消したのだ。海外交易所の書記官としてカブラルに同行し、航海の記録を残したポルトガルの騎士ペロ・ヴァス・デ・カミーニャは次のように書いている。「ヴァスコ・デ・アタイデは十分な風を受けることができず、艦隊から遅れた。船長は最善を尽くしたものの、やがて完全に姿が見えなくなった」

デ・カミーニャがマヌエル王に宛てた書簡を読む限りでは、この航海で起こった事件らしい出来事はこれだけだったようだ。4月9日に赤道を越えてさらに12日間南西に航行すると、海藻が見えた。つまり、付近に陸地があるということだ。翌日、彼らは海岸線を目撃し、沖に停泊した。その場所をカブラルはモンテ・パスコアール（イースター山）と名づけた。彼らが発見したのは、現在のブラジルのあたりだった。ボルタ・ド・マール航海法で進んでいたポルトガル艦隊は、偏西風を求めてひたすら南西に進むうちに、いつの間にかアフリカと南米の間の大西洋を最短距離で横断していたのだ。

ニコラウ・コエーリョが率いる少人数の部隊が上陸し、砂浜に集まってきた住民との意思疎通を試みた。今日では「ブラジルの出生証明書」とも言われるデ・カミーニャの書簡は、石器を使う現地の人々を次のように描写している。「彼らの皮膚は浅黒く、恥部を覆うことすらせず完全な裸で、弓と矢を手にしていた。全員が臆する様子もなく小舟に近づいてきて、ニコラウ・コエーリョが弓を下に置くように手まねで指示すると、彼らは弓を地面に置いた」。コエーリョはいくつかの品を交換した。その中には長い羽根を飾りとして刺す赤いつばなし帽もあった。

次の日、ポルトガルの一行は再び砂浜に上陸し、巨大な木の十字架を立ててその前にひざまずき、住民にも同じ動作を促した。こうしてこの土地で最初のキリスト教の礼拝が行われた。カブラルは発見した土地が西ではあったものの、1494年に締結されたトルデシリャス条約（66ページ参照）で定められた子午線（西アフリカ沖のカーボベルデ諸島の西370リーグ）の東側にあり、ポルトガルに領有権があると知って喜んだ。カブラルはこの土地をマヌエル王の領土とすることを宣言し、知らせを伝えるために艦隊の1隻をリスボンに送った。残った艦隊は想定外の中継点で補給を行った後で再びインドを目指して出港したが、2日ほど海岸線に沿って航海するうちに、カブラルはこの土地が大陸だと確信するようになった。5月5日にポルトガル艦隊はアフリカに向かい、数週間後に南大西洋で激しい嵐に見舞われて4隻が行方不明になった。

1年後、ゴンサロ・コエーリョの指揮の下、記録係のアメリゴ・ヴェスプッチ（マルティン・ヴァルトゼーミューラーは1507年の地図にアメリゴを誤記したアメリカという名前を初めて載せた）を伴った探検が行われ、ブラジル海岸2000マイル（3219km）の詳細な地図が作成された。だが、その後ポルトガルがブラジルを植民地化する道を拓いたのは、最初に四大陸に上陸したカブラルの功績とされている。

地図に初めて「アメリカ」の文字

次ページ：マルティン・ヴァルトゼーミューラーによるヴァルトゼーミューラー地図（1507年）。1枚しか現存しない。カブラルの発見を含む南米の最新情報が記されている。探検家アメリゴ・ヴェスプッチにちなんだ「アメリカ（America）」という名前が最初に掲載された地図でもある（左下の区画）。2003年に米国議会図書館が1000万ドルで購入した。

74 | Pedro Cabral Cracks the Atlantic Code and Discovers Brazil

大西洋条約を破ったペドロ・カブラルがブラジルに到達

1513年 フアン・ポンセ・デ・レオンが フロリダに到達
Juan Ponce de León Discovers Florida

コロンブスの乗組員だった男が見つけた土地

「もしこれを収めることが神の御心ならば（中略）
私はそうすることができるに違いありません」
——チャールズ5世に宛てたフアン・ポンセ・デ・レオンの書簡

1492年、カスティーリャ女王イサベル1世とアラゴン王フェルナンド2世は、イベリア半島最後のイスラム王朝であるグラナダ王国を征服し、10年間の戦争に終止符を打った。半島全体をイスラムから取り戻し、平和になったスペインは、ようやく外に目を向ける余裕ができた。新世界という大きなチャンスが舞い込んできたのはそんなときだった。翌1493年、コロンブスが一獲千金を夢見

南北両半球の地図

オロンス・フィネが1531年に製作したハート型の世界地図。新世界の地理に関する最新の発見が盛り込まれ、大きな影響を及ぼした。

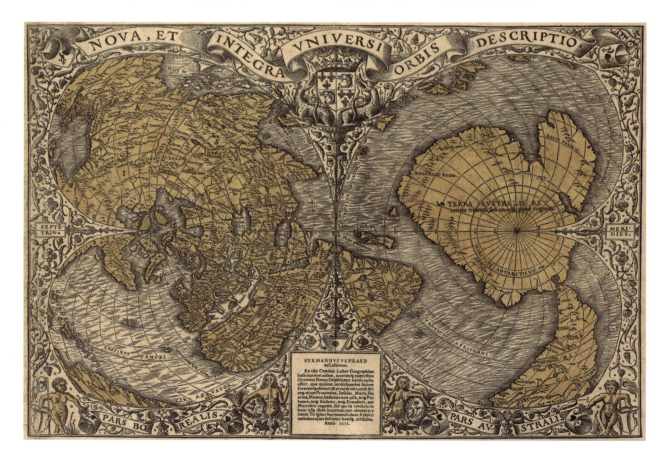

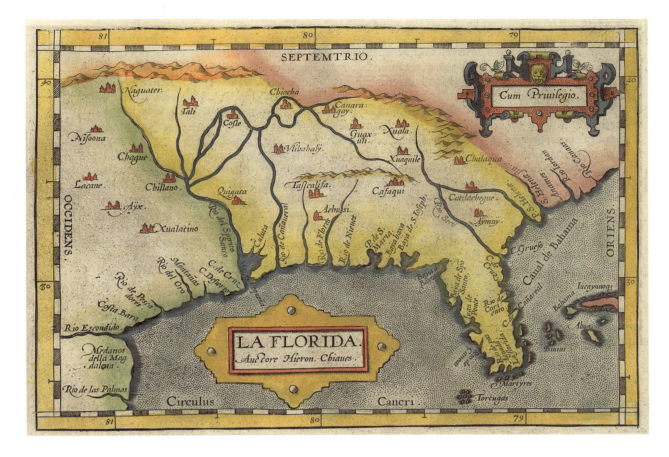

る総勢1400人の男たちと2回目の南米航海に出た。その中にフアン・ポンセ・デ・レオンという名の元兵士がいた。

プエルト・リコの港から北西へ

年末に西インド諸島のイスパニョーラ島（現在はスペイン語圏のドミニカ共和国とフランス語圏のハイチ）に到着したポンセ・デ・レオンは、すぐに頭角を現し（つまり持ち前の残忍さを発揮し）、植民地化に大きく貢献した。イスパニョーラ島東部のイグエイで、先住民のタイノ人がスペインの小部隊を襲撃した際には、着任したばかりの総督ニコラス・デ・オバンドから鎮圧を命じられた。その結果、先住民が大虐殺され、彼はイグエイ周辺地域の統治権を手にした。

1508年、ポンセ・デ・レオンは国王フェルナンド2世からプエルト・リコの総督に任命されたが、ポンセ・デ・レオンの目は相変わらず、より遠くを見ていた。彼は、イスパニョーラ島の北西部から臨む水平線のすぐ向こうの島で、金が豊富に採れるという噂を聞いていた。また、ディエゴ・コロンブス（クリストファー・コロンブスの息子）

探検家のフロリダ情報

貴重な1608年版のオルテリウスのフロリダ地図。内陸部の詳細は、エルナンド・デ・ソトの発見を記録したゴンサロ・デ・オビエド・イ・バルデスの情報がもとになっている。

より先に価値のある発見をする必要もあった。ディエゴは父のコロンブスに約束された称号と特権を取り戻そうとスペイン国王に訴えて係争中で、イスパニョーラ島に着くと現地を治めるスペイン人たちの地位を奪うためにせっせと働きかけており、ポンセ・デ・レオンもその座を狙われた一人だったからだ。

　1513年3月4日、ポンセ・デ・レオンは3隻の船に200人の乗組員を乗せて「ビニミ諸島」を探しに出発した。この探検航海の資金は自分の財産から捻出していたが、航海が成功したら、発見した島と付近の陸地の独占権を3年間手にできることになっていた。プエルト・リコの港を出たポンセ・デ・レオンは、バハマ諸島（当時はルカヨスという名前だった）に沿って北西方向に船を進めた。3月27日、未知の島を目撃したが、そのまま進み、外洋を横断した先に別の島を見つけた。その頃はちょうど復活祭の時期だったため、発見された陸地は復活祭を意味するスペイン語「パスクア・フロリダ」にちなんで「ラ・フロリダ」と名づけられた。ポンセ・デ・レオンが上陸した正確な場所は意見が分かれている。現在のセント・オーガスティン、またはポンセ・デ・レオン湾だった可能性もある。可能性が最も高いと言われているのは、さらに南で半島の中ほどのメルボルン海岸近くだ。

フロリダの先住民

テオドール・ド・ブリの『大航海』で描かれた「フロリダのインディアン」。

残忍な男が求めた「価値ある発見」

　彼らは何事もなく5日間をそこで過ごした。その後、南に船を進めて海岸線を調査しているときにおかしなことが起こった。アントニオ・デ・エレラ・イ・トルデシリャスの1615年の記録には、「3隻とも（中略）海流に流され、強い風が吹いているにもかかわらず前進するどころか後ろに向かって進み（中略）2隻は付近の陸地に錨を下ろしたが（中略）3隻目の船は（中略）海底あるいは海流の様子がわからなかったのか、そのまま沖に流され、晴天で視界が良好であったにもかかわらず姿が見えなくなった」とある。

　これはメキシコ湾流の最初の記録である。ポンセ・デ・レオンらは、この海流の流れが一番激しい場所に入り込んだ（のちにメキシコ湾流はスペイン船がヨーロッパに戻る際に利用される）。海流から逃れた船は岸から離れずに南下を続け、フロリダ最南端にある現在のビスケーン湾に到達し、フロリダキーズ諸島に沿って移動した。この島々は苦痛にもだえる人の姿に見えたため、ロス・マルティレス（殉教者）という名前がつけられた。彼らはフロリダ本土で先住民たちと戦闘を繰り返したのち、ドライ・トートゥガス諸島に移動して巨大なウミガメやモンクアザラシ、海鳥の群れを捕まえ、大いにごちそうを楽しんだ。8カ月後にポンセ・デ・レオンは帰途についたが、一行はわけもわからないままキューバに流され、さらに再び強い海流に遭遇してようやくプエルト・リコに戻った。

　当時の「征服者（コンキスタドール）」たちは新世界を開拓し、先住民をエンコミエンダ制という強制労働制度の奴隷にすることに意欲的だったが、ポンセ・デ・レオンを突き動かしていたのは黄金の魅力だった。しかし彼の死後、今も有名な噂が流れ始めた。実は彼は、伝説の若返りの泉を探していたというのだ。若返りの泉の起源は古代にさかのぼる。ヘロドトスはこの泉がエチオピアにあると言ったが、インドにあると言う者もいた。ポンセ・デ・レオンの噂の基になったのは、1535年にゴンサロ・フェルナンデス・デ・オヴィエド・イ・ヴァルデスが書いた『インディアス全史』だ。同書には、ポンセ・デ・レオンが若返るためにビニミと呼ばれる楽園の泉を探していたと書かれている。難破船から生還して17年間フロリダの先住民と暮らしたエルナンド・デ・エスカランテ・フォンタネダも、1575年の回想録で、ポンセ・デ・レオンが周辺海域で若返りの泉を探していたことに言及した。若返りの泉の話は語り継がれ、現在のセント・オーガスティンでは先住民の村を再現して泉の水を飲める、若返りの泉史跡公園が観光スポットになっている。

若返りの泉

次ページ：ルーカス・クラナッハ画『若返りの泉』(1546年)。

フェルディナンド・マゼランの世界一周航海

The Circumnavigation of Ferdinand Magellan

アジアへの西回り航路を探して太平洋横断

1519〜1521年

「マゼランが死んでも彼の栄誉が消えることはない」
——アントニオ・ピガフェッタ

　1517年、カスティーリャ国王の最大の関心事は、クローブ、ナツメグ、メースなど、ヨーロッパで金に等しい価値を持つ香辛料が豊富に採れるという、香辛料諸島（インドネシアのモルッカ諸島）への西回り航路を発見することだった。香辛料諸島の位置は分かっていたが、問題はそこに行く航路だった。子午線の東側で新たに発見されたすべての土地はポルトガル、西側はスペインの領土になるというトルデシリャス条約が1494年に結ばれた結果（66ページ参照）、スペインは東洋に行ける唯一の東回り航路を使えなくなった。そこで、彼らは西に関心を向けた。新大陸を通り抜けるか、迂回する航路を発見できれば、アジアに到達できる望みがあったからだ。西回りの航路発見を目指して5隻の船が集められた。そして、スペイン国王カルロス1世が艦隊を率いる責任者に選んだ人物は、こともあろうにポルトガル人だった。

問題だらけのスペイン多国籍艦隊

　その男、マゼランはフェルナン・デ・マガリャンイスという名前でポルトガル貴族の家庭に生まれ、ポルトガルの宮廷にも出入りを許されていた。マゼランはポルトガルのために数々の戦いに参加したが、1513年のモロッコのアザムールをめぐるイスラム勢力のワッタース朝との戦いの後、イスラム教徒のムーア人と違法な取引をしたという無実の罪で告発され、ポルトガルで孤立無援の立場に追い込まれた。1517年にマゼランはポルトガル国籍を捨て、名前をフェルナンド・デ・マゼランと改めて、スペイン国王カルロス1世に仕えるようになった。彼が西へ向かう航海の指揮官に任命されたのはそのわずか1年後だった。もし航海を成功させた場合、マゼランと盟友のルイ・ファレイロには、発見した航路の10年間の独占権、発見した新たな領土と島の統治権、それらの領土から得られた利益の5パーセント、さらに航海で得られた総利益の5分の1が与えられることになった。こうして彼らは、1519年9月にスペインを旅立った。

　艦隊が大西洋を横断し、地図などないに等しい南米の東海岸

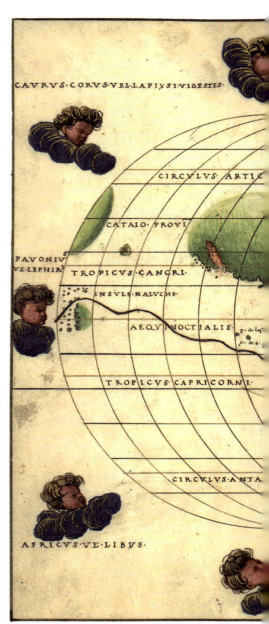

マゼランの航路

サン・バースト（フランス）の修道院長ヒエロニムス・ルファーに捧げられた海図集（1544年）の世界地図。マゼランの世界一周航海の航路が示されている。それとは別に、薄茶色の線が、スペインのカディスからパナマ地峡の陸地を横切り、ペルーへと続いている。これは、ペルーからスペインに運ばれた銀の量がどれほど膨大だったかを示している。

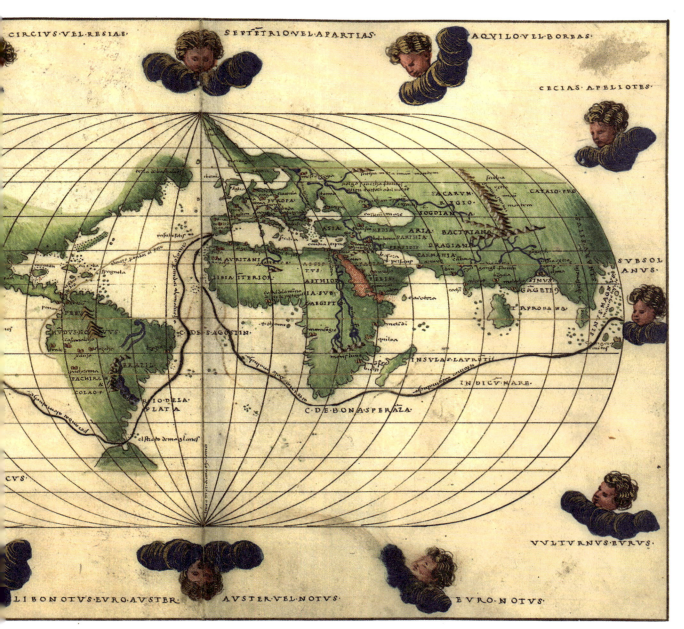

を目指すうちに、マゼランは航海にとって最大の脅威は荒れた天候ではなく、乗組員の反乱だということに気づいた。乗組員はスペイン、ポルトガル、イギリス、イタリア、ドイツなどヨーロッパ各地から集められ、司令官がポルトガル人であることと、食糧の割り当てが厳しいことに、多くが不満をくすぶらせていた。

12月に艦隊はブラジルに到着した。だが、そこはポルトガル領だったため、そのまま海岸に沿って南に進んだ。数年前の1513年、ヴァスコ・ニュネス・デ・バルボアが南北米大陸の間のパナマ地峡を陸路で横断して太平洋を目撃していたが(当時は「南の海」と呼ばれていた)、今回は船で太平洋まで行かなければならないため、マゼランの一行はあらゆる入り江や河川を徹底的に調査し、内陸の奥まで入り込んで太平洋に抜ける水路を探した。そのため、南下にはかなりの時間がかかった。そのうちに食糧が心細くなってきたので、1520年3月に彼らは補給と修理のためにパタゴニアのプエルト・サン・フリアンに立ち寄った。食糧制限は以前にも増して厳しくなっており、艦内の反乱の噂を耳にしたマゼランは、ヴィクトリア号の船長ルイス・メンドーサとコンセプシオン号の船長ガスパル・デ・ケサーダを、見せしめとして殺すように命令した。ほかにも40人前後の乗組員が船を奪って帰国する計画に加わっていたが、その企ては阻止され、加担者には死刑が宣告された。しかし、結局彼らに課された罰は重労働への従事だった。

調査航行中にサンチアゴ号が難破したため、10月まで4隻で航海が続けられた。さらに副指揮官のフアン・デ・カルタヘナが反乱を起こし、処刑された反乱者たちの死体とともに孤島に置き去りにされた(彼らの遺骨は後年フランシス・ドレークによって発見された)。1520年10月21日に南緯52度の地点で、マゼランたちは西へと続く海水の深い水路を発見する。ここは「すべての聖人の海峡」と名づけられ、現在はマゼラン海峡と呼ばれている。

展望が開けたにもかかわらず、艦隊の内紛は収まりそうになかった。ついにはエステバン・ゴメスが指揮するサン・アントニオ号が艦隊から逃げ出し、スペインに帰国してしまった。1520年11月28日、残った3隻のスペイン船は南の大海に出た。マゼランはこの海を太平洋(マール・パシフィコ)と命名した。太平洋は当時のどんな地図に描かれていたよりもはるかに広く、マゼランの一行は西へ96日間航海を続けた。食糧は底をつき、「粉に戻って大量に虫がわき、ネズミの小便の匂いがする古いビスケット」で飢えをしのいだと、航海の記録係を務めていたアントニオ・ピガフェッタは書き残している。「我々は黄色くなった不潔な水を飲んだ」。さらに船内では、当時

苦難の航海を指揮した男

後年ニコラ・デ・ラルメサンによって描かれたマゼランの肖像画。

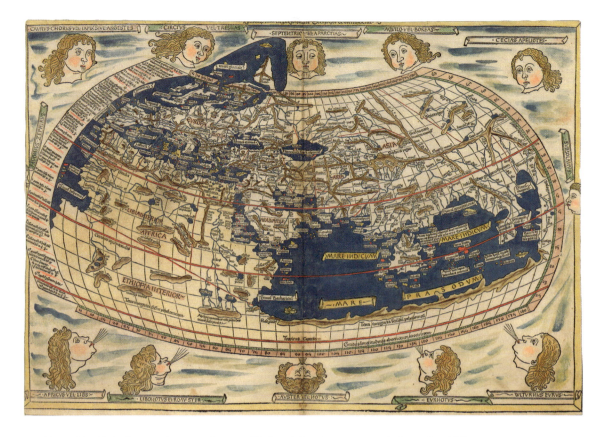

は原因不明の壊血病がはびこった。「これは最悪の病気だった。乗組員のほとんどは上顎も下顎も歯茎がはれ上がり、食べることもままならず、29人の乗組員が死亡した(中略)このような航海に出ようとする人間は二度と現れないだろう」

フィリピンでの悲劇を超えて

　乗組員を減らしながらもスペインの艦隊はさらに航海を続け、ついにヨーロッパ人として初めてマリアナ諸島のグアム島に到達した。ここで彼らは新鮮な食べ物で腹を満たし、きれいな水を思う存分飲んだ。船にたっぷりの食糧を積み込み、再び船出してまもなく、一行はフィリピンに上陸した。マゼランはフィリピンで出会った現地の人々にキリスト教を布教し、敵対する相手を一緒に攻撃することで友好関係を結ぼうと努めた。これはマゼランがポルトガルで身につけた処世術だった。マゼランはセブ島の先住民の王だったラジャ・フマボンに洗礼を授け、ドン・カルロスという洗礼名を与えた。王にはセブ島近くのマクタン島を治めるラプラプ王という宿敵がいた。ラプラプ王はキリスト教への改宗を拒んだこと

未知の太平洋

プトレマイオスの世界観に基づいて1482年に作成された世界地図。マゼランはこのような地図を参考にしていたが、太平洋に関する情報はまったくと言っていいほど載っていない。

フェルディナンド・マゼランの世界一周航海　85

もあり、マゼランはフマボンとの友好の証として、小部隊を率いてマクタン島に攻め込んだ。住民の抵抗を予想していなかったマゼランの前に立ちはだかったのは、逆上したマクタン島の男たちが1000人以上も集まった大軍勢だった。マゼランと同行の8人はあっという間に倒され、先住民たちの手で八つ裂きにされた。ピガフェッタは次のように書いている。「全員が一斉に彼に襲いかかり、1人が手にしていた大きな投げ槍を彼の左足に突き刺した。その一撃で彼はうつぶせに倒れ込んだ。同時に鉄槍や竹槍、投げ槍が彼に一気に襲いかかり、私たちの模範であり、光であり、慰めであり、真の導き手だった彼を殺した」

当初270人いた乗組員は115人まで減っていたため、一行はコンセプシオン号を残し、フアン・セバスティアン・エルカノが指揮をとって航海を続けることにした。フィリピンを後にした2隻はついに香辛料諸島にたどり着き、大量のクローブを手に入れた。こ

マゼラン海峡が登場

メルカトルの地図。市販の地図に初めてマゼラン海峡が登場した一枚。

うして帰国の途についたものの、その後の航海も計画性に乏しく、南アフリカの喜望峰を回るころには60人になっていた乗組員は、再び惨めな食糧事情を経験することになった。1522年9月10日、飢えとしつこく流行する病気としょっちゅう水漏れが起こる船に悩まされながら、ヴィクトリア号はスペインの港にようやく帰り着いた。乗組員はわずか18人にまで減っていた。

　ヴィクトリア号が香辛料諸島から運んできたクローブは非常に高く売れたため、航海にかかった費用を超える利益を出した。それにもまして、彼らの航海は大きな意味を持っていた。彼らは歴史的偉業となる世界一周を成し遂げ、地球が丸いこと、地球の外周は当時の地図の記載よりもはるかに長く、2万4900マイル（4万km）以上もあることを証明した。マゼラン海峡は航行がとても難しい水域だが、前代未聞の大航海によってスペインは大西洋から太平洋に抜ける航路を手に入れた。マゼラン自身は途中で命を落としたが、彼が残した強い意志はヨーロッパを大きく変えた。

太平洋上の
マゼランの船

太平洋の最初の印刷地図、オルテリウスの『太平洋』(1590年)。マゼランの船ヴィクトリア号も描かれている。

フェルディナンド・マゼランの世界一周航海　87

ヴェラッツァーノによる北米東海岸の探検
Verrazzano Traces the East Coast of North America

1524年

フランスが新大陸へと乗り出す

「新たな土地でこんな壁にぶつかろうとは思いもよらなかった」
——ジョヴァンニ・ダ・ヴェラッツァーノ

マゼランによる世界一周航海（82〜87ページ参照）から数年後の1524年には、新たな発見が地図にも反映され、世界がその全貌を現しつつあった。特に南北米大陸の地図の進歩は著しかった。マゼランの航海から戻ったピガフェッタたちは、南米大陸最南端の海岸線や、以前ヴァスコ・ニュネス・デ・バルボア（84ページ参照）がパナマ地峡を横断して目撃した未知の「南の海（太平洋）」に関する情報を持ち帰っていた。その北では1513年に、フアン・ポン

幻のヴェラッツァーノ海も

海図として使われていた6.7×3フィート（2×0.9m）の平面天球図。ヴィスコンテ・マッジョーロが1531年に6枚の山羊革に描いた。幻の「ヴェラッツァーノ海」や、初めて北米東海岸が描写された貴重な地図とあって、過去には1000万ドルの値がついた。

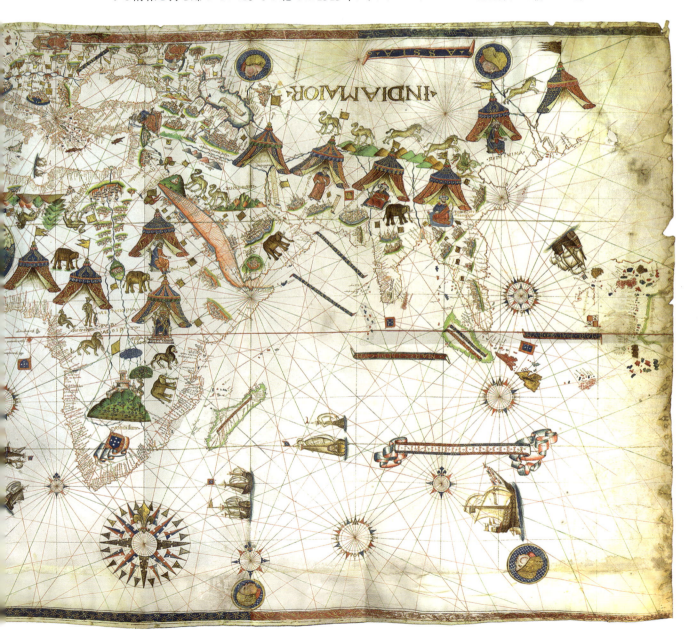

ヴェラッツァーノによる北米東海岸の探検

セ・デ・レオンがラ・フロリダ「島」を発見していた（76〜81ページ参照）。西では1517年にエルナン・コルテスがスペインの軍隊を引き連れてメキシコに乗り込み、1521年にはアステカ帝国を征服してカスティーリャ王国の支配下においた。1519年には、スペインの探検家で地図製作者のアロンソ・アルバレス・デ・ピエダが、太平洋に抜けられる水路を探してメキシコ湾の北岸を調査した。一方、はるか北では、ジョン・カボットがカナダ東端のニューファンドランド周辺に上陸していた（58〜63ページ参照）。

残された可能性は北米大陸東岸

こうして、新大陸の未踏領域は北米大陸のおよそ1864マイル（3000km）にわたる広大な東海岸を残すばかりとなった。ここにはまだ、中国の富にたどり着けるような、太平洋に抜ける航行可能な水路を発見できる可能性が残されていた。フィレンツェ人の探検家ジョヴァンニ・ダ・ヴェラッツァーノも、ほかの同業者たちと同じく、自分に指揮権を与えてくれるなら、どこの国の旗を掲げて出発してもよいと考える男だった。当時、フランスのリヨンは16世紀の経済の中心地で、フランスに209社あった大手貿易会社のうち169社が拠点を置いていた。リヨンの絹商人たちにとっても、（文字通り荒れない地域を通って）東洋に行ける便利なルートを見つけら

フランスの旗を掲げた フィレンツェ人

ジョヴァンニ・ダ・ヴェラッツァーノの肖像画。

れるなら、十分に投資するだけの価値があった。そこで商人たちはフランス国王フランソワ1世に働きかけ、国王はフランスも新大陸に進出するためにヴェラッツァーノを派遣することを決めた。

1524年1月、ヴェラッツァーノと15人の乗組員を乗せた船はイベリア半島の南西沖に浮かぶマデイラを出港した。予定ではもう1隻のラ・ノルマンデ号が同行するはずだったが、航海の準備が間に合わずに残していくことになった。

アステカ帝国の首都

スペインに征服される前のアステカ帝国の首都テノチティトラン(現在のメキシコシティ)の手描き地図。1550年にアロンソ・デ・サンタ・クルスが、神聖ローマ皇帝カール5世(スペイン王カルロス1世)に献呈したもの。

ヴェラッツァーノによる北米東海岸の探検 | 91

ヴェラッツァーノの大失態

　8週間かけて大西洋を横断したヴェラッツァーノらは、現在のノースカロライナ沿岸の恐怖岬(ケープ・フィアー)付近に着くと、しばらくそこに滞在してから北に船を進めた。南に行くとスペイン船に遭遇する恐れがあったからだ。やがて彼らはある地峡に到達し、ヴェラッツァーノはここで非常に有名な大失態を犯す。細い帯状になっている陸地の向こうに水面のきらめきが見えたため、ヴェラッツァーノはこここそ、アメリカ大陸が最も細くなっている場所だと考えたのだ。このとき彼が見たのは、北米東海岸で最大の潟である(ノースカロライナの)パムリコ湾だったが、フランソワ王への書簡で彼は自分が太平洋を見たと書いている。

　　船から北西の方角に見えたのは東洋の海でした。まぎれもな

幻の海で細くなった北米大陸

アメリカ大陸の初めての印刷地図となった『新大陸地図』(1554年)。ドイツの地図製作者セバスチャン・ミュンスターによる。大西洋から細い帯状の陸地越しに太平洋を見たという、ヴェラッツァーノの目撃情報に合わせて、大陸の中央部が大きく曲がっている。

く、これこそがはるか彼方のインドやシナ、キャセイへとつながる航路です。私たちは祝福されたキャセイの地を目指すべく、この先に海峡か、陸地の終わりとなる北方の岬があるかもしれないという期待を抱いて、前述の地峡に沿って船を進めました。発見されたすべての土地には我らがフランソワ王のためにフランシスコという名前が与えられますが、地峡は発見者にちなんでヴェラッツァーノ地峡と命名しました。

　ここは「ヴェラッツァーノ海」として知られるようになり、およそ1世紀にわたって地図製作者や航海者たちを混乱させた。
　パムリコ湾への入口を発見できなかった彼らは（実際には何カ所かに入口が存在する）、海岸線を記録しながら北上を続けた。現在のバージニアのチェサピーク湾とデラウェア湾につながる入口は見逃したものの、ヴェラッツァーノらはヨーロッパ人として初めてニューヨーク湾とハドソン川に到達した。詳細な調査を行ってから再び北に向かい、ロードアイランドのナラガンセット湾に入った。カナダ南部のノバスコシアまでたどり着き、すでに地図に記された地域に入ったヴェラッツァーノは、フランスのディエップに戻ることを決め、2カ月後の1524年7月初めにフランスに帰り着いた。
　キャセイにつながる航路は発見できなかったものの、ヴェラッツァーノの航海は高く評価された。フランソワ国王に宛てた書簡で、彼は探検の途中で出会った先住民について詳細に説明し、発見した動植物や鉱物についても報告した。太平洋の誤った目撃情報だけは問題だったが、それ以外の点では収穫の多い航海だったと言えるだろう。実際のところ、この勘違いは、潤沢な資金を提供した航海の支援者を喜ばせ、なおかつ航路発見に失敗したことを目立たなくする、意図的なものだった可能性も否定できない。
　ヴェラッツァーノの後半生は謎に包まれ、いくつもの食い違う話が残っている。2回目の航海ではかなり遠くまで南下し（1回目の航海で目撃した海が本当に太平洋だとヴェラッツァーノが信じていたなら、もっと詳しくその周辺地域を探検していてもよさそうなのに、そうでない点も興味深い）、3回目の航海ではフロリダやバハマ、小アンティル諸島を訪れ、スペインのプエルト・デル・ピコでスペイン人に捕らえられて海賊として処刑されたという説や、もっと血なまぐさい最期を遂げたという説もある。ヴェラッツァーノがカリブ海のグアドループ島に上陸したとたん、食人種に殺され、料理されて食べられてしまったという話が残っているそうだ。

フランシスコ・ピサロのペルー征服

1526〜1533年

Francisco Pizarro Conquers Peru

インカ帝国を滅ぼした男

「ペルーには財宝がある。ここパナマは貧しいばかりだ。
皆のもの、勇敢なカスティーリャ人にふさわしいのはどちらか選べよ」

——フランシスコ・ピサロ

成功者の一人

テオドール・ド・ブリによる1596年の新世界の地図。四隅にコロンブス、ヴェスプッチ、マゼラン、右下にピサロが描かれている。

1520年代になると、謎に包まれた新大陸のジャングル「緑の地獄」の奥深くには、黄金の都市が隠れているという噂が頻繁に流れるようになった。1527年、ジョン・カボット（58〜63ページ参照）の息子のセバスチャン・カボットは、（アルゼンチンとウルグアイの間を流れる）ラ・プラタ川の広い河口に着いた。ここは1516年に発見したフアン・ディアス・デ・ソリスによって「甘い海」と名づけられていた。カボットはソリスの後任として、アジアへの航路を探す任務をスペインから与えられていた。前任者のソリスはウルグアイ川の調査を進めていたが、船に残った乗組員が恐怖で見守るなか、上陸部隊もろとも先住民に食べられてしまい、航路探索は中断されていた。しかし、カボットは「銀の山脈」（当時はまだ発見されていなかったアンデス山脈）の間に住むという「白の王」の噂を耳にし、本来の目的から外れた行動をとり始めた。

黄金都市の伝説に魅入られたセバスチャン・カボットは、パラナ川を船でのぼって大陸の奥深くまで進み、現在パラグアイの首都があるアスンシオンまでたどり着いた。そこから彼は、修道士フランシスコ・セサルを隊長とする探検部隊を西に送り込んだ。セサルは戻ってきたときに金銀財宝を携えていたため、「セサルの都市」の伝説が生まれた（カボット自身は都市を見ていない）。探検家たちは執拗にこの都市を探し求め、その後250年間にわたってセサルの都市は地図の中をさまよい続けた。

一方、パナマの植民地を作った一人であるパスカル・デ・アンダゴヤは、コロンビアの太平洋沿岸に沿って南に航海し、ビルーという名前の先住民の首長が支配する黄金の国を偶然見つけたと知らせてきた。このニュースに、財宝を探し求めるスペインの探検家は興奮した（ビルーという言葉はスペインの植民地の南部の広大な地域全体を指すときにも使われていた。これが訛ってペルーになったといわれる）。デ・アンダゴヤは病に倒れてパナマに帰国したが、彼の目撃談や様々な黄金都市の噂は、血の匂いをかぎつけるサメのように、ヨーロッパから強欲で残忍な「征服者」たちを招き寄せた。

残忍なスペイン人司令官

フランシスコ・ピサロもそうして南米にやってきた「征服者」の一人だった。カスティーリャで私生児として生まれ、残忍な行為も躊躇しない彼は、兵士としてヴァスコ・ヌニェス・デ・バルボアに同行し、1513年にパナマ地峡を渡った。エルナン・コルテスがメキシコを征服し、1521年にアステカ帝国を滅ぼしたことに勢いを得て征服者たちの競争は過熱した。ピサロも大きな成功を求め、

まだ地図もないペルーの探検に向かった。

　新大陸の太平洋側で建造された数少ない船の1隻に乗り込んで出発した1524年の最初の探検は、たちまち暗礁に乗り上げた。コロンビアの海岸に着いたピサロと相棒のディエゴ・デ・アルマグロ、同行した80人の征服者は嵐に襲われ、その直後に非友好的な先住民と出会って戦い、デ・アルマグロは矢を受けて片目を失った。彼らはこの恐ろしい経験を忘れないよう、上陸地点にプエルト・デル・アンブレ（飢えの港）やプンタ・ケマード（焼けた港）という名前をつけた。そしてパナマに引き返し、2年の準備ののち、今度は160人の部隊で1526年に2回目の航海に出た。

　ピサロはコロンビアのサン・フアン川で船を下りて上陸し、部隊を率いて密集したジャングルとマングローブの湿地に分け入った。船に残った水先案内人のバルトロメ・ルイスはそのまま南に船を進め、宝石と黄金を積んでいかだに乗った先住民を見つけて捕え、その男がペルー北西部のトゥンベスから来たことを知った。この知らせで疲れ切ったピサロは元気を取り戻した。いかだの出発地を探すため、ルイスとともに南を目指したピサロたちを、インカ帝国が支配するアタカメスで出迎えたのは、好戦的なエクアドルの人々だった。ピサロはコロンビア海岸沖のガロ島に撤退したが、

アマゾン川探検の成果

左ページ：ディエゴ・オメンが1588年に製作した南米地図。ピサロの探検と、ピサロの弟のゴンサロによる曲がりくねったアマゾン川の探検の成果が描き込まれている。

ペルーを略奪した者たち

フランシスコ・ピサロ、ディエゴ・デ・アルマグロ、エルナンド・デ・ルケがペルーを分け合う様子を描いた版画（1706年）。

探検の続行はあきらめなかった。無人島で彼らは次々と病や戦闘に倒れていった。隊員たちはパナマの総督に手紙を書き、「狂った虐殺者」と化した司令官から逃れられるように頼み込んだ。総督から帰還の許可を部下が受けたことを知ったピサロは砂浜に一本の線を引いた。そして、ここにとどまって海岸線をはるか南まで調査する3回目の航海に同行する者にはすばらしい褒美を与えることを約束した。今日では「ピサロ13人」と呼ばれる13人がこの線を越えて、探検に加わることになった。

インカの黄金と絞首刑

1528年4月、ピサロと13人はペルーのトゥンベスに着き、人々

手に入れた植民地

『ケツァルエカツィン絵文書』(1593年)。16世紀から残る、メソアメリカの非常に希少な古地図の1枚。ピサロや仲間の征服者たちが打ち立てた新たな植民地の先住民や社会を、スペイン人たちが調査していた時代に描かれた。

の体や住居を飾る金銀の装飾に目を奪われた。彼らはパナマに戻り、次回の探検の計画を立て、準備を進めた。ピサロはスペインに帰国して自分が見た財宝について報告し、国王カール5世とイサベル女王から、カスティーリャ王国のためにペルーを征服することを公式に認めたトレド協約書を与えられた。

　ピサロはセバスティアン・デ・ベラルカサルが用意した物資で遠征の準備を整え、1532年の初めにペルーのトゥンベスに上陸した。驚いたことに、街は一面の焼け野原になっていた。実は彼らが到着する直前、インカ帝国の最高位にあった前皇帝の2人の息子、アタワルパとワスカルの間で内紛が勃発していた。このとき、勝利を収めたアタワルパが、皇帝として即位するために、数千人の軍隊を従えてインカの都市クスコを行進しているところだった。これはピサロにとってまたとない好機だった。ピサロと185人の部隊は（すぐに逃げることができる）海岸から離れ、大胆にもインカ帝国新皇帝のパレードを追って奥地へ進む決断をした。その先の地形がどれほど困難かまったくわからないまま、彼らは広い平原を越え、アンデス山脈の危険な山道を進み、カハマルカの街でアタワルパに追いついた。大軍勢が滞在する街の明かりは「空いっぱいにきらめく星が散りばめられたよう」だった。

　アタワルパはピサロに翌日に要塞の広場での謁見を認めた。金と宝石で着飾ったインカの新皇帝は、80人のお供が担ぐ巨大な輿に乗り、軍隊の側近と街の群集の中に姿を現した。偉大なる皇帝は、カール5世への服従を求めるスペイン側の要求を拒否し、「インカはどこの属国にもならない」という態度をはっきり示した。そこでピサロは無謀とも思える行動に出た。なんとその場でペルー人たちを襲ったのだ。1人対15人という不利な状況にもかかわらず、鉄の剣を手にしたピサロはインカの兵士たちを次々と倒した。この大虐殺はカハマルカの戦いと呼ばれる。ピサロは新皇帝の近衛兵を皆殺しにし、インカの王を生け捕りにした。ピサロの黄金への執着を知ったアタワルパは、自分の命と引き換えに「太陽の汗」とも呼ばれる黄金を22×17フィート（7×5.2m）の部屋いっぱいに与えることにした。取引は成立し、アタワルパは約束通りに黄金を渡したが、ピサロは即座に裁判を行い、新皇帝に有罪判決を下して彼を絞首刑にした（この知らせはカール国王を非常に落胆させた）。しかし、ピサロの蛮行はこれで終わらなかった。彼は軍隊を率いてクスコに入り、1533年11月15日に首都を制圧、さらに新皇帝の残党を追放した。こうしてスペインはペルーを完全に征服し、高度な文明を誇ったインカ帝国は滅んだ。

フランシス・ドレーク卿の世界周航
Sir Francis Drake Sails Around the World

1577~1580年

海賊と呼ばれたイギリスの英雄

「ここから何かすばらしいことが始まろうとしている。そして最後には真の栄光が生み出されるだろう」
——フランシス・ドレーク

歴史の中で最もイギリス人が心を躍らせる時代の一つがドレークの時代だ。長く続いたスペインの新大陸支配は、スペインの船と植民地を襲い、占拠し、略奪するドレークの活躍によって打ち砕かれた。ドレークはイギリスの冒険家であり、奴隷商人であり、海賊でもあった。彼は目覚ましい戦果のおかげで、スペイン人からはエル・ドラコ(ドラゴン)と呼ばれて非常に恐れられた。スペイン国王フェリペ2世からは現在の400万ポンド(およそ6億円近く)に相当する懸賞金をかけられ、イギリス女王エリザベス1世からはナイトの爵位を与えられた。ドレークは、南米の太平洋沿岸部ですばらしい戦功を挙げただけでなく、1580年に自ら世界一周を成し遂げた初めての船長となった。

エリザベス女王の密命を帯びて南米へ

1517年、征服者(コンキスタドール)のフランシスコ・エルナンデスが率いる植民者の一団がキューバからやってきて、ユカタン半島を発見し、初めて新大陸の都市とその裕福さがわかり始めた(エルナンデスはそこで見たピラミッド状の建造物をエジプトのピラミッドになぞらえて、ひれ伏す場所という意味の「モスク」と呼び、その地域全体を「エル・グラン・カイロ」と名づけた)。それ以来、スペインは武力で新世界に進撃し、現地の財宝を根こそぎ奪い取った。奪った金銀宝石、皮革、材木など財宝の莫大な量に比例するように、略奪品をスペインに持ち帰る輸送網も発達した。南米大陸の南端を回って危険なマゼラン海峡を通過する海路はリスクが大きいため、陸路をラバやラマに載せてスパニッシュ・メイン(フロリダ、メキシコ湾、パナマ、南米の北岸も含めたスペインが征服した海に接した領土の総称)まで運ばれ、そこを拠点として大西洋を船で横断し、スペインの港に輸送された。

数十年間にわたって南米の覇権はスペインの手中にあり、土地はスペインの征服者が分け合い、南米中から黄金が集められた。フランスは北米の植民地化に力を入れ、ポルトガルは南米大陸東部にあるサンタ・クルスとブラジルを支配していた。意外なこと

世界を3周した男

ホンディウスによって1583年頃に描かれたフランシス・ドレークの肖像画。

に、1528〜1544年はドイツの探検家たちがベネズエラの平原地帯からコロンビアの山岳地帯で活躍していたが、最終的には撤退を余儀なくされた。スペインの南米支配は圧倒的だった。そこにやってきたのがイギリスだった。

フランシス・ドレークは、複雑に整備されたスパニッシュ・メインの運航網を自分の目で確かめ、何度かその周辺を航海して黄金を奪った。ドレークは南北米大陸を結ぶパナマ地峡を横断し、太平洋を目にするとひざまずいて、「神の加護を請い、いつか海の向こうへ航海して完璧な発見ができるように願った」。彼の望みは1577年に現実となった。エリザベス女王が18門の大砲を備えた120トンのペリカン号など5隻の艦隊をドレークに与えたのだ。彼は密命を帯びて、本来の目的を知らせずに乗組員たちを連れて出港した。表向きは交易のためにエジプトのアレキサンドリアに向かうことになっていたが、実際には違っていた。その目的は、か

新大陸へ向かう

知名度の低い地図製作者ジョヴァンニ・バティスタ・ボアジオが1589年に製作した地図には、新大陸へのドレークの航海が入っている。

周航前に知っていた世界

次ページ：世界一周航海に出る前にフランシス・ドレークが抱いていた世界観は、この地図のようなイメージだった。これはピエール・デスリエが1550年に手描きで作成した平面天球図で、フランスのアンリ2世の紋章（地図の左下）とモンモランシー公の紋章（右下）が入っている。

フランシス・ドレーク卿の世界周航

102 | Sir Francis Drake Sails Around the World

フランシス・ドレーク卿の世界周航 | 103

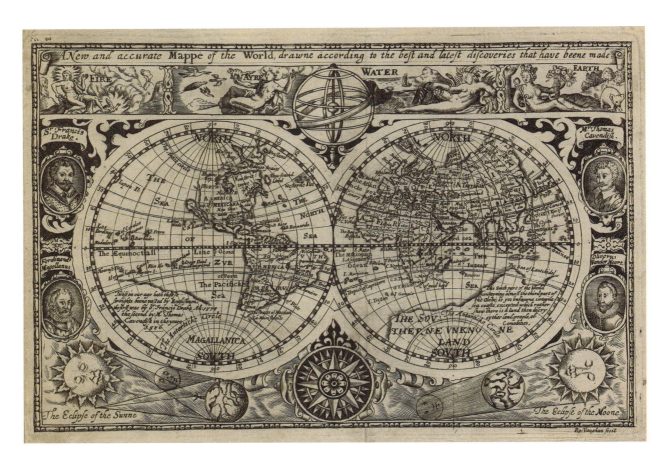

つてマゼランがたどった航路を南へ進み、南米最南端の海峡を抜け、南米大陸を一周し、そして太平洋上でスペイン船に奇襲をかけ、財宝を奪い、大西洋に戻るのに便利な、大陸を横断する水路を探すことだった。マゼランの航海（82〜87ページ参照）で海尉と記録係を務めたピガフェッタは危険な旅に疲れ果て、「こんな航海に出ようとする人間は二度と現れないだろう」という言葉を残したが、ドレークたちはマゼランと同じ危険な航路をとった。

航海の全貌

ドレークの世界一周航海の全貌を初めてすべて掲載した『ワールド・エンコンパスド』（1628年）に収録されている、ロバート・ボーンによる珍しい2ページの見開き地図。

南米の海でスペイン船を襲う

　ドレークの航海は確かに、初期段階ではマゼランたちと同様の問題に悩まされた。航海の途中で捕捉した船メアリー号を艦隊に加えたものの、乗組員が減少したため、大西洋横断後にクリストファー号とスワン号の2隻をやむなく放棄した。一行はかつてマゼランが反乱者を置き去りにしたアルゼンチンのサン・フリアンの港に立ち寄った。このときドレーク自身も反逆者を抱えており、自らが検察官と裁判官になって軍事裁判を開いた。反逆罪と魔術

を使った罪に問われた貴族のトーマス・ドウティには、すぐに有罪判決が下された。裁判後にドレークとドウティは夕食をともにした。「酒は飲まず、それまでと同様にふるまい、楽しげな様子だった」と同行した牧師のフランシス・フレッチャーは書いている。それからドウティは首をはねられ、航海は再開された。

　メアリー号は傷んでいたため解体され、残った3隻の船でマゼラン海峡に入った（ペリカン号は、雌鹿を紋章にする大法官クリストファー・ハットン卿に敬意を表して、名前をゴールデン・ハインド号に改めていた）。船団は海峡で何度も嵐に襲われた。マリーゴールド号は難破し、エリザベス号はイギリスに帰国せざるをえなかった。しかし、ゴールデン・ハインド号と船長のドレークは、世界で最も荒れた海で52日間の航海を耐え抜き、1隻だけで太平洋に出た最初のイギリス船になった。この航海で、船が小さいことが必ずしも不利ではないことも証明された。

　太平洋から差し込む夜明けの鮮やかな光を浴びながら、ドレークは女王から受けた密命をすぐに実行に移した。18門の大砲と100人に満たない乗組員を乗せたイギリスの旗艦は、南米大陸の太平洋岸に沿って北上し、スペイン領の港や植民地を襲った。スペイン人たちはあちこちに分散して住んでいたうえ、海上に現れたイギリス船を見ただけで大きなショックを受けたため、ドレークらはほとんど抵抗を受けなかった。略奪のたびに、ドレークはスペインが作った周辺地域の地図を奪って情報を蓄えていったので、勝利は続いた。チリのバルパライソの港を苦もなく陥落させ、チリ産のぶどう酒を大量に奪い取った一行は、ペルーに近づきながら、無防備なスペイン船を捕えて（それまで太平洋で、スペイン船は大砲をほぼ必要としなかった）、ペルーの通貨2万5000ペソ（現在の約700万ポンド、およそ10億円に相当する金額）を手にした。

　さらにその海域で、山のように財宝を積み込んだガレオン船がマニラに向かって航海しているという情報に、彼らは大きな関心を寄せた。船の名前はヌエストラ・セニョーラ・デ・ラ・コンセプシオン（聖母受胎）号、船乗りたちの間ではカカフエゴ（火の大便）号と呼ばれていた。ドレークはまもなくカカフエゴ号を捕え、26トンの銀と13箱分の財宝を奪い取った。カカフエゴ号の積み荷をハインド号に移すには6日間もかかり、船倉は船底までいっぱいになった。スペイン船の乗組員は誰も命を奪われることなく、それどころか記念として、1人につき40ペソの金が与えられた。

　しかし、ここでドレークは一つの問題を抱えることになった。これほど多くの積み荷を載せた船で、どうやってロンドンまで帰れ

ばよいのだろう？　パナマを攻略して地峡を横断できる可能性は極めて低く、かといって重過ぎる状態のハインド号で再びマゼラン海峡に挑むのも気が進まない（このときスペインはマゼラン海峡にドレークを迎え撃つ艦隊を派遣していたため、ドレークは賢明な判断をしたことになる）。そこで彼は船を北に進め、まず北米のバンクーバーに行ってから南下し、より温暖なカリフォルニア（ドレークはここを「ノヴァ・アルビオン」と名づけた）で1カ月を過ごして船の状態を整えた。

太平洋を横断

1579年7月23日、ほかに選ぶ道もなく、ドレークはゴールデン・ハインド号で太平洋横断の航海を始めた。そして、68日間の比較的穏やかな航海ののちに、これまでヨーロッパから太平洋を渡ったすべての航海者たちの目的地である香辛料諸島にたどり着い

ドレークの発見による地図

極めて希少なライト・モリヌー地図（唯一の民間所蔵品）。リチャード・ハクルートの『主要航海記』のごく限られた版にしか載っていない地図で、ドレークの発見について詳しく紹介している。同時代のほかの地図とは違い、実際に確認された地域のみを描き、地理が不明な地域は空白になっている。

ドレークの獲物

ドレークが襲った『カカフエゴ号』(1626年)。レヴィナス・フルシウス画。

た。彼らはただちに6トンのクローブを船に積み出発した。彼らにとっては帰国することが何よりの目的だった。ドレークたちは西へと進み、ジャワ島に立ち寄って5人の王(ラージャ)に謁見した。1580年6月18日には「世界一周の中で最も天候のよい岬」喜望峰を通過し、7月22日にはアフリカ西部のシエラレオネに到達し、1580年9月26日、残った59人の乗組員と、半分は女王の所有になる財宝を載せた船は、ついにプリマスの港に帰港した（彼らが持ち帰った財宝はイギリスの1年間の歳入を上回るほどだった）。

ドレークは1581年4月にゴールデン・ハインド号の船上でナイトの爵位を授けられ、ハインド号の記録や旅の途中の出来事、最新の地理情報などが大きな関心を持って受け入れられた。ドレークは、スペインが築いた太平洋の牙城を崩し、すばらしい才能を発揮した。そして、イギリスの手にかからない安全な場所、つまりドラゴンと呼ばれた自分が吐く炎の火の粉が降りかからない場所はどこにもないことを証明してみせた。

フランシス・ドレーク卿の世界周航 | 107

マテオ・リッチと中国でのキリスト教宣教
Matteo Ricci and the Jesuit Missionaries in China

1582〜1610年

地図を使って布教したイエズス会宣教師

「だから、あなたがたは行って、すべての民をわたしの弟子にし、父の名によって彼らに洗礼(バプテスマ)を授けなさい」
——マタイによる福音書28章19節

　1424年に永楽帝が死去してからの中国は、外国に攻め入ることから一切手を引き、孤立主義を選んで国内に力を入れるように

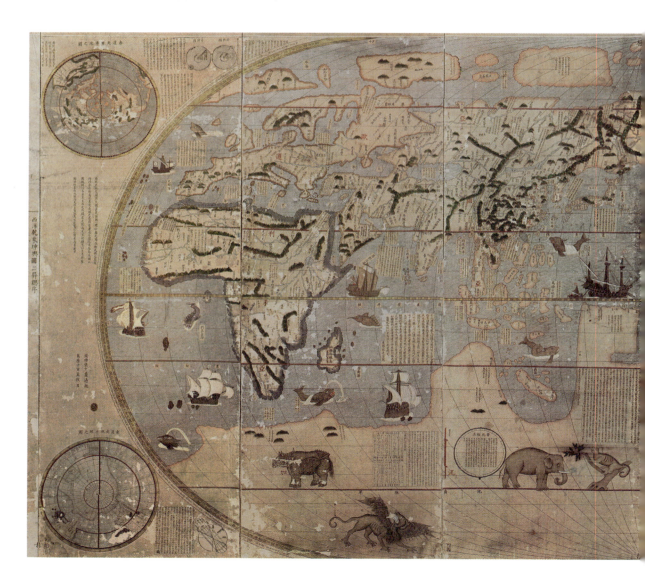

なった。このような状況は130年以上続いた。この時期に作成された中国の地図を見ると、中国と15の属国程度の記載しかなく、それ以外の地域は海の向こうの端に小さく描かれているだけだった。ヨーロッパの交易商人たちは、数十年の間ずっと中国への進出を試みていたが、中国は一切の外国人を受け付けず、足踏み状態が続いていた。しかし、1557年にポルトガルが南シナ海に注ぐ珠江の河口に位置するマカオに交易拠点を築き、中国の国策は転換点を迎えた。主要交易地として活気があふれるマカオは、神から与えられた使命を帯びた宣教師たちの拠点にもなった。当時カトリック教会は、道教・儒教・仏教という三大宗教が支配す

『坤輿万国全図』

韓国に現存するマテオ・リッチの『坤輿万国全図』の写本。別名「地図学の実現不可能な黒チューリップ」とも呼ばれる。17世紀初頭に知られていた世界の様子が描かれており、中央にはその名が示すごとく「中国」がある。

マテオ・リッチと中国でのキリスト教宣教　109

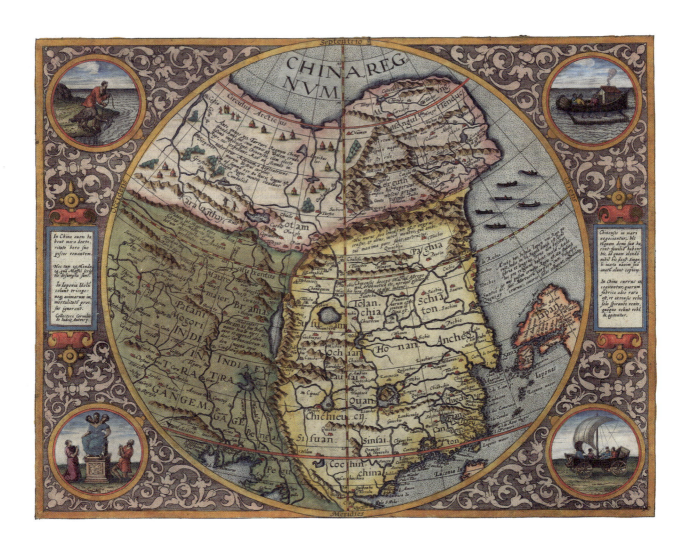

る中国にキリストの言葉を伝えるべく、宣教師たちを派遣していた。

中国語を学び、中国社会に溶け込む

　こうした宣教師たちの中でも特に有名なのがマテオ・リッチだ。リッチは、イエズス会の創設者の一人だったフランシスコ・ザビエルの布教活動に触発されて、極東行きを自ら志願した。ザビエルは世界各地で数千人をカトリックに改宗させたが、中国に足を踏み入れることはできなかった。優秀な数学者であり、地図製作者でもあったリッチは、1582年にマカオに到着した。港湾都市であるマカオ周辺では排外政策が解除されていた。当時のヨーロッパ人で中国の文字を読めるものはほとんどいなかったが、リッチは熱心に中国語を勉強し、中国の習慣も学んで漢字を使いこな

ヨーロッパ人の中国

デ・ヨーデの中国地図（1593年）。四隅の装飾部分には、ヨーロッパ人が想像する謎に包まれた東洋の日常が紹介されている（例えば、右下には走る陸上帆船が描かれている）。

数学者で地図製作者

マテオ・リッチ（1610年）。

し、漢文も読み書きできるようになった。同じイエズス会の宣教師ミケーレ・ルッジェーリとともに、リッチはマカオを離れ、広東省に向かい、最初は広州に滞在し、次に肇慶(ちょうけい)を治めていた王洋(おうはん)の招きを受けて、この都市に落ち着くことにした。

地図をつくる能力

　外国での宣教には繊細な配慮が必要とされる。リッチは、当時の中国人の思想信条に合わない宗教の教えや西洋の知識を押し付けても、反発を受ける可能性が高いと考えた。そこで、機械仕掛けの時計や油絵、すばらしい装丁の本など、興味を引きそうな西洋の品々を見せ、豊富な知識を生かして現地の人々の質問攻めに答えながら、巧みに関係を築いていった。文化交流をさらに深めるため、彼はユークリッド幾何学の本を中国語に翻訳し、ラテン文字で中国語を表記できるようにし、暗記法を教えた。しかし、交流を深めるために持ち込んだ道具で最も威力を発揮したのは、リッチの地図を作る能力だったようだ。

(現存することへの驚異を表して)「地図学の実現不可能な黒チューリップ」とも呼ばれる『坤輿万国全図』(108〜109ページ)は、リッチが中国の官吏だった張文燾と李之藻の協力を得て、西洋と東洋の最新の地理情報を融合させて作り上げた、巨大な世界地図だ。6枚の大判に彫られた木版刷りで、6枚を並べると世界地図になり、全体は5フィート(1m52cmセンチ)×12フィート(3m66cm)もある。2010年には米国議会図書館が100万ドルで購入した。

この地図には、リッチによる中国語の解説がそこかしこにある。南回帰線のすぐ南には「偉大なる中国皇帝への敬慕の念に満ちあふれている」と記され、「過分な手厚いもてなし」を受けたとある。「中国の文明のすばらしさはよく知られる」と書かれた箇所もある。リッチの地図には、中国人の想像よりはるかに広大な「蛮族」の国

マテオ・リッチの中国

サミュエル・パーチャスにより、1625年に英語で初めて出版された中国地図。マテオ・リッチの作品の内容を最初に取り入れた印刷物でもある。左上の黒い帯状のものはゴビ砂漠を表している。その下を走るのは万里の長城だ。

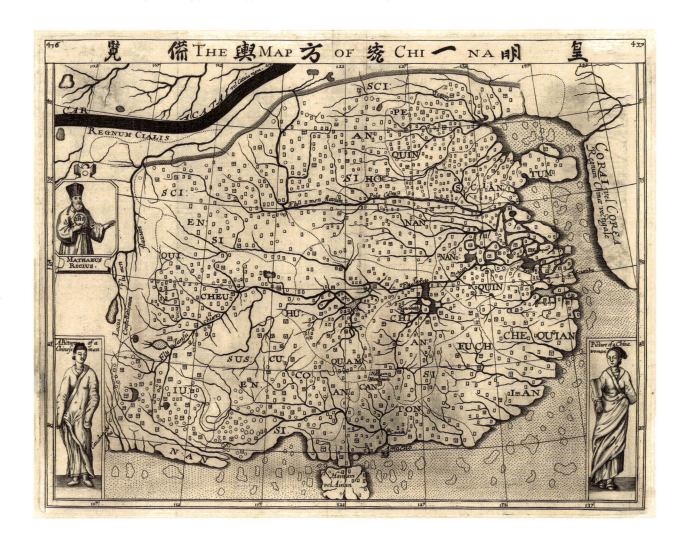

が描かれていたため、これら中国への賛辞は、中国人に未知の地理情報を受け入れてもらいやすくする役割もあった。また、この地図では、当時のヨーロッパの地図によく見られる神話モチーフの装飾は省かれている。例えば、伝説の「南方大陸(テラ・アウストラリス)」(156〜161ページ参照)は見当たらず、確実な地理情報だけを載せ、純粋に科学的な情報を伝えようとしている。ほかにも、注釈で緯度経度の考え方について説明し、太陽が月よりも大きいことを示す証拠について解説し、夜と昼の長さを示す表を載せるなど、様々な科学的な概念を紹介している。『坤輿万国全図』は「私たちの信仰を中国で受け入れてもらうために行った仕事の中で最も役に立った」とリッチは考えていた。

　リッチは死を迎えるまでの9年間、中国全土で西洋の数学や天文学、測地学を教えてまわった。その功績を認められ、西洋人として初めて、北京の中心にある中国皇帝の宮殿、紫禁城に入ることを許された。リッチの死後も100年以上にわたって、イエズス会の宣教師たちと彼らの科学的な知識は、中国で歓迎された。

伝道の道具

ヴィンチェンツォ・コロネッリのアジア地図(1695年)。典型的な装飾地図だが、これはアジア大陸で布教活動を行う伝道者たちのために作られた。

ウィレム・バレンツ、ヘンリー・ハドソンと北西航路の探索

1594〜1611年

Willem Barentsz, Henry Hudson and the Quest for an Arctic Passage

北極圏を回ってアジアを目指す夢の航路

「この土地は冒険する者に富をもたらす場所かもしれない」
——ヘンリー・ハドソン

ヨーロッパの宣教師たちが布教活動でアジアに向かった頃（108〜113ページ参照）、交易商人たちは相も変わらず、金儲けの種が転がっていそうな場所を探し続けていた。アジアの資源をどうしても手に入れたいヨーロッパ諸国は、ヨーロッパから北を通ってアジアに行く探検にも力を入れるようになった。北回りでアジアに行ける航路が実在する根拠は何一つなかったが、その存在を疑う者はいなかった。もし航路を発見できれば、政治的に優位に立てる上、財政的なメリットも大きい。そうした理由が存在を信じ込ませたのだろう。さらに、北回り航路の存在をより強く確信させる誤解が当時は出回っていた。世界の最北では真夜中でも太陽が輝き続け、その周辺を取り巻く帯状の氷の向こう側は、深くて活力に満ちあふれた凍らない海が存在するというものだ。このような噂や伝説は地図製作者たちの耳にも入り、未発見の「アニアン海峡」や「西の海」など、大陸間を結ぶ航路が様々な形で地図の上に誕生した。一方で、ヨーロッパの名だたる航海者たちは、北極海でも名を挙げようと、あらゆる河口や湾や現地の噂を全力で調べ回り、きらめく太平洋とつながる水路を探し求めて、あらゆる河川に船で入ったが、結局はすべてが無駄足に終わった。

最初の北西航路探し

　北西航路を探す最初の大航海に出たのはマーティン・フロビッシャーだ。イギリス女王エリザベス1世から許可状を与えられ、商人たちが集まって設立したモスクワ会社の支援を受けて、1576年6月に出港した。最初の航海では、現在のカナダのヌナブト準州にあたる地域（グリーンランド西岸の向かい側）に位置する大きな入り江（現在のフロビッシャー湾）を越えたところで、フロビッシャーは「半ペニー分のパンほどの大きさの」不思議な黒い土の塊を発見する。イギリスに帰国したフロビッシャーは、4人の専門家に土の鑑定を依頼し、そのうちの3人は何の価値もないただの土だと目もくれなかったが、1人はこれには金が豊富に含まれていると断言した。この一言で2回目の航海が可能になったフロビッシャーは、さらに大規模な艦隊を組み、北西航路を探すという当初の目的は後回しにして、金の鉱石をさらに手に入れたいという願いを抱いて旅立った。フロビッシャーは200トンもの土を船に積み込んで意気揚々とロンドンに戻った。3回目の航海でも同じくらい大量の鉱石を持ち帰ることができた。しかし、調べたところ、金だと思われていた物質は実は黄鉄鉱で、金はまったく含まれておらず、ほとんど価値がないことがわかった。

初めて北極を描いた地図

左ページ：メルカトルが1569年に作成した初の北極地図。北極点をはっきりと描いた最初の地図だが、周辺の探検は実際にはまだ行われておらず、ほとんどが架空の地形で占められている。中心には、世界のてっぺんにそびえ立ち、方位磁針を狂わせると信じられていた伝説の黒い磁石山ルペス・ニグラがある。

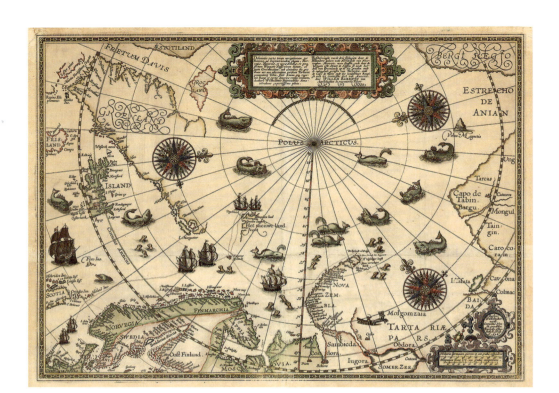

バレンツの3回の北極航海

　オランダの探検家ウィレム・バレンツは、1596年以前にシベリアの北岸周辺で「北東」航路を探す2回の探検航海に出たが、いずれも失敗していた。最初の航海ではロシアのウラル山脈のすぐ北にあるノバヤ・ゼムリャ列島までたどり着いたが、船に入ってきたホッキョクグマに襲われ（船乗りたちは珍しい獲物を母国に持ち帰ろうと甲板上でクマと格闘した）、加えて大量の氷山が流れてきたため、やむなくオランダに戻った。2回目の航海では再びノバヤ・ゼムリャ列島で別のホッキョクグマに襲われたが（2人の乗組員が証言している）、今度は列島の南端を無事に通過し、シベリアの北に広がるカラ海に入った。しかし、カラ海はすでに凍結していて進めなかった。

　このような紆余曲折を経てバレンツは3回目の航海に出たわけだが、この航海は北極探検史に、すばらしい成果を残すことになる。今回もノバヤ・ゼムリャ列島を回る予定だったが、バレンツはスカンジナビア半島西岸からそのまま北へ向かい、北極圏に入ることにした。北端の岬を超えた一行は、ビュルネイ島（英名でベア島）とさらに北のスピッツベルゲン島を発見した。しかし、すぐに船が氷床に囲まれ、押しつぶされてバラバラになり、彼らは荒涼とした

バレンツの北極地図

ウィレム・バレンツの代表作ともいえる、1598年の北極地方の地図。1596年の航海中に目撃した情報に基づいて作成された。新たに発見されたビュルネイ島（英名ベア島）とスピッツベルゲン島も載っている。

土地に取り残された。厳しい北極圏で冬を越すはめになった16人の乗組員は（かつて極寒の地で越冬した人間はいなかった）、船の材木を使って粗末な小屋を作り、「守りの家」と名づけた。平均気温はマイナス30℃、しかも10月半ばから2月終わりまで太陽が昇らず暗い日が続く。熱した砲弾を凍てついたベッドに入れてその場しのぎの暖をとりながら冬を越したものの、6月には食糧も底をつき、彼らは2隻の小さないかだでロシアのコラ半島を目指すという、命がけの旅に出た。バレンツは途中で命を落としたが、13人の乗組員は壊血病に悩まされながらも南西に向かい、1500マイル（2400km）航海したところでロシア商人の船に救助された。

ホッキョクグマと闘う

バレンツの探検で、船に近づいてくるホッキョクグマと闘うオランダ人の船乗りたち。後ろでは空腹の2頭のホッキョクグマが水に浸かった肉を食べようとしている。ゲリット・デ・ヴィアーの航海日誌に記録されている日付は1596年9月15日。

北、東、西へ進んだハドソンの4回の航海

バレンツと同じような不屈の精神を見せたのが、イギリスの探検家ヘンリー・ハドソンだ。記録にハドソンの名前が初めて登場するのは1607年で、この年に彼はモスクワ会社から、別の北回り航路でアジアを目指す仕事を請け負った。当時は北極点の近海は凍らないと考えられていたため、彼は北極点横断を試みる航海計画を立てた。探検隊はノルウェーの北の沖に浮かぶスピッツベルゲン島に着き、彼らの推定では前人未到の北緯80度に到達した。それより北は氷に阻まれて進むことができず、船は引き返すしかなかった。しかし、1年後にモスクワ会社は再びハドソンを今度はロシアの北に派遣した。ハドソンはノバヤ・ゼムリャ列島まで行ったが、再び氷に阻まれて撤退せざるをえなかった。

1609年の3回目の航海で、ハドソンは当時イギリス最大のライバルだったオランダ東インド会社に雇われ、東回りの航路を探すことになった。だが、今回もノルウェー北のバレンツ海の氷に邪魔されて先に進めず、引き返さざるをえなかった。ハドソンは相当にいら立っていたらしく、帰国せずに予定を変更して西の北米大陸に向かった。しかし北米東端のニューファンドランドに到着したところで船が破損し、仕方なく南に向かった。1カ月の航海ののち、ハドソンは現在のニューヨーク湾に入り、太平洋につながる

水路を探してハドソン川をオールバニーまでさかのぼり、ここをオランダの領土として宣言した（これをきっかけにオランダはこの地に交易拠点を設け、やがて領土を拡大して、現在のマンハッタン島に「ニーウ・アムステルダム」、現在のニューヨーク・シティが誕生する）。

オランダに雇われたハドソンにイギリスは腹を立てたが（ハドソンの航海日誌はオランダ大使に渡された）、実績を認められて挽回の機会を与えられ、ハドソンは1610年にイギリス国旗を掲げて4回目の航海に出た。ディスカバリー号という希望に満ちた名前の船に乗り、彼はグリーンランド南端を回って、のちのハドソン海峡（ここを発見したマーティン・フロビッシャーは、北西航路の可能性はないとして「間違った海峡」と命名した）に到達し、大きな興奮のもと、果てしなく広いカナダ北東部のハドソン湾に入っていった。彼らは東海岸の地図を作りながら秋を過ごし、11月にはハドソン湾南方のジェームズ

バレンツたちが見た北方

1601年の北方地域の地図。バレンツの探検航海に参加したヤン・ホイフェン・ファン・リンスホーテンの航海日誌の記録をもとに、この航海で明らかになった情報が盛り込まれている。

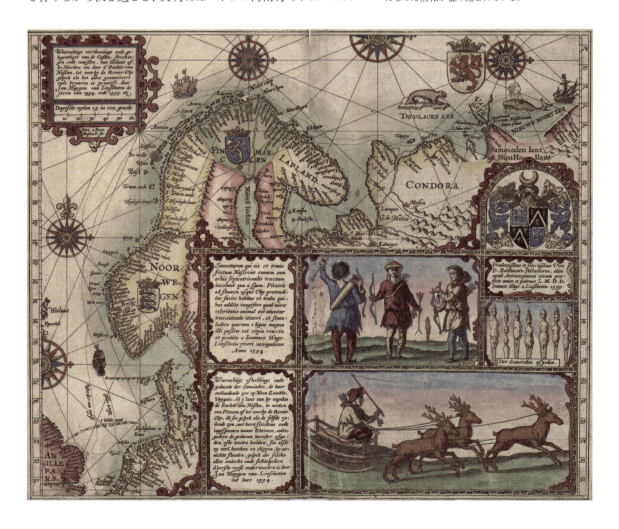

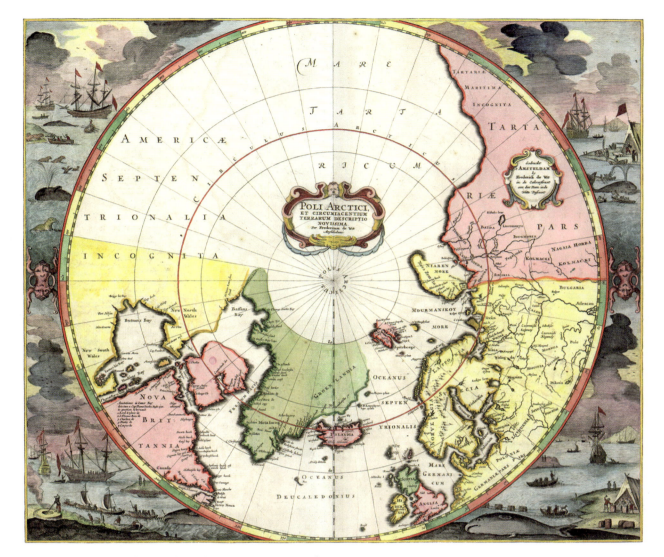

湾の氷に捕まって船が動けなくなり、上陸して冬を過ごした。

　1611年の春に氷が解けため、ハドソンは船で北西航路の探索を再開する命令を出した。しかし、北西航路に夢中だった彼は、乗組員たちの心を見抜けなかった。壊血病と凍傷に悩まされ続け、さらにこの先数カ月間も氷に覆われた地獄の日々が続くことを悟った船乗りたちは反乱を起こし、ハドソンと息子のジョン、ハドソンに忠誠を誓っていた7人の乗組員を小舟に乗せて置き去りにした。反乱者たちは母国のイギリスに帰り着き、そのまま逮捕されたが、結局は何の罪にも問われなかった。おそらく彼らが持ち帰った知識の重要性のほうが勝ったのだろう。小舟で流されたハドソンたちのその後は、ついにわからずじまいだった。

調査は進む

1715年頃の地図『北極点』。ヤン・ヤンソンが作成した地図に、フレデリック・デ・ウィットが改訂を加えたもの。北極圏の地理調査の進み具合がわかる。

1595〜1617年 ウォルター・ローリー卿のエルドラド探しの旅
Sir Walter Ralegh Searches for El Dorado
南米にあるという黄金の都市を求めて

「海を支配するものは交易を支配する。世界の交易を支配するものは世界の富を支配し、ひいては世界を支配する」

——ウォルター・ローリー

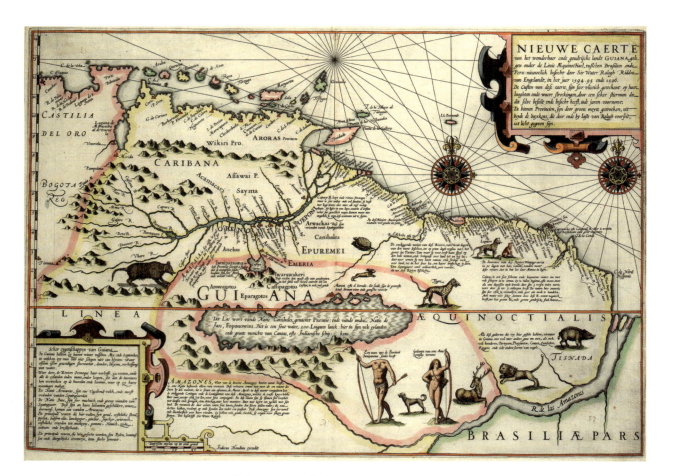

空想だらけの南米地図

ホンディウスが1598年に作成した、現在の南米フランス領ギアナ周辺の地図。中央には伝説のパリマ湖がある。この湖の湖畔にはかつて帝国都市マノアことエルドラドが存在していたといわれる。ローリー卿はこの架空の湖を熱心に探し求めた。地図の下方には、これも空想の産物であるブレムミュアエ（頭のない人間）とアマゾネスが描かれている。

噂の問題点、特に地理に関する噂のやっかいな点は、状況に合わせて噂の中身が変わるところにある。例えば、12世紀に流布した、とてつもなく裕福なネストリウス派キリスト教の司祭プレスター・ジョンが治めるという噂の王国は、ポルトガルが初期の探検航海で探そうとした目的地の一つでもあった（48〜51ページ参照）。1144年にエデッサ伯国がイスラム側の手に落ち、十字軍は失意のうちにあった。プレスター・ジョンの王国は、そんな十字軍の心強い味方となるような強大な国力を誇ると伝えられていた。しかし、王国の正確な場所はどこだったのだろう？ ドイツのフランジング司教オットーは同時代の年代記に「ペルシャとアルメニアを越えた極東」にあると書いているが、王国の手がかりは何一つ見つかっていなかった。この謎の司祭の王国探しはヨーロッパで500年のあいだ続いた。13世紀にモンゴル帝国が崩壊するまでは、モンゴルが候補地に上がり、次はアフリカ、特にエチオピア周辺だといわれた（そのような噂が出回る原因を作ったのは間違いなくオルテリウスだろう。彼は1573年に作成した『プレスター・ジョンの国あるいはアビシニア人の帝国の紹介』で、エチオピア周辺にこの輝かしい王国を描いている）。

イギリス人の南米探検

その後登場したエルドラドも、まったくつかみどころのない伝説だった。エルドラドは「黄金の人」という意味で、先住民の新しい王が即位するときに全身を金粉で覆って生ける偶像となり、大量の黄金と宝石を湖に投げ込んで水の悪魔を鎮めるという儀式を指していた。スペインの征服者（コンキスタドール）たちがエクアドルでその噂を耳にした1535年頃には、すでに儀式は行われなくなっていたが、噂が噂を呼び、いつのまにかエルドラドは王の儀式ではなく黄金都市に変わり、アンデス山脈かベネズエラのリャノ（平原）、アマゾン川流域の熱帯雨林のどこか、あるいはペルーの東にあるという「ギアナ」の国に建つと言われるようになった。

イギリス女王エリザベス1世の寵臣でナイトの爵位を授けられたウォルター・ローリー卿の耳にも、エルドラドの噂は届いた。ローリーは植民地入りしていたジョージ・ポップムから入手したスペイン人の手紙を読んでエルドラドの伝説を知り、誰よりも強くエルドラドに魅せられた。手紙には、エルドラドは「パリマ湖」の湖畔に建つという伝説の「黄金都市マノア」と同じだと書かれていた（パリマ湖もマノアも実在しない）。ローリーは1595年2月6日にイギリスのプリマスを出港し、3月22日にカリブ海のトリニダード島に到着した。スペイン人の街サン・ホセ・デ・オルナを苦もなく掌握す

エルドラドに
魅せられた男

ウォルター・ローリー卿（1650年）。

ウォルター・ローリー卿のエルドラド探しの旅　121

ると、ローリーは総督のアントニオ・デ・ベリオを捕えたが、ベリオは自分がオリノコ川に詳しいと言ったために命を助けた。ベリオの案内で、ローリーは部隊を率い、南米の中でも長く迷宮のように複雑に入り組んだベネズエラの川をさかのぼった。しかし、ローリーの一行はひどく迷った挙句にようやく海岸に戻り、何の成果もないまま9月5日にイギリスに帰国した。

　ローリーは失敗を相殺するために、この探検の顛末を誇張した『ギアナの発見』(1595年)を出版したが、当然ながら懐疑的に受け止められた。これを読むと、伝説がどのように伝わったかをよく知ることができる。ローリーは黄金都市の実在を信じて疑わなかった。「それらのスペイン人たちから、彼らがエルドラドと呼ぶギアナの帝国都市マノアの話を聞いた私は、偉大さ、裕福さ、秀でた地位において、その都市は世界のあらゆる場所、少なくともスペインという国で知られている世界のほとんどを凌駕していることを確信した」と本の中でローリーは書いている。

　しかし、再び南米に向かおうとしていたローリーの状況は一変する。エリザベス1世が1603年に死去し、スコットランド王ジェ

ヨーロッパ人と先住民

ギアナの先住民に出会ったウォルター・ローリー卿。テオドール・ド・ブリ画(1599年)。

ームズ6世がイングランド王ジェームズ1世として即位すると、ローリーは新国王への反逆をたくらむメイン事件に関与した疑いで逮捕されてしまった。裁判ではローリーに有罪判決が下された。しかし、ジェームズ王はローリーを処刑せず、ロンドン塔に監禁した。ローリーの幽閉から13年経った1616年、ジェームズ王は資金が乏しくなり、現金が必要になった。そこで国王は、ローリーに恩赦を与えてロンドン塔から解放し、最初の航海でローリーが見たという「黄金郷」を探す2回目の探検の許可を出した。

しかし、この任務は出だしから不運に見舞われた。天候は大荒れで10隻の艦隊は散り散りになった。1617年11月にベネズエラに到着したとき、ローリーを含めた一部の乗組員はひどい病気に苦しめられていた。体が弱ったローリーの代わりに、友人のローレンス・ケイミス海尉がローリーの息子のワットを連れ、探検隊を率いてオリノコ川の上流に向かった。

一行はオリノコ川に沿って内陸部を目指し、3週間後にカロニ川に入った。1618年1月12日、彼らの探検隊は、スペイン人の入植地サン・ソームを黄金郷だと信じて攻撃を仕掛けた。血みどろの戦いの末に街を陥落させたものの、黄金はまったく見つからず、取り乱したケイミスのもとに戦闘でワットが殺されたという知らせが入った。

彼らはトリニダードのローリーのもとに戻り、息子の死と、スペインとの武力衝突を禁じたローリーの命令を破ったことを伝えた。この命令は、イングランドとスペインの友好関係を保つためにジェームズ国王が出した条件だった。打ちのめされたローリーは、ケイミスの謝罪を受け入れず、ケイミスは銃で自殺した。

1618年7月21日にイギリスに帰国したローリーは逮捕され、スペイン大使の要求に従って1618年10月29日にウェストミンスター宮殿の中庭で斬首刑に処された。表向きは王に対する反逆罪による処刑とされた。だが、反スペインの気運が高まっていた国民の間では、ローリーは英雄として称えられた。

ローリー卿のスポンサー

「ディッチリー・ポートレート」と呼ばれる女王エリザベス1世の肖像画(1592年頃)。女王の栄光を称えるために描かれた。

オランダ東インド会社とヨーロッパ人によるオーストラリアの発見

1606〜1629年

The Dutch East India Company and the European Discovery of Australia

世界初の多国籍企業に雇われた船長の大発見

「小さなものでも集まれば大きくなる」
——オランダ東インド会社のモットー

現在のオランダ、ルクセンブルク、ベルギーのベネルクス三国を迫力あふれるライオンの姿で表現した右のレオ・ベルギクスは、大胆で力強く、歴史上で最も美しい地図の一つに数えられるだろう（右はクラース・ヤンス・フィッセルの作品で、珍しくライオンが座った姿勢で描かれている）。レオ・ベルギクスは、オランダがフェリペ2世の治めるスペインからの独立を目指して、1568年から1648年まで続いたオランダ独立戦争の時代に、オランダの伝統的な紋章であるライオンを使って強い愛国心を表すために、地図製作者ミヒャエル・アイツィンガーが1583年に考案した。

世界を牛耳るオランダ東インド会社

右の誇り高く堂々たるレオ・ベルギクスは、ヨーロッパ人が最初にオーストラリアと接触した時代の門番にふさわしいといえる。当時、世界の交易はオランダ東インド会社（VOC）が牛耳っていた。VOCは、交易で東洋との間を定期的に行き来するオランダの貿易船を取りまとめるために1602年に設立された。VOCは国王から特許

VOCの貨幣

非常に強大な権力をふるったVOCは、東南アジアの植民地で自前の銅貨と銀貨と金貨を発行していた。

レオ・ベルギクス

オランダの地図製作者クラース・ヤンス・フィッセルの地図『座するレオ・ベルギクス』（1611年）。17世紀の地図の中でも特に美しく、希少だとされている。この作品は2枚しか残っていない。

124　The Dutch East India Company and the European Discovery of Australia

オランダ東インド会社とヨーロッパ人によるオーストラリアの発見　125

状を与えられた特許会社だったが、規模といい影響力といい財力といい、とにかくすべてが桁違いで、歴史上で類をみない活躍を見せた。

　VOCはあっという間に世界初の多国籍企業に成長すると、世界で初めて株式を発行し、商魂たくましく武力で他国を排除してアジアの交易を独占し、植民地化を進め、国家並みの力を持った。独自の通貨を流通させ、戦争を仕掛け、植民地を広げた。歴史上の偉大な探検家が何人もVOCの旗を掲げて航海に出発した。船には必ず地図製作者が乗り込み、アジアやその彼方の地理の知識は、ほとんど彼らがヨーロッパにもたらした。1602～1796年にVOCから派遣された船で、香辛料を得るため秘密の航路を航海した乗組員の数は100万人近くに達し、全部で250万トンの交易品がアジアからヨーロッパに運ばれた（一番の競争相手だったイギリス東インド会社でも扱った交易品はVOCのわずか5分の1だった）。

　オランダ東インド会社が繁栄するきっかけを作った一人は、1611年に東洋への新たな航路を発見したオランダの探検家ヘンドリック・ブラウエルだった。それまでの航海は実に大変なものだった。常に嵐が吹き荒れる喜望峰を回り、その後はインドの東に広がる、暗礁が多く潜む危険なベンガル湾を横断しなければならない。熱帯地方の天気は容易に急変し、敵対するポルトガルやイギリスの船に出くわす可能性もある。航海には普通1年ほどかかったが、ブラウエルは「吠える40度」と呼ばれる南緯40～50度の海域で絶え間なく吹く西向きの強い風を巧みに利用し、所要時間を半分に短縮した。この偏西風に乗ってブラウエルの3隻の船団はインド洋を横断し、その後は西オーストラリア海流に運ばれてジャワ島の北に短時間でたどり着くことができた。その後この航路はすべてのVOCの基本ルートになった。

オーストラリア大陸に上陸するが

　VOCに雇われていた別の船長、ウィレム・ヤンスゾーンはそれと知らずに非常に大きな発見をした。初めてオーストラリアを目撃したヨーロッパ人は、残された記録によるとヤンスゾーンだといわれる。小型帆船ダイフケン（小バト）号の船長だったヤンスゾーンは、ニューギニアの海岸の調査を会社から命じられ、1605年11月18日にジャワ島の小さな港町バンテンから船出した。この船の航海日誌は残っていないが、現存する地図の写しを見ると、オーストラリアの海岸線の一部が描かれている。これがヨーロッパに残るオーストラリアの最初の記録だ。だが、彼はオーストラリアとニ

秘密の漏えい

ヤン・ヤンソンの『新東インド諸島地図』（129ページ参照）。最初の出版は1630年頃。南東の隅にある「ダイフケンズ島（Duyfkens Eyland)」は最初に地図に載ったオーストラリア。

オランダ東インド会社とヨーロッパ人によるオーストラリアの発見 | 127

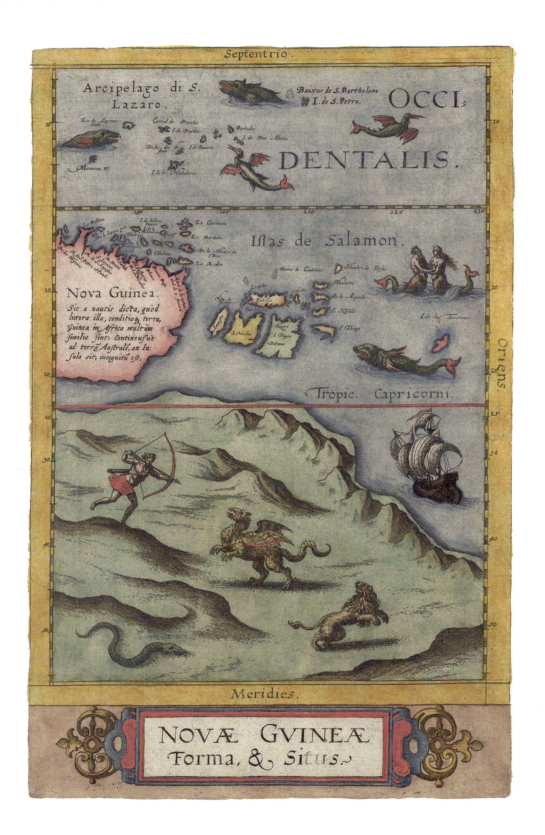

ューギニアを隔てるトレス海峡を見落としため、オーストラリア南部のカーペンタリア湾に入り、湾の片側を形づくるヨーク岬半島の西海岸に上陸したあとも、その土地がニューギニアだと思っていた（まったくの偶然ながら、わずか7カ月後にスペインの探検家ルイス・バエス・デ・トレスが、のちに彼の名がつくこの海峡を通ったが、たった数マイル南に横たわる未知の大陸にまったく気づかなかった）。

ヤンスゾーンはヨーク岬のペネファーザー川のところで湾の西海岸に上陸した。これがヨーロッパ人がオーストラリアの土を踏んだ最初の記録とされている。ヤンスゾーンが上陸した一帯の土地は湿地で、住民は攻撃的だった。探検の途中で住民との小競り合いが起こり、ヤンスゾーンは10人の乗組員を失った。のちにケアーウィアー岬（オランダ語で「転換」の意）と名づけられる場所で、ヤンスゾーンは探検を終了してバンテンに引き返すことにした。こうして一行は1606年6月にバンテンの港に帰り着き、オランダのゼーラント州にちなんで「ニウ・ゼーラント」と名づけた土地の物語を話して聞かせた（この名前は、のちにアベル・タスマンが発見した別の新たな島の名前になった）。

VOCの地図管理

航海に関する新しい情報や発見はすべてVOCによってきちんと記録され、ゼー・ファケル（海の灯）世界地図帳に秘密裏にまとめられ、内部の人間しか見ることができなかった。この地図は盗まれることも情報が漏れることもなく、150年間にわたってオランダは香辛料取引を独占し続けることができた。地図製作者たちは情報を絶対に漏らさず、出版物で発表しないように厳しく命じられていた。ダイフケン号の発見が地図に登場するまでに時間がかかったのはそのためだ。

驚くことにこのVOCの秘密のベールをかいくぐって世に出た地図があった。オランダの地図製作者ヤン・ヤンソンが1630年に最初に発表した地図だ（126～127ページの地図）。彼がどのような経緯でダイフケン号の情報を入手したのかはわからない。だが、彼の東インド諸島の地図では、ニューギニアのすぐ下に「ダイフケンズ島」の文字が見える。ヤンソンはVOCの公認地図製作者ブラウをライバル視していた。ブラウは秘密に縛られ、地図の公開も印刷販売もできなかったので、これはヤンソンの見事な勝利といえる。ダイフケン号で作られた地図やヘッセル・ゲリッツによる太平洋地図だけでなく、ヤン・ヤンソンが発表したこの地図も、オーストラリアが掲載された最初期の地図の1枚となった。

最初のオーストラリア印刷地図

左ページ：コルネリス・デ・ヨーデによる、オーストラリアの一部を描いた最初の印刷地図。地図の下半分を占める陸地は現在のクイーンズランドにあたる地域で、半魚人や海の怪物、ドラゴン、ライオンなどがあちこちに配されている。この時期の地図としては、ニューギニア島とオーストラリア大陸を別々の陸地として描いている点が珍しい。

VOCの秘密の地図

次ページ：オランダ東インド会社の公認地図製作者ウィレム・ブラウが初めて、1606年に発表した巨大な『新世界地図』。VOCの探検により得られた情報がまとめられている。

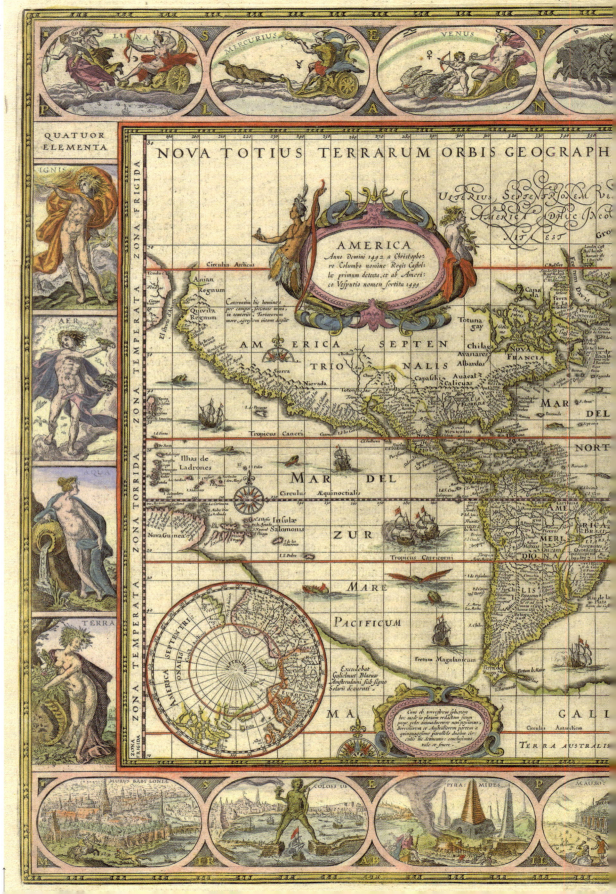

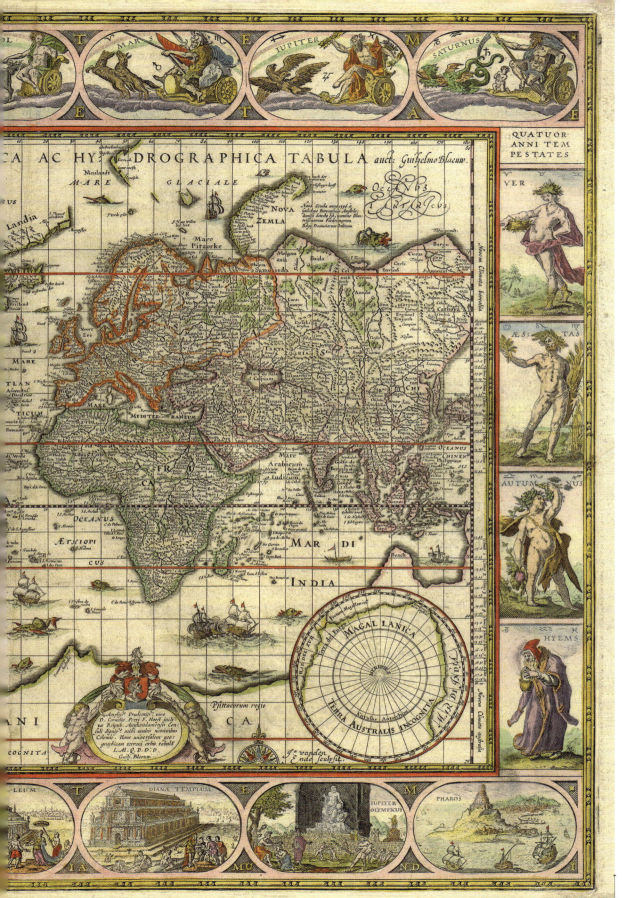

1642〜1644年
アベル・タスマンが ニュージーランドに到達
Abel Tasman Finds New Zealand

知らないうちにオーストラリア大陸を一周

「午後4時頃に（中略）私たちは南洋に入ってから最初の島を目にした（中略）かなりの高さがあり（中略）ヨーロッパのどこの国にも知られていない土地だ」
——アベル・タスマンの1642年11月24日の日記

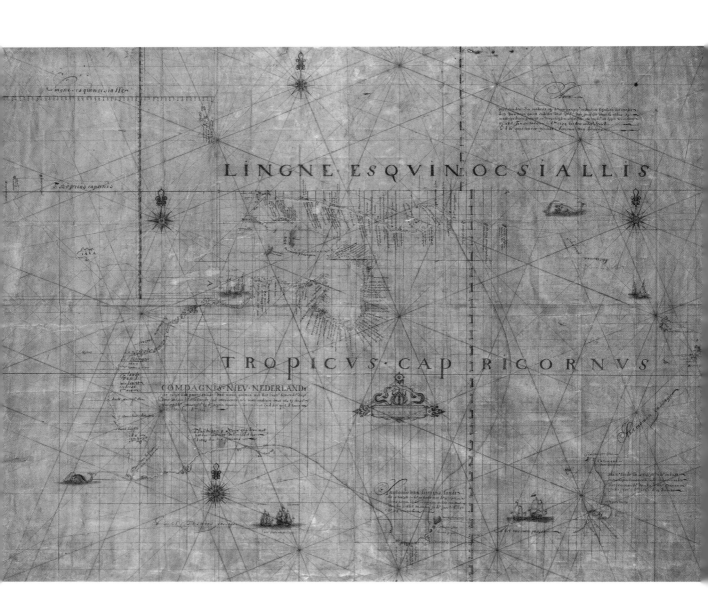

17世紀半ば頃には、オランダ東インド会社（VOC）は圧倒的な海での軍事力を背景に、イランから日本までの各地で強固な交易網を築き、アジア貿易を完全に独占していた（124～131ページ参照）。終わりなき拡大を基本方針として掲げるVOCは、アントニオ・ファン・ディーメンが総督の座にあった1636～1645年の間も、1611年以来VOCの拠点となっていたバタビア（ジャカルタ）から指示を出して、盛んに探検航海を行っていた。

地図にない南太平洋を10カ月

総督ファン・ディーメンは、ある2つの島を特に熱心に探していた。1584年頃からスペインの船乗りの間では、ポルトガル人とアルメニア人を乗せて日本へ向かう船が、強風で航路を外れ、ヨーロッパの記録にはないが日本では有名な、銀が豊富に採れる2つの島を見つけたという噂が広がっていた。この島には銀島、金島という魅力的な名前がつけられていた（ただし元の話では金はまったく登場しない）。ファン・ディーメンはこの財宝の山を求めて、オランダの航海者マタイス・クアストとマールテン・フリースを北太平洋に送り込んだ。クアストは乗組員たちが島を絶対に見逃さないよう、厳しい掟を作った。見張り中に居眠りをした者には1カ月分の報酬に相当する罰金と50回のむち打ち刑が科される。2回目の居眠りでは刑罰が倍になり、3回違反した者は縛り首になる。5カ月間の航海では、当然ながら多数の地図にない島が発見されたが、どれも噂の金銀島ではなかった。

ファン・ディーメンの野望はやがて日本と謎の幻島から遠ざかり、1642年にはさらに遠い南太平洋を見据えていた。そこで、金銀島探しにも参加したアベル・ヤンスゾーン・タスマンが船長に選ばれ、2隻の船を率いて、前回に比べればはるかに成功率の高そうな航海に出発した。タスマンに与えられた任務は太平洋を徹底的に調べてソロモン諸島を見つけること、これもスペインの情報に基づく未知の「南方大陸（テラ・アウストラリス）」を探して調査すること、さらにスペイン船と鉢合わせせずに東回りでチリへ行く交易路を探ることだった。1642年8月14日、タスマンと2隻の船ヘームスケルク号とゼーハーン号はバタビアを出港し、南に向かって吹く風を捕まえるため、マダガスカルの東のモーリシャ

タスマンの成果

左ページ：タスマンの探検の成果を基に作成された、1644年の地図。オーストラリアの西海岸と北海岸は一部しか描かれていないが、その正確さは驚くばかりだ。1770年にジェームズ・クック船長がオーストラリア東海岸の地図を作るまで、この地図は100年以上も、この地域の地図の土台となってきた。

マオリの第一印象

タスマンに同行していた、画家のアイザック・ジルゼマンスが、ヨーロッパ人から見たマオリの第一印象を描いた作品『殺人湾の風景』（1642年）。オランダの探検隊とマオリが、現在のニュージーランドのゴールデン湾で戦いを繰り広げた後に描かれた。

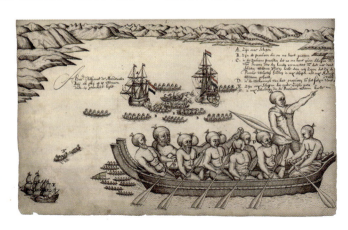

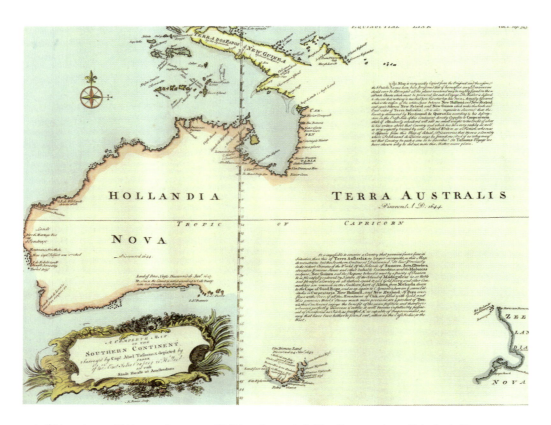

幻の「南方大陸」

エマニュエル・ボーウェンによる『オランダ東インド会社の命によるアベル・タスマン船長の調査に基づく南方大陸完全地図』(1744年)。

スに向かった。一行はモーリシャスに到着し、そこから未踏の海域、南緯54度まで南下するつもりでいたが、南緯42度で濃い霧に覆われたため東に向きを変えた。彼らはそのまま東に進み続け、それと知らずにオーストラリアの南を通過して11月24日に陸地を見つけた。これがヨーロッパ人が現在のタスマニア島を目撃した初めての瞬間となった。海は荒れていたが、タスマンは船工に、海を泳いで上陸し、オランダの旗を立ててくるように命じた。タスマンは甲板からこの島がオランダとVOCの領土であることを宣言し、「我らをこの発見に導いたすばらしい雇い主」を称えて「ファン・ディーメンズ・ランド」と命名した。

ヘームスケルク山とゼーハーン山を命名した後で、一行はソロモン諸島を探すためにさらに東に進んだ。その先で彼らは2度目の歴史的大発見をすることになった。ニュージーランドの南島の西海岸を目撃したのだ。彼らは島の海岸線に沿って北に船を進め、現在のゴールデン湾に停泊して上陸を試みた。しかし、タスマンたちの上陸部隊は先住民マオリから攻撃を受け、4人の乗組員が殺された。そのためタスマンはここを「殺人湾」と呼んだ。

2隻のオランダ船は再び北に向かい、のちに発見されるクック

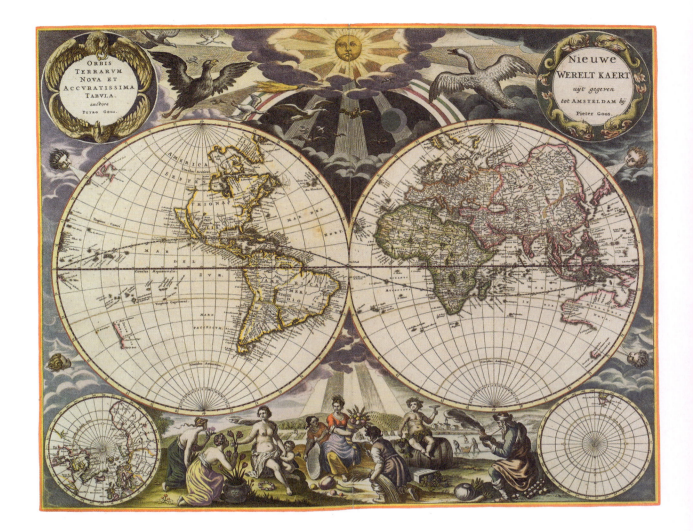

海峡を湾だと勘違いし、実際には2つの島からなるニュージーランドを細長いひと続きの陸地だと思い込んで、1616年に同国人のヤコブ・ル・メールとウィレム・スホーテンが南米海岸沖で発見した「スターテン島」ではないかと考えた。

　このとき、船では真水が渇望されていた。ニュージーランドの北島に上陸できなかったため、彼らはかすかに見えた陸地を目指して北西に船を向けた。そこは現在のフィジー諸島の東部だった。ここでも危険に阻まれて上陸できず、一行はそのまま船を進め、大発見の知らせとともに1643年6月15日バタビアに帰港した。彼らは地図に載っていない海域を500マイル（8000km）以上にわたって航海したが、オーストラリア大陸一周という偉業を自分たちが成し遂げたことにはついに気づかずじまいだった。

最高の海洋地図

ピーター・グースの『新世界地図』（1666年）。タスマンの航海での発見が描かれている。グースが1675年に死去するまで、この地図が収録された世界地図帳は第20版まで発行されたが、この地図は一切変更されなかった。

インテリ海賊ウィリアム・ダンピアの冒険

1683–1711年

The Educated Pirate: The Adventures of William Dampier

時代は海賊の冒険から科学的探検の旅へ

「世間ではあらゆるものが成功だけで判断されがちだ。
不運に見舞われてしまえば
名声を手に入れられる可能性はほとんど消え去る」

——ウィリアム・ダンピア

世界の大洋を
3回渡った男

ウィリアム・ダンピアの肖像。

　詩人のサミュエル・テイラー・コールリッジが「優れた頭脳を持った男」と表現した船乗りダンピアの功績をまとめると、ウィリアム・ダンピアという名前がそれほど知られていないことが不思議に思える。イギリス、サマセットのイーストコカーで生まれたダンピアは、世界一周航海を3回も成し遂げた最初の人物であり、オーストラリアの一部にイギリス人として初めて足を踏み入れ、探検し

た人間でもある。現地の動植物や先住民の記録を残しており、最初の博物学者ともいえる。ダンピアの旅行記『最新世界周航記』(1697年)は、海の冒険物語と博物誌を織り交ぜた新しいスタイルで、一躍彼をベストセラー作家に押し上げた。イギリスで旅行記がこれほど大ヒットしたのは初めてのことだった。彼の2冊目の著作『航海の詳細』には、「貿易風、微風、嵐、潮流、海流についての論述」があり、ダンピアが最初の世界周航で発見した情報を基に、風の流れを体系的に示した最初の地図も掲載された。

最初に海賊行為をした スパニッシュ・メイン海域

ハーマン・モールの地図。1680年代の最初の世界一周航海後に、ダンピアが書いた『最新世界周航記』(1697年)を基にして、その一部を描いたもの。

初めての世界一周で置き去りにされる

ダンピアはオックスフォード英語辞典に1000カ所以上も登場する(アボカド、バーベキュー、パンノキ、カシュー、双胴船(カタマラン)、箸(ポッモ)、捜索隊、植民、フエダイ、醤油、亜種、湿地、雷雲、トルティーヤなどの項目)。フランシス・ドレーク(100〜107ページ参照)よりは遅く、キャプテン・クック(156〜161ページ参照)よりは前の時代を生きた彼の物語からは、ヨーロッパの探検が、略奪目的の海賊(バッカニア)の冒険から、科学的な探求を目的とした旅へと変わっていく様子がわかる。科学者でありながら海賊でもあったダンピアは、その両面を持っていた。

ダンピアが初めて航海に出たのは18歳のときだった。ジャマイカのサトウキビ農園で働いた後、メキシコで木こりとして生計を立

インテリ海賊ウィリアム・ダンピアの冒険 | 137

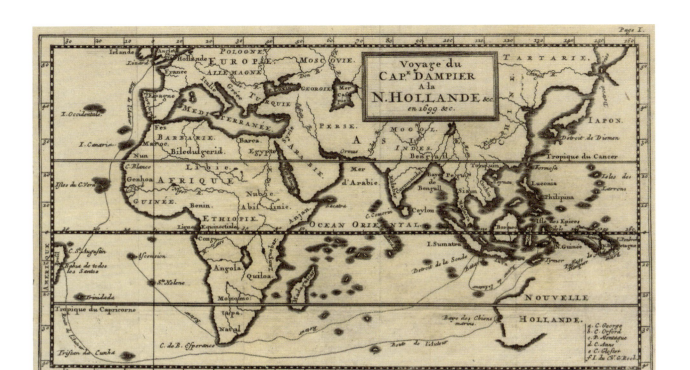

おんぼろ船の航路

ダンピアがニューホランド（オーストラリア）に行った航路（1599年）。

てていたが、1679年にスパニッシュ・メイン（フロリダ、メキシコ湾、パナマ、南米の北岸も含めたスペインが征服した海岸付近の領土）を荒らし回っていた海賊バーソロミュー・シャープ船長の船の一員となった。ダンピアは南北米大陸をつなぐパナマのダリエン地峡襲撃、太平洋でのスペイン船の拿捕、ペルーでのスペイン植民地略奪に加わった。これが紆余曲折の最初の世界一周の始まりとなった。ダンピアは様々な私掠船を渡り歩き、1686年にチャールズ・スワン船長のシグネット号に乗り込んだ（その後ロンドンに戻ったダンピアは、海賊行為には一切加わっていないと主張したが、1687年にマニラ沖でシグネット号が奪ったスペイン船をダンピアが指揮していた記録がある）。

1688年1月5日、シグネット号のダンピアは、キング湾付近で初めてオーストラリアの北西海岸を目撃した。その直後にダンピアと2人の乗組員は、ベンガル湾の南に浮かぶニコバル諸島に置き去りにされた。彼らは小舟を直して櫂を漕ぎながら北に向かい、嵐に遭いながらもスマトラにたどり着いた。ダンピアは1691年にようやくイギリスに帰国したが、持ち帰ることができたのは航海日誌と、インドネシアで奴隷にした、全身にタトゥーがあるジェオリー王子だけだった。本の出版にあたってダンピアは宣伝のため、ロンドンでこの見慣れない姿の奴隷を見世物にした。

Dampier & his Companions in their Canoe, overtaken by a dreadfull Storm.

おんぼろ船ローバック号でインド洋を回る

　『最新世界周航記』はダンピアの名前を世に知らしめ、海軍本部も彼に注目した。1699年にイギリス国王ウィリアム3世はダンピアに、南米南端のホーン岬を経由してニューホランド（オーストラリア）まで航海し、いまだ未発見の「南方大陸（テラ・アウストラリス）」を探す任務を与えた。ダンピアは最高の船を2隻と最高の乗組員を所望したが、用意されたのはおんぼろのローバック号と、航海の経験がない荒くれ男たちの集団だった。1月14日に船は出港し、南米の南海岸はこの季節に嵐が吹き荒れるため、南アフリカの喜望峰を回る航路を選んだ。ローバック号はあちこちが腐り、虫がわいているような状態だったが、一行は何とかオーストラリアの西海岸に着き、1699年8月6日にシャーク湾に上陸して探検や野生生物の記録を行った。彼らは9月にオーストラリアを離れ、北上してティモールまで航海してニューギニアの北海岸を回った。オーストラリア東部の海岸まであと100マイル（160km）もなかったが、ローバック号の傷みの進行具合は激しく、危険を感じたため、ダンピアは帰国を決断した。喜望峰を回り終えたところで船が浸水し始め、切羽詰まった彼らは南大西洋の孤島アセンション島の浅瀬に船を乗り上げた。ダンピアは反抗的な乗組員たちを抱えながら孤立した島で5週間を過ごし、通りかかった東インド会社の船に救助され、ロンドン

置き去りにされたニコバル諸島から

小舟に乗ったダンピアたちは激しい嵐に見舞われた。デイヴィッド・ヘンリーの『世界周航全航海の歴史』（1773年）。

に戻ることができた。

　帰国したダンピアは、外洋の航海中に副官ジョージ・フィッシャーをブラジルで投獄に追い込んだ罪を問われ、軍法会議にかけられた。ダンピアには有罪が宣告され、海軍を追われた。だが、彼はその後もさらに2回の世界周航を成し遂げることになる。

2回目、3回目の世界一周航海

　ダンピアが2回目の世界一周に旅立ったのは1703年だった。イギリスの国益のため、南米の太平洋沖でスペインやフランスの船と戦うことになったのだ。セント・ジョージ号の船長に任命されたダンピアと120人の乗組員は、ペルー沖で多数のスペイン船を

見せ物にされた奴隷

ダンピアがインドネシアから奴隷としてロンドンに連れ帰ったジェオリー王子。全身に刺青（いれずみ）が入っている。「この有名な刺青の王子は、まことに時代の驚異だ」

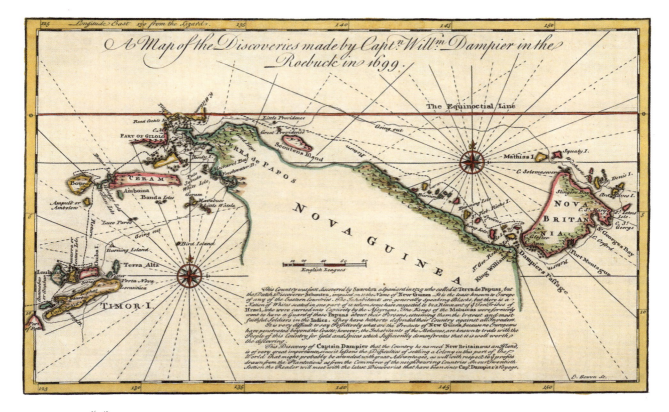

拿捕したが、パナマ湾の町サンタ・マリアの襲撃は失敗した。1704年5月、乗組員の1人アレクサンダー・セルカークが船の水漏れの不安を訴えて島に残ることを提案したため、彼だけを南太平洋のフアン・フェルナンデス諸島の無人島に置き去りにした。

1709年、ダンピアは、3回目の世界一周航海の途中、私掠船デューク号でフアン・フェルナンデス諸島を通りかかり、4年と4カ月の間、孤島で1人きりで過ごしていたセルカークを救出した（セルカークは、孤島での生活を経験した海賊たちの実話を集めたダニエル・デフォーの小説『ロビンソン・クルーソー』のモデルとされる）。

ダンピアは1709年12月に14万7975ポンド（現在の価値で1990万ポンド、30億円弱）の戦利品をイギリスに持ち帰った。そのほとんどは、メキシコの海岸で襲ったスペインのガレオン船ヌエストラ・セニョーラ・デ・ラ・エンカマシオン・イ・デセンガーニョ号から奪ったものだった。しかし最終的に、ダンピアは海賊行為で得た利益の分け前をもらえなかった。彼は2000ポンド近い負債を抱えて1715年に死に、墓標のない墓に葬られた。一方、セルカークは孤島で経験した苦難からついに立ち直れず、父親の土地に掘った洞穴に1人で暮らして余生を送ったという。

おんぼろ船で行ったニューギニア

ローバック号の航海におけるダンピアの発見の一部を紹介した、エマニュエル・ボーウェンの1745年の地図。ティモールを通り、ニューギニア周辺から「ニューブリテン島」を発見するまでの航路も示されている。

インテリ海賊ウィリアム・ダンピアの冒険　141

ヴィトゥス・ベーリングの北方大探検

1725〜1741年

Vitus Bering's Expedition into the Great Frozen North

極寒のシベリアを越えてカムチャツカへ

「私たちは芸術や科学によって栄光を表すべきだ。
航路を探せば、私たちはオランダやイギリスよりも
大きな成功を収めるにちがいない」

——ピョートル大帝によるベーリングの探検の命令

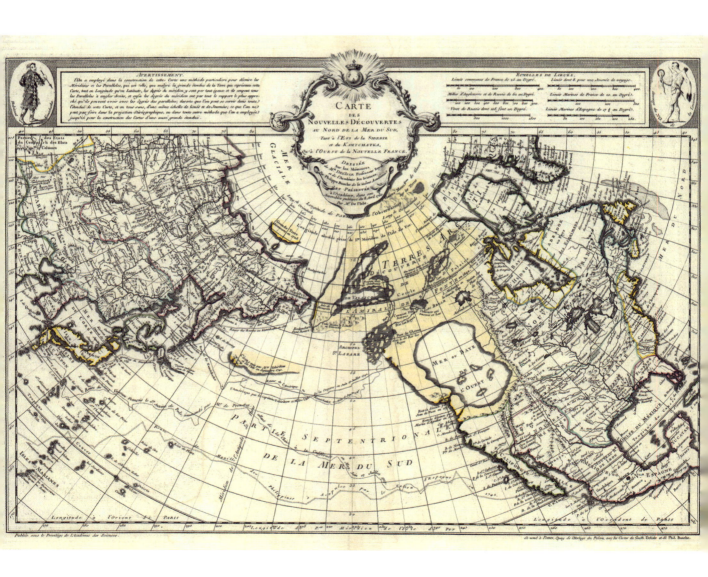

ウィリアム・ダンピアらヨーロッパの船乗りたちがどんどん航海の範囲を広げ、遠い異国の土地と文化を知る一方で、彼らの母国の近くにはまだ手つかずの謎の領域が残されていた。ロシアのはるか北東部、サンクトペテルブルクから厳しいシベリアを越えた数千マイル先の地理は、完全に秘密のベールに包まれたままだった。ロシアの地図の右上を占める広大な空白のどこかに、北米大陸とつながる巨大な陸地が突き出しているのだろうか？ それとも、この2つの大陸は海で隔てられているのだろうか？ もしそうなら、その海はどれくらいの広さがあるのだろう？

ロシアの東はどこまで広がっているのか

1724年、ロシアのピョートル大帝は膀胱の病に臥せっていた。手術をしてもよくならず、その年の終わりまで寝たきりだった。だが、彼の帝国は栄えていた。大帝が近代化を推進したためロシア帝国は勢力を拡大し、西洋の啓蒙運動の影響で科学的かつ理性的な方向に文化が成熟しつつあった。だが、(膀胱炎から膀胱壊疽に進んで)死去するまで、大帝はある野望をあきらめなかった。それは、ロシアという国がどこまで続いているかを知ることだった。

死の床にあったピョートル大帝は、ロシア海軍の一等大尉で経験豊富なデンマーク人ヴィトゥス・ヨナセン・ベーリングにこの大仕事を託した。ベーリングは20年間所属した海軍を退役したばかりだったが、軍での階級が上がらず妻の面目をつぶしたと感じていたため、複雑な兵站学的な問題も絡んだ皇帝の頼みをすぐに引き受けた。こうして第一次カムチャツカ探検が決まった。過酷な旅が予想された。ロシアの北海岸に沿って船で進んでも、北極海の氷に邪魔され、東の端までたどり着ける見込みはほとんどなかった。そこで、ベーリングは34人の部下を連れ、1725年1月、サンクトペテルブルクから陸路ではるか3500マイル(5633km)先にある太平洋側のオホーツクを目指して出発した。しかし、その道のりは、世界でも指折りの悪路の連続だった。

一行は2月に400マイル(644km)先のヴォログダの街に着き、そこからウラル山脈を越え、3月16日に山脈の東のトボリスクに到着した。彼らが旅した距離は1750マイル(2816km)以上におよんだ。ベーリングの要請に応じて現地の守備隊から39人が部隊に加わり、1726年の春には、シベリア東部を流れるレナ川のほとりに立つウスチ=クートでも(ベーリングの「部隊は少人数でよい」という方針に反して)さらに人数が増えた。これほど大規模の部隊が未開の地を行軍するのは初めてで、道なき場所では道を作りながら一行は先

ベーリング海を挟んで

左ページ：北太平洋での最新の発見を紹介したギョーム・ド・リールとフィリップ・ビュアシュの地図。当時は北米大陸には巨大な内海があると信じられ、その「西の海(Mer de Ouest)」が目を引く。ベーリング船長(Cap. ne Beering)による2回の探検のルートも記されている。

144　Vitus Bering's Expedition into the Great Frozen North

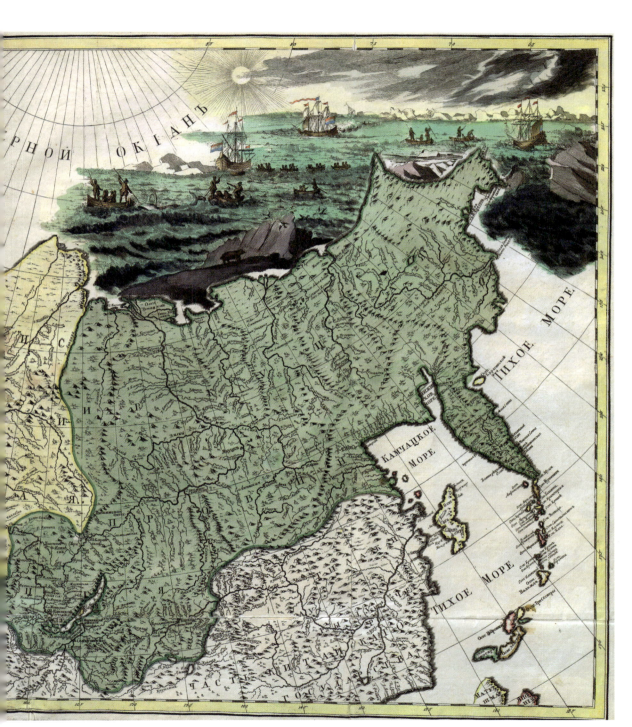

2回目の探検の成果

作者不詳の『ロシア帝国一般図』(1745年)。2回目のカムチャツカ探検で集められた情報が描かれている。

ヴィトゥス・ベーリングの北方大探検　145

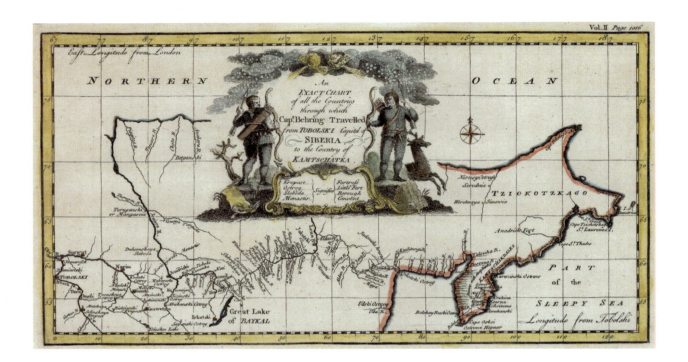

ウラル山脈東から極東

エマニュエル・ボーウェンによる『ベーリング船長が航海したシベリア首都トボリスクからカムチャツカ国までの全国精密地図』(1744年)。

に進んだ。町に着くたびに人々の生活の糧を補給品としてぎりぎりまで奪うため、彼らは行く先々で反感を買った。6月にオホーツクにたどり着いた頃には46人が脱走し、数人が死亡していた。だが、彼らは不屈の精神で次なる段階、カムチャツカ半島への航海に入った。現地では部隊の到着に備えて全長66フィート (20m) の船ヴォストーク号が完成しており、もう1隻のフォルトゥナ号も大急ぎで建造中だった。そのため、彼らは航海の準備のほかに、船の建造に必要な資材をここまで引っ張ってきていた。

　カムチャツカの集落に到着すると彼らは聖ガブリール号を建造し、1728年7月に東ロシアの海岸から船出した。北に向かったベーリングは、ロシアと北米大陸の間と知らずに海峡 (一番狭い部分は幅がわずか51マイル/82km) を通過し、ここにはやがて彼の名前が冠される。視界が悪く、海の向こうのアラスカは見えなかったが、太平洋岸に沿って数日航海を続けた。その後西に進路を変えたところで北から氷が迫ってきたため、ベーリングは航海を打ち切って帰国を決めた。2月28日に一行はサンクトペテルブルクに戻った。出港から3年以上が経過し、15人の命が犠牲になった。

　ベーリングの遠征中に、ロシアの状況は大きく変わっていた。ピョートル大帝は死去し、大帝の姪のアンナ女帝が国を治めていた。大帝と同じく拡大主義を掲げた女帝は、1732年、ベーリング

に2回目のカムチャツカ探検を命じた。今回の探検は前回よりはるかに大規模になった。総費用はロシアの歳入の約6分の1に相当する150万ルーブル。太平洋を横断すれば北米まで2年ほどのところを10年かけ、3000人を超える隊員がシベリア全土を渡っていった。この探検でシベリアの北極海に面する海岸と北東の海岸線の大半が明らかになり、ベーリング自身も1741年7月16日にアラスカのセントイライアス山を目撃した。出発から9年が経ち、帰国を強く願っていたベーリングは、アラスカ湾のカイアック島に寄った後、船でカムチャツカに戻ろうとした。しかし、嵐で船は難破し、ある島の海岸に打ち上げられ、ベーリングは病に倒れて力尽きた(死因は壊血病と思われる)。彼は部下たちの手でその島に埋葬され、島と周辺の海には彼の名前がつけられた。

カムチャツカ半島

ジャック・ニコラ・ベリンが1757年に作成したカムチャツカ半島の地図。ベーリングの部下たちは船の建材をサンクトペテルブルクからオホーツクまで運び、カムチャツカ半島で船を造った。

科学を追求したブーガンヴィルの世界周航
Bougainville's Scientific Circumnavigation of the Globe

1766～1769年

フランスが初めて目指した世界一周

「しかし、地理とは事実を積み重ねた科学だ。
ひじ掛け椅子に座ってあれこれ考えを巡らせているだけでは
過ちを犯しかねないし、多くの場合、船乗りたちが
犠牲にならずに過ちが正されることはない」

——ルイ=アントワーヌ・ド・ブーガンヴィル

　1763年2月10日、イギリス、フランス、スペインは、ポルトガルとの合意のもとでパリ条約に署名し、正式に七年戦争を終結させた。ヨーロッパのすべての大国が顔をそろえた七年戦争は最初の世界規模の戦争で、フランス、オーストリア、ザクセン、スウェーデン、ロシアの列強同盟に対し、プロイセン、イギリスの連合軍という構図だった。ヨーロッパ大陸だけでなく、海をまたいだ新大陸でも戦いが繰り広げられた。フランスが交戦状態に入ったきっかけは、1759年に勃発したフレンチ・インディアン戦争だった。このときの主戦場はヌーベル・フランス（カナダ、ハドソン湾、ノヴァスコシア、ニューファンドランド）の植民地だった。やがてここは、勝ち誇ったイギリス軍に包囲された。

　「まったくお粗末な戦争だ」と、あるフランス人将校は日誌に記した。「私たちが呼吸する空気が無感覚と冷淡さを伝染させている」。この将校こそ、知性をそなえ高度な教育を受けた竜騎兵隊長にしてモンカルム公爵の副官、6年間の従軍経験と、2冊の微積分学の著作を出版した経験を持つ、ルイ=アントワーヌ・ド・ブーガンヴィルだった（彼はイギリスの王立学会への入会を許されていた。ほ

フランス国旗とブーガンヴィル

マゼラン海峡のフコワード岬付近の小さな岩の上にフランス国旗を立てるブーガンヴィル。デイヴィッド・ヘンリーの『イギリスの航海者による世界周航全航海の歴史』（ロンドン、1773年）より。

かの実績に加えて、数学の著作の影響も大きかったようだ）。ブーガンヴィルはモンカルム公爵を守り、カナダの植民地をイギリス軍の手に渡さないために戦っていた。だが、戦闘が繰り広げられたケベック・シティはあえなく陥落した。そして条約に署名がなされ、フランスの屈辱的な敗戦は決定的となった。資金は底をつき、国の誇りは地に落ちた。だが、ブーガンヴィルにはとっておきの秘策があった。

そして、彼の冒険は思いもよらない展開を経て、初めて世界一周を成し遂げた女性の物語の舞台となる。

科学者たちを載せた世界周航

1763年9月15日、ブーガンヴィルは名誉を取り戻すため、南米南端の東側にある、ほぼ無名のマルイーヌ諸島（フォークランド諸島）に最初の植民地を作ることを目指し、自分で資金を捻出して船でフランスを旅立った。ブーガンヴィルのフリゲート艦レーグル号に乗り込んだ未来の入植者たちは、イギリスが支配するカナダのヌーヴェル・フランスに住み続けることを拒んで故郷を離れたアカディア人（アカディアは現在のノヴァスコシアにあった植民地）の集団だった。ブーガンヴィルの入植地は住民が150人前後と少なく、スペイン人がペルーの黄金を奪う基地にするとは思えなかったが、イギリスに対抗するためスペインとの友好関係を重視していた国王ルイ15世は、フランスに帰国したブーガンヴィルに、マルイーヌ諸島に戻って入植者たちを引き上げさせ、土地をスペインに売り渡すように命じた。

しかし、命令を聞いたブーガンヴィルは気落ちするどころか、逆に国王に一つの提案をした。ブーガンヴィルが目論んでいたのは、フランス初の世界一周だった。マルイーヌ諸島に戻ることはその第一段階に過ぎないというわけだ。ブーガンヴィルと同じく、国王もフランスが海の覇権を握って国の名誉を回復させることを夢見ていたため、彼の提案を受け入れた。1767年、マルイーヌ諸島をスペインへ譲渡したブーガンヴィルは、フリゲート艦ブードゥーズ号とエトワール号を、荒れ狂う南米南端のマゼラン海峡に進めた。

この航海の注目すべき点は、科学という前例のないテーマを主眼にしていたことだ。船にはラ・ペルーズ伯ジャン＝フランソワ・ド・ガロー（後年の彼の航海については162〜167ページ参照）、天文学者のピエール＝アントワーヌ・ヴェロン、技術者で地図製作者でもあったシャルル・ルティエ・ド・ロマンヴィル、歴史学者のルイ＝アントワーヌ・スタロー・ド・サン＝ジェルマン、従者を連れた植物学者のフィリベール・コメルソン（航海中に発見した花に「ブーゲンビレア」とい

名船長の航路が載る世界地図

次ページ：ジャン・バプティスト・ルイ・クルーエによる『世界一般図』（1785年）。18世紀の地図の中でも特に凝った装飾が施されている作品だ。ブーガンヴィル、マゼラン、タスマン、エドモンド・ハレー、ジェームズ・クック船長らが通った航路が赤で記されている。

科学を追求したブーガンヴィルの世界周航 | 149

151

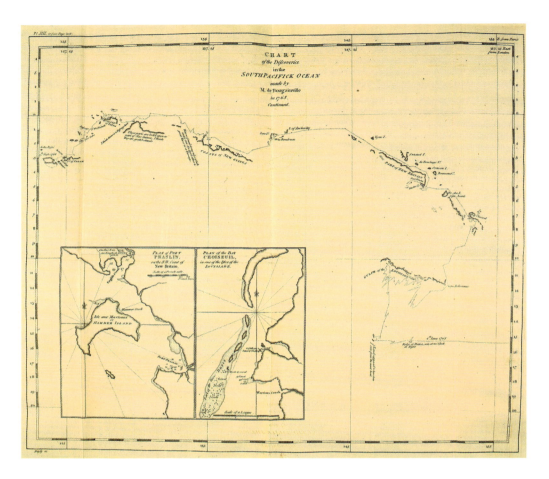

う名前をつけた)など、様々な分野の専門家が乗り込んでいた。

南太平洋をポリネシアからメラネシアへ

　悪天候のせいで、一行がマゼラン海峡を通過できたのは52日後だった。その途中に彼らは、南米南端のティエラ・デル・フエゴとパタゴニアの先住民に出会ったが、大した収穫はなかった。1人の船乗りが先住民の少年にガラスのかけらをプレゼントしたところ、その子がガラスを食べて死ぬという事件が起こり、先住民の間に見慣れない人間を警戒する空気が広がっていたせいもある。船は太平洋に出ると、強い南東からの風を受けて南回帰線の北側に到達し、そこで進路を西に変えた。ほどなくして彼らは、南太平洋の中央に位置するトゥアモトゥ諸島に到着したが(ここにはポリネシア人が住んでいた)、島はサンゴ礁に囲まれてどこが危険な場所かわからず、船を進めることができなかった。そのため、ブーガンヴィルはここを危険諸島と命名した。

南太平洋の発見

ブーガンヴィルによる南太平洋での発見を記した2枚目の海図(1772年)。

1768年4月、一行は楽園タヒチに到達した。イギリスの航海士サミュエル・ウォリスがわずか数カ月前にヨーロッパ人として初めてこの黒砂の島に上陸していたが、そんなことは知らないブーガンヴィルはこの島をフランス領として宣言し、愛の女神アフロディーテの伝説に登場するギリシャのキュテラ島にちなんで、ヌーヴェル・キュテール島と名づけた。ブーガンヴィルはこの地上の楽園に感嘆した。「気候は全般的に過ごしやすく(中略)部下たちは日の高いうちにたっぷりと太陽の日差しを浴び、屋根もない裸の土の上で眠っても、誰一人として体を壊さなかった」*

　ブーガンヴィルらはタヒチで9日間を過ごした後、西に向かって航海を続け、「航海者諸島」(サモア諸島)を発見したり、「大キクラデス諸島」(バヌアツ)で好戦的な先住民と小競り合いを起こしたりしながらも、世界一周を目指して西に進んだ。数日後、砕けた波が海面に現れ始めた。これは特に危険な暗礁があるしるしで、衝突しないように注意深く船を進めなければならない。マストの先の見張り台から陸地の発見を知らせる叫び声が聞こえたが、あまりにも危険すぎるため、彼らは北西に進路を変更してソロモン諸島に向かい、ニューギニアを越えていった。さらに、ヨーロッパ人の発見前の広大なオーストラリアの東海岸からわずか数マイルのところを通過したものの、ブーガンヴィルらもやはりこの陸地を見落とした。アフリカのモーリシャスと喜望峰に寄港したのち、1769年3月16日にブーガンヴィルはフランスのサン=マロに到着し、世界一周航海を成功させた最初のフランス人となった(世界では14人目)。船の状態は2隻とも良好で、出発時に330人だった乗組員のうち航海の途中で欠けたのは7人だけだった。これはかつてなく低い数字であり、まぎれもない偉業だと言えるだろう。

初めて世界一周をした女性

　航海の間に彼らは数々の驚くような出来事に遭遇したが、船外だけでなく、船の内部でも非常に珍しい事件が起こった。ヌーヴェル・キュテール島に滞在している間に、植物学者コメルソンが連れていた従者の正体を船医が明かしたのだ。少年だと思われていた従者は、実はジャンヌ・バレという名前の女性で、コメルソンのパートナー兼助手だった。歴史的に女性の乗船や探検への参加は固く禁じられていたため、植物学者だった彼女は変装して

---

*しかし実際には、異国の心惹かれる品(一番人気は鉄釘だった)のお礼代わりに、タヒチの女性たちが提供した「厚意」により、複数の乗組員が梅毒に感染していたことが後でわかった。ブーガンヴィルとウォリスはこの島に病気を持ち込んだ責任を互いになすりつけあった。

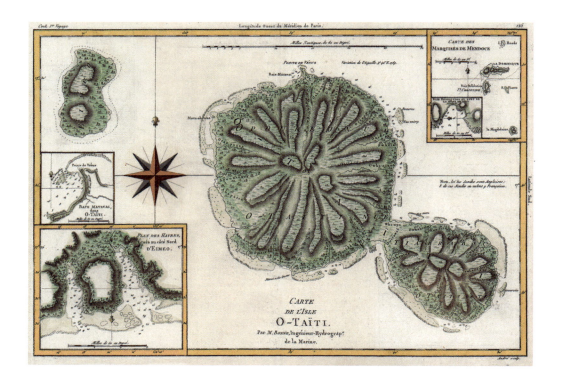

航海に同行した(女性の航海が認められるまでにはさらに1世紀以上の時間を要した。詳しくは206〜215ページ参照)。

　変装して男ばかりの船に潜り込み、男たちと同じ仕事をこなすことに、どれほどの勇気と技術と知識が必要だったかを想像すれば、ジャンヌ・バレがほぼ無名であることは不思議に思える。バレは読み書きができた。女性に教育の門戸が閉ざされていた時代に、彼女がどこで教育を受けたのかははっきりしない。コメルソンは体調がすぐれないことが多く、ブーガンヴィルから航海への誘いを受けてもためらっていたが、バレが付き添い、船の中でも身の回りの世話をしてくれたために、植物学者として調査を進めることができた。コメルソンとバレには、研究に必要な多くの道具類を収納できる大きな個室が与えられており、プライバシーの確保ができたことも正体がばれずにすんでいた理由だった。それでも乗組員の間ではバレの性別についての噂が流れ、船長のフランソワ・シュナール・ド・ラ・ジローデに問い詰められたときは不能者だと主張することで言い逃れようとした。

　後年タヒチに立ち寄ったクック船長が聞いた話によれば、フランスの探検隊がタヒチに到着したとき、先住民たちはすぐにバレが女性であるとわかり、乗組員たちもすでに真実を知っていたよ

楽園のタヒチ

リゴベール・ボンヌによる『タヒチ島地図』(1788年)。中央左側の挿入図はサミュエル・ウォリスが最初に寄港したマタバイ湾。

乗船した女性植物学者

ジャンヌ・バレを想像で描いた肖像画（1816年）。

うだったという。おそらくはそのためだと思われるが、バレとコメルソンは探検隊がフランスに帰国する途中に寄港したモーリシャスに残ることを希望した。ブーガンヴィルは喜んで彼らの希望をかなえた。コメルソンは1773年に世を去った。バレはしばらく母国に帰ることができずにいたが、1776年4月にパリに戻り、コメルソンの遺言により残された彼の財産を受け取ることができた。こうしてようやく旅を終えた彼女は、世界を一周した最初の女性となった。

クック船長による太平洋と南極海の調査
Captain Cook Maps the Pacific and Southern Oceans

南太平洋で最も名高い探検家の航海

1768〜1778年

「たとえただの砂地と砂州であっても最初の発見者になれるという喜びがなければ、この任務は耐え難いものだっただろう」
——ジェームズ・クック、1770年8月17日

　近代の探検家で、18世紀のキャプテン・クックことジェームズ・クック船長ほど評価が高い人物はいないだろう。例えば、1797年に出版されたブリタニカ百科事典の第三版を見てみよう。ウォルター・ローリー卿（120〜123ページ参照）の項目には2ページ、クリストファー・コロンブスには3ページが割かれている。マゼランにいたっては、マゼラン海峡の詳しい紹介も含めて2段落分しか記述がない。では、ジェームズ・クック船長はどうかというと、2段組みで39ページも使われている。

「南方大陸」を目指した1回目の調査航海

　1766年、イギリス海軍本部は、科学調査を目的としたエンデバー号による太平洋への航海の指揮官にクックを任命した。表向きの目的は、金星が太陽の前を横切る太陽面通過を記録することだった。イギリス王立学会には観測によって太陽から地球までの距離を測定し、航行の精度を高めたい狙いがあった。1768年8月26日、39歳のクック海尉は、科学者のジョゼフ・バンクス、スウェーデンの植物学者ダニエル・ソランダー、画家のシドニー・パーキンソンと、2匹のグレイハウンド犬など多種多様な顔ぶれを乗せた船でプリマス港から出航した。新鮮なミルクを手に入れるため、過去にサミュエル・ウォリスの世界一周航海にも同行した一番のベテラン航海者である山羊1匹も船に乗せられた。

　補給のためにイベリア半島南西沖のマデイラに停泊した後（船には3000ガロン、つまり1万3638リットルのワインを積み込むスペースが作られていた）、一行は珍しいほど順調に南米南端のホーン岬を回り、金星の太陽面通過の観測に最適なタヒチに向かい、1769年4月13日に到着して観測を行った。しかし、雲に遮られて満足なデータは得られなかった。そこでクックは、最初の任務が完了するまで極秘にされていた第二の任務に移った。クックに与えられていたもう一つの任務は、南半球の下のほうに存在するといわれる巨大な「南方大陸（テラ・アウストラリス）」を探すことだった（158ページの世界地図参照）。ク

ックは海軍本部から許可された南の限界線である南緯40度（ニュージーランドのウェリントンとほぼ同緯度）まで南下したが、仮説では存在するはずの巨大な「南方大陸」は影も形も見当たらなかった。そのためクックは西に進んで、アベル・タスマン（132〜135ページ参照）が発見したニュージーランドを目指し、1769年10月初めに島を目にした。しかし、先住民のマオリは暴力的で、平和的な関係を築くことは不可能と判断した一行は航海を続け、ニュージーラン

クック船長の航跡

ルイ・ブリオン・ド・ラ・トゥールが1783年に作成した両半球装飾世界地図。世界中の海を渡り歩いたジェームズ・クック船長の軌跡が描かれている。

クック船長による太平洋と南極海の調査 | 157

ドの海岸線の詳しい測量を行った。

　エンデバー号のクックたちは再び西に向かい、1770年4月19日、ヨーロッパ人として初めてオーストラリア東岸に到達した。当時の地図ではこの地域は空白で、仮説では「南方大陸」があるはずだった。4月29日、クックらはオーストラリア本土に歴史的な第一歩を踏み入れた。彼らはここを「スティングレイ湾」と名づけたが、のちにジョゼフ・バンクスとダニエル・ソランダーが珍しい植物標本を大量に持ち帰ったため、ボタニー湾（植物学湾）に変更された。クックは船を北に進めたが、グレート・バリア・リーフで船が破損したため、南アフリカの喜望峰回りで帰国した。

2回目の航海で南極大陸近傍の海へ

　この航海でニュージーランドとオーストラリアの海岸線が調査され、この2つは独立した陸地だと証明された。だが、王立学会が「南方大陸」の発見を強く望んだため、1772年にクック船長は再び航海の指揮官に任命され、さらに南下して未知の大陸を探す2回目の航海に出ることになった。クックを乗せたレゾリューション号は1772年7月13日にイギリスのプリマスを出帆した。今回も科学者のバンクスが同行する予定だったが、わがままなバンクスは自分の要求より船が小さいことに腹を立て、航海への参加を

想像の「南方大陸」

ルモルド・メルカトルによる1616年の世界地図。北半球の陸地と重さの釣り合いをとるため存在する可能性が指摘されていた謎の「南方大陸」がある。

世界の海を航海した男

出版物に掲載されたジェームズ・クック船長（1788年）。

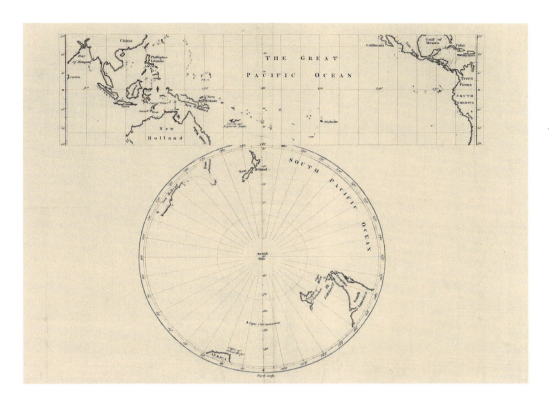

取りやめた。そんな経緯で2回目の出航は予定よりも遅れた。

　トバイアス・フルノーが指揮するアドベンチャー号を伴い、クックは再びニュージーランドを目指して1万海里（1万8520km）以上の距離を4カ月かけて航海し、発見前の南極大陸までわずか75海里（139km）に迫った。天候のせいで船が迷子になる可能性を考え、クックとフルノーは、2隻がはぐれたらニュージーランドのクイーン・シャーロット湾で落ち合うことを申し合わせた。そして予想通り、10月の強風で2隻は互いを見失った。1カ月ほど遅れて到着したフルノーを待っていたのは、「下を見よ」と書かれた切り株の下に埋まったクックからの手紙だった（クックは1週間ほど前に出発していた）。手紙には今後4カ月間のクックの予定が記され、フルノーは独自にアドベンチャー号の予定を立て、場合によっては帰国してもよいと書かれていた。それでフルノーはすぐそのまま帰国することにした。その直前に先住民のマオリと遭遇して10人の乗組員が襲われ、食べられてしまったことが、フルノーの決断を後押ししたのは間違いないだろう。

　一方のクックはさらに南を目指し、1774年1月31日に前人未到の南緯71度10分まで南下した。南極圏の厳しい寒さ、大量に流れてくる浮氷群、氷山の脅威に悩まされながらも彼らは船を

1回目の探検の成果

無題の「太平洋（The Great Pacific Ocean）」と「南太平洋（South Pacific Ocean）」の地図（1772年）。クックの最初の航海における、ニュージーランドとオーストラリアの探検が載った、極めて珍しい初期の印刷地図。オーストラリアの東海岸、ニューサウスウェールズという名前、オーストラリア大陸、ニュージーランドの南北の2島など、初めてづくしの印刷地図だ。現存するものはこれを含めて3枚しかない。

クック船長による太平洋と南極海の調査　159

進めた。だが、人間が快適に暮らせる「南方大陸」の発見は望めそうになかった。彼らはやや温暖な地域に移動し、7カ月間にわたって南太平洋を航海しながら、発明家ジョン・ハリソンが考案した航海用高精度時計(マリンクロノメーター)を使って経度を調べた。その結果、この機械は驚くほどの精度で簡単に経度を測定できることがわかった。こうして航海を終えたクックたちは、1775年7月30日にイギリスのスピッドヘッドに帰港した。帰国できなかった乗組員はわずか4人と極めて少なく、壊血病による死者は1人も出なかった。

発見したハワイでの悲劇

このクックの航海をもって「南方大陸」の伝説には終止符が打たれた。クックは勇退したが、再び任務が与えられれば軍に戻って指揮をとる予定だった。その任務は、1776年に目的が非公開のまま実現した。巷の噂では、前回の航海でイギリスに連れてきたタヒチ人のオマイを帰国させるためと言われたが、本当の目的は、海軍本部でも指折りの有能な司令官クックに北西航路を探させることだった。クックはレゾリューション号に乗り込み、チャールズ・クラークが指揮するディスカバリー号を従えて旅立った。

1776年7月12日、船団はオマイをタヒチに送り届けた。ここまで航海は何の問題もなく順調だった。そこで北に進路をとりながらフレンドリー諸島(トンガ)、ボラボラ島、クリスマス島(キリスィマスィ島)に立ち寄った。そして彼らはサンドウィッチ諸島を発見した最初のヨーロッパ人となり、クックが命名者となった(このサンドウィッチ諸島は現在のハワイだ)。ハワイのカウアイ島に錨を下ろし、住民との物々交換を始めたところ、彼らが持っていた鉄釘が住民に非常に喜ばれ、ディスカバリー号の乗組員全員に行きわたるだけの豚肉と交換できた。しかし、北極圏を探検するには、限られた時季だけ吹く季節風を捕まえなければならず、クックらは北西航路探索の任務を急ぐ必要があった(イギリス政府から出るはずの2万ポンドという報奨金も常に頭にあったはずだ)。

2週間後、一行はハワイの浜辺から北米西海岸に向けて旅立った。クックたちは太平洋のほとんどの島の海岸線の地図を初めて作成し、ロシアとアラスカを隔てるベーリング海峡を抜けて北に急ぎ、チュクチ海に入った。北緯70度44分まで北上したところ

顔に刺青(いれずみ)を入れた
マオリ

クックとマオリの遭遇を描いた同時代の異色のペン画。「彼らは何ともぞっとするような恐ろしい姿をしていた」と、クックはマオリの刺青について航海日誌に書き残している。「それでも彼らのすばらしい器用さと芸術性は認めざるをえなかった」

で高さ12フィート（3.6m）の氷の壁に行く手を完全に遮られた。航行可能な水路はまったく探せそうもなかったので、探検はここで中止された。

　ハワイの太陽の下へと戻ることにした一行は、1778年11月26日にマウイ島に到着した。クックは安全な停泊地を探すために、島を1周してからケアラケクア湾に入り、先住民の熱烈な歓迎を受けた。偶然にも、クックが到着したタイミングは、ハワイの神話で伝えられる、豊穣の神ロノ・マクアが巨大なカヌーで島を1周してからケアラケクア湾に姿を現す時期にあたっていた。クックたちはハワイのカラニオプウ王から多くの貢ぎ物を捧げられ、2月初めに大量の積み荷とともに島を後にした。しかし、そのわずか数日後、船は嵐に襲われた。レゾリューション号の帆柱が折れたため、クックはしかたなくケアラケクア湾に引き返した。だが、今回は住民たちに歓迎の声はなく、船の修理を進めるうちに敵意をつのらせていった。そうこうするうちにクックたちの船から小舟が盗まれた。腹を立てたクックは、湾の封鎖と、小舟を取り返すための人質として、現地の王を力づくで連行するように命令した。騒動を収めるためにクックは現地住民の王を連れて上陸したが、捕らわれた王が撃たれたことをきっかけに、クック側も住民側も怒りを爆発させた。クックは船に岸から離れるように合図をした。それを見た暴徒がクックのもとに押し寄せた。クックは石を投げつけられ、棒で殴られ、後頭部を短剣で一突きにされた。ほかにも4人の水夫たちが殺されたが、船に残された乗組員にはなすすべもなかった。クックが住民に食べられたという、一般的に信じられているような事実はなかった。彼が死ぬ原因を作ったにもかかわらず、ハワイの人々はクックを崇拝し、ハワイの伝統的な儀式にのっとって、骨を外しやすくするために彼の死体の一部を丁重に焼いた。

　指揮官不在の探検隊は、ヨーロッパの知識と地図を大きく充実させる最新の航海データを携えて、イギリスに帰国した。「先人の誰よりも遠くに、人間の限界だと私が考えるところまで」航海を続けることを信条としていた男が残した貴重な収穫だった。

仮面をつけたハワイ人

「（前略）そして彼女の相手の男性は伝統的な仮面をかぶっていた」。160〜161ページのイラストは両方とも、クックの太平洋での最後の航海に正式に同行していた画家ジョン・ウェバーの作品『太平洋への航海』（1784年）が基になっている。上の絵には『仮面をかぶったサンドウィッチ諸島の男』という題がつけられている。

クック船長による太平洋と南極海の調査 | 161

消えたラ・ペルーズ伯の探検隊
The Vanishing of the La Pérouse Expedition
フランスが挑んだ太平洋の調査航海

「私の物語はロマンスだ」
——ジャン゠フランソワ・ド・ガロー・ド・ラ・ペルーズ

1785〜1788年

　1793年、「革命広場」と名前が変わったばかりのパリの広場は、あざけりの声を上げる群衆で埋め尽くされていた。その中を引かれてギロチン台に向かう元国王ルイ16世の心中は、目の前に差し迫った自分の運命のことでいっぱいだったに違いない。しかし、国王の座を追われた「平民ルイ・カペー」は、死刑執行人を従えて処刑台の前に立ったところで振り返り、希望を込めてこう尋ねた。「ラ・ペルーズの知らせは何かあったかね？」

フランスでもクック船長のような航海を

　イギリスの探検家ジェームズ・クック（156〜161ページ参照）は南大西洋と太平洋で広大な未踏地域を詳細に調査し、詳しい地図を作成したが、完璧というにはほど遠かった。クック船長の運命を分けた3回目の航海から7年後の1785年、フランス海軍は七年戦争の痛手からようやく立ち直っていた。以前から探検に興味を持っていたフランス国王ルイ16世は、毛皮交易のために北米海岸を探検するというオランダ商人ウィリアム・ボルツの提案に触発されて、海軍長官のカストリー侯爵にクックの探検を引き継ぐような探検隊をフランスから出せないか相談した。

　カストリー侯爵は、44歳のジャン゠フランソワ・ド・ガロー・ド・ラ・ペルーズ伯爵に探検の指揮を委ねることにした。ラ・ペルーズは15歳のときに海軍学校に入学し、優秀な航海士かつ指揮官として、実績を残していた。今回の航海は、啓蒙時代にふさわしく大勢の科学者たちを連れて世界周航を目指すことになった。天文学者で数学者のジョゼフ・ルポート・ダジュレ、地質学者のロベール・ド・ラマノン、植物学者のジョゼフ・ラ・マルティニエール、物理学者1人と博物学者3人、画家3人が船に乗り込んだ。

　こうして、ラ・ブッソール号とラストロラブ号の2隻に、乗組員、士官、科学者の総勢225人を乗せた4年間の航海が計画された。ラ・ペルーズは、探検した地域の地図を丹念に作成して乗組員の安全確保にも心を砕いたクックを高く評価しており、その方法

ルイ16世とラ・ペルーズ

エドゥアール・ニュエル画『ラ・ペルーズ伯に最後の指示を与えるルイ16世』(1785年)。

を踏襲した。事前にラ・ペルーズは、技術主任のポール・モネロンをロンドンに派遣して、時代の最先端を行くクックの壊血病予防法について学ばせ、クックの航海で使用された王立学会の傾斜コンパス2個を含め、航海に必要な機器類を調達させた。

太平洋の沿岸をぐるりと調査

探検隊は1785年8月1日にフランスを出発した。船はたいした苦労もなく南米南端のホーン岬を回り、太平洋に出てチリへと北に進んだ。今回の探検では多方面を航海する予定だったが、基本的にはクックの地図の空白を埋めることが目的で、特に北米の北西海岸、間宮海峡(タタール海峡)以北のロシアの太平洋岸(これまでこの地域を正確に調査したヨーロッパ人はいなかった)、オーストラリアの北東に広がるメラネシアとオセアニア全般を目指していた。その裏には当然ながら、フランスが交易地と植民地を広げたいという思惑もあった。毛皮や捕鯨の取引先を開拓し、科学標本のコレクションをさらに充実させ、今後の植民地化に向けて協力が得られ

ニューギニアの鳥

ニューギニア島西岸沖のワイゲオ島のサイチョウ。ラ・ペルーズの探検で記録された。

　る体制を整えようというわけだ。

　チリを離れたラ・ペルーズの一行はイースター島に向かい、それからハワイに着いた。マウイ島に足を踏み入れたヨーロッパ人は彼らが初めてだった。次に一行はアラスカに行き、そこから4カ月近くをかけて北米の海岸線を丹念に記録しながら、カリフォルニアの南までを探検した。1579年のフランシス・ドレーク以来、スペイン人以外のヨーロッパ人がカリフォルニアに来るのは初めてだった（ドレークは100〜107ページ参照）。ラ・ペルーズらは、スペインの宣教師たちの先住民に対する扱いを批判的に指摘し、カリフォルニアが島だという、17世紀初頭に地図に掲載されてからヨーロッパに浸透していた誤解を完全に打破した。

　それから太平洋を100日間航海し、マカオに上陸してアラスカで獲れた毛皮を交換してから、マニラを経由して、まだ地図に載っていない朝鮮半島の海岸の調査に向かった。ロシア極東地域のカムチャツカ半島から航海記録と書簡と地図を本国フランスに

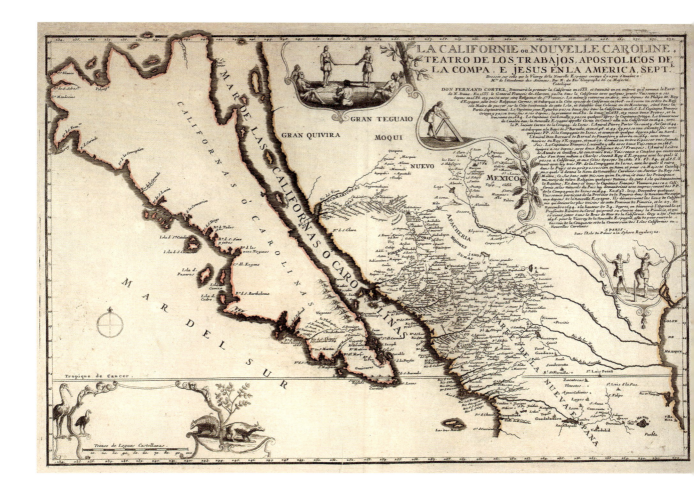

送った彼らは、すぐにアジアを離れ、今度はオーストラリアのニューサウスウェールズのイギリス植民地の調査に向かった。

　1788年1月後半にオーストラリア東岸にあるボタニー湾に入った一行は疲れ果てていた（偶然にもイギリスの囚人たちの最初の集団も4日前に着いたばかりだった）。航海者諸島（サモア）に停泊した際に先住民に襲われて12人が殺され、20人以上が傷を負っていたからだ。イギリス側は礼儀正しくラ・ペルーズらを迎え入れ、彼らは植民地に6週間滞在して傷を癒した。1788年3月、最新の記録をフランス本国に送り、水の補給を終えた一行は、錨を上げてオセアニア方面に船出した。それが彼らが目撃された最後だった。

消えたラ・ペルーズたち

　ラ・ペルーズは帰国するはずの6月になってもフランスに戻らなかった。ラ・ペルーズは予定通りの帰国に自信をみせていたし、

カリフォルニア「島」

ニコラ・ド・フェールによる1720年頃の地図。17世紀から18世紀にかけてヨーロッパで作成されたほとんどの地図では、カリフォルニアが島として描かれていたが、ラ・ペルーズの徹底的な調査により、カリフォルニア島の存在は完全に否定された。

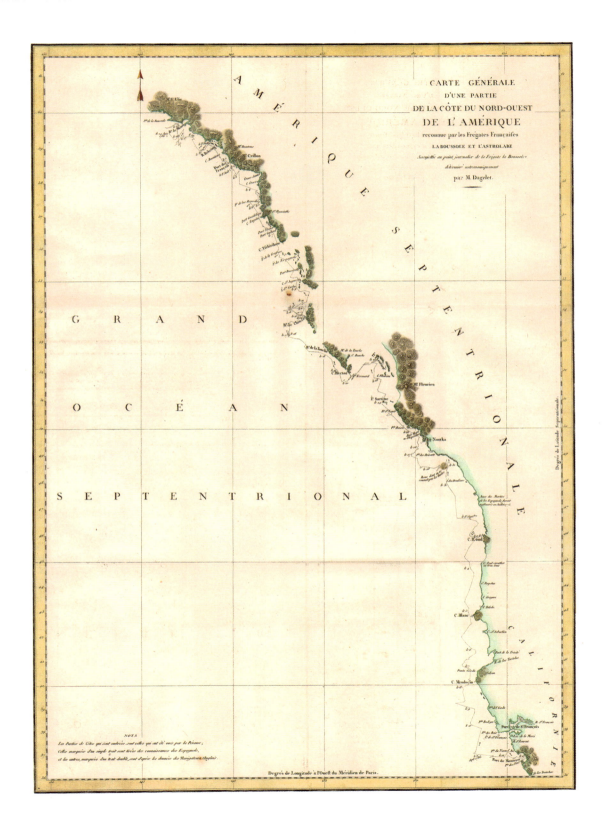

166 | The Vanishing of the La Pérouse Expedition

イースター島にて

イースター島を行くラ・ペルーズ探検隊。

　遅れるのは彼らしくなかったが、当初はあまり心配されなかった。しかし次第に不安の声が高まり、1791年9月25日、海軍少将ジョゼフ=アントワーヌ・ダントルカストーが、ラ・ペルーズらの捜索と救出のためにフランスから旅立った。ダントルカストーらは1793年5月に現在のソロモン諸島に到着したが、探検隊の消息はわからなかった。動かぬ証拠が出てきたのは1826年のことだった。アイルランドの商人ピーター・ディロンが発見した難破船の残骸がラストロラブ号のものと確認されたのだ。そして2世紀近くを経た2008年、フランス海軍が調査のために2隻の船を派遣し、ようやく様々な手がかりが結びついてラ・ペルーズ探検隊の最後の足どりが判明した。

　ラ・ペルーズらの船は猛烈な嵐で流され、サンタクルーズ諸島沖で暗礁に乗り上げて2隻とも難破した。船から脱出した乗組員の何人かは一番近いバニコロ島に上陸したが、先住民によって皆殺しにされた。それ以外で生き残った数人がラストロラブ号の残骸でいかだを作り、西に向かって漕ぎ出したが、その後の消息はわからない。しかし、ラ・ペルーズは寄港のたびに、その時点までの記録を母国に送り届けていたため、成果のほとんどは無事だった。民俗学的な記録、動物標本、航海記録、空白地帯の詳細な地図といった探検の成果は、探検隊を国民的な英雄の座に押し上げ、その内容はフランス政府により『ラ・ペルーズ世界周航記』として出版されて世界中の読者を魅了した。

ラ・ペルーズの北米大陸

左ページ：『ラ・ペルーズ世界周航記付属地図帳』（1797年）に収録されている1枚。ラ・ペルーズによる北米大陸の北西海岸探検の進捗状況が細かく書き込まれている。

ジョージ・バンクーバーによる
アメリカ北西海岸の探検

1791~1795年

George Vancouver Reveals America's Northwest Coast

非常に緻密な地図を作ったイギリス海軍の士官

「私たちは驚きに包まれながら、発見を求める強い思いに
突き動かされて進んでいく」

——ジョージ・バンクーバー、『北太平洋の発見の航海と世界周航』(1798年)より

クックの航海（156〜161ページ参照）が一つの区切りとなって、世界は大航海時代から啓蒙時代へと移っていった。探検で行われる科学調査の精度は、イギリスの海軍士官ジョージ・バンクーバーの探検から飛躍的に高まった。彼は、クック船長の艦隊に弱冠13歳半で加わり、2回目と3回目の航海に参加した。クック探検隊がニュージーランド、ポリネシアのソシエテ諸島、メラネシア（太平洋西南部）のニューヘブリディーズ諸島やニューカレドニアを回って帰国したとき、バンクーバーは23歳になっていた。彼は南米南端のホーン岬を回り、北米のほぼすべての海岸線をたどり、サンドウィッチ諸島（ハワイ）を経由して世界周航を達成した。また、バンクーバーは教えられた技術を着実に身につけていった。バンクーバーが作成した地図は極めて精度が高く、40年以上のちにワシントン州のピュージェット湾を調査したチャールズ・ウィルクスは、その正確さに驚いたという。1880年代に入ってもアラスカ沿岸部についてはバンクーバーの地図が広く使われていた。

複雑な形の海岸線を調査

3年間の春から秋に行われたバンクーバーのアメリカ北西海岸の探検のきっかけは、ヌートカ湾事件だった。この湾はカナダ南西部のバンクーバー島西海岸にあり、毛皮貿易で重要な役割を担っていた。湾をめぐって争っていたスペインとイギリスは、武力衝突を起こす寸前だった。北太平洋で獲れるラッコの毛皮は非常に高く売れる。こんなうまい金儲けの種はめったにない。そして、ヌートカ湾の領有権を獲得することは、北太平洋海岸全体の支配権を手にするに等しかった。領有権と植民地化の権利をめぐる争いは、イギリスとの交戦を恐れたスペインが引き上げる形で決着し、1790年、ヌートカ湾協定で正式な合意が成立した。その際にバンクーバーは、ヌートカ湾を占有して周辺地域の海岸線を調査するディスカバリー号の指揮を任されていた。

1791年4月、バンクーバーはイギリスのファルマスから船出し、南アフリカの喜望峰を回って東に進み、正式にイギリスの領有権が認められているオーストラリアの南西海岸に到達した。一行は12月をタヒチで過ごした後、真水を補給するため、（クックが殺される場面をバンクーバーも目撃した）サンドウィッチ諸島を目指して北に向かった。サンドウィッチ諸島を今後数年間の冬を越すための拠点と定めた彼らは、北米大陸の太平洋側に向かい、カリフォルニアのカブリヨ岬に着いた。

一行は海岸線に沿って北上し、カリフォルニアからオレゴン、

バンクーバー島周辺、およそ1000kmの沿岸

左ページ：ルックアウト岬（現在のアメリカ、オレゴン州）から北に向かってコロンビア川、フアン・デ・フカ海峡、バンクーバー島、クイーン・シャーロット湾、スワイン岬（カナダ、ブリティッシュ・コロンビア州）までの地域を網羅した1798年のバンクーバーの地図。

ワシントンへと進んで、のちにバンクーバーの名前がつけられる巨大な島に到達した。彼らはワシントンの北海岸とバンクーバー島の南海岸を隔てるフアン・デ・フカ海峡に入った。この海峡は島が点在し、入り江や水路が複雑に入り組んでいて、大型船での航行が困難なことは明らかだった。バンクーバーは動じることなく、手漕ぎボートより少し大きい程度の小型の舟を出すように命じた（ほぼ無風のときは乗組員が櫂を漕いで舟を進ませることもしばしばあった）。そして、2週間分の食糧を積み込み、海岸から乗組員に状況を確認させながら小舟を操り、島を避けながら水路を抜けて調査を進めた。1792〜1794年の春から秋にかけて、じっくり手間と時

バンクーバーの調査

ロバート・ウィルキンソンが1804年に作成した北米地図。ジョージ・バンクーバーによる探検の成果が取り入れられたほか、ルイジアナ買収が初めて掲載された（184〜139ページ参照）。

間をかけた綿密な調査が進められ、太平洋北西海岸地域の正確な地図を作成できるだけの情報が集まった。

　しかし、その作業には少なからぬ犠牲も伴った。バンクーバーは次第に体調が悪くなり、ひどく怒りっぽくなっていった。彼はバセドウ病か粘液水腫を患っていた可能性があると考えられている。探検による体への負担や、耐えがたいほどの悪天候によって、甲状腺の状態が悪化していたのかもしれない。それでも、バンクーバーは驚くほど多量の情報を集めた。彼らが調査のために小舟で進んだ距離は1万マイル（1万6000km）以上におよび、1700マイル（2700km）以上の海岸線が記録された。さらにコロンビア川を探検し、バンクーバー島をぐるりと回り、島々がひしめき合うブリティッシュコロンビアをすみずみまで調べ尽くした。さらに、バンクーバーの緻密な地図によって、この緯度に北西航路が存在する可能性は否定された。

　1795年10月、バンクーバーはロンドンに戻ったが、ヌートカ湾の調査のあいだに患った病がもとで、わずか2年半後にひっそりとこの世を去った。彼は、50万語におよぶ探検の記録を残し（バンクーバーはこの記録を本にまとめようとしていたが、生前に最後まで書き上げることができず、最後の100ページは彼の死後に書き加えられた）、18世紀に科学的な調査を行った探検家としては最も多い388個の地名を地図に加えた。島、半島、山脈、湾など、彼の名前が冠されている地名は現在でも世界のあちこちに残っている。

米大陸の広大な空白

次ページ：壮麗な壁掛け地図『大型全アメリカ大陸新地図』。オランダの地図製作者フレデリック・デ・ウィットが1672年に出版したもの。この時点では北米大陸の北西海岸は広大な空白になっていたが、1792〜1794年のバンクーバーの丹念な調査により、この空白は埋められた。

NOVA TOTIUS AMERICÆ

BESCHRYVINGE VAN AMERICA.

NOVA AMERICÆ DESCRIPTIO.

ムンゴ・パークの北アフリカ探検

1795~1806年

Mungo Park Explores North Africa

ニジェール川の源流を求めて

「私の希望は今、確信に変わりつつある。もし私が思い違いをしているなら、神のみがそれを正して下さるように。目を覚まして大地のすべての喜びを知るよりも、私は間違った思い込みを抱いたまま死ぬことを選ぶ」

——友人のアレクサンダー・アンダーソンに宛てたムンゴ・パークの手紙、1793年

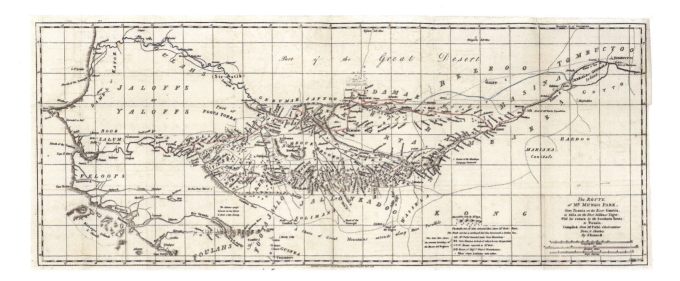

ムンゴ・パークのルート

ジェームズ・レンネルの『ムンゴ・パーク氏の探検路』。

18世紀後半になるまで、ヨーロッパ人にとってアフリカは神秘の大陸だった。アフリカ西海岸との交易はかなり以前から行われ、地図には海岸線が描かれていたものの、内陸の奥地はほとんどが未踏の地だった。ヨーロッパ人が知っている地域といえば、西はセネガルとガンビア川西部、東はキリスト教が信仰されていたエチオピア程度だった。クック船長の太平洋探検(156〜161ページ参照)によって伝説の「南方大陸(テラ・アウストラリス)」探しに終止符が打たれ、大航海時代は幕を下ろした。それとともに、科学的にも戦略的な意味合いでも、アフリカに関心が向けられるようになった。

アクシデントと風土病

1788年、ジョゼフ・バンクスは科学に関心を持つ8人の資産家とともに、アフリカ内陸部探検推進協会(アフリカ協会)を設立した。その事務局長ヘンリー・ビューフォイは、当時のアフリカ大陸の地図を「広い空白部分があり(中略)地図製作者たちが遠慮がちに未探検の川と不確かな国の名前を書き込んでいる」と評した。アフリカ探検計画を立てるに当たり、アフリカ協会が第一に考えたのは、謎のニジェール川をたどって源流を調べることだった。ジョゼフ・バンクスに出会ったスコットランド人ムンゴ・パークは、スマトラでの自らの動物学的発見について意見を交わしながら、話の中でアフリカ探検の計画を知り、探検隊長を志願した。弱冠23歳という若さながらパークの申し出は認められ、1795年5月22日に彼はイギリスのポーツマスを出航した。

その計画は船でガンビア川をさかのぼり、陸路でニジェール川

パーク以前のアフリカ地図

左ページ：パオロ・ペトリーニによる名作、アフリカ壁掛け地図(1700年)。

沿いのマリのトンブクトゥを目指すものだった。アフリカ協会は以前も同じ目的で何人かの探検家を派遣していた。最初にアフリカに送られたアメリカ人ジョン・レッドヤードは、青ナイル川からトンブクトゥへ向かったが、赤痢の治療で飲んでいた吐剤の過剰摂取で命を落とした。次に派遣されたダニエル・ホートン少佐はガンビアの先で消息を絶った（のちの1796年、パークはホートンがムーア人に身ぐるみはがされ、放置されて渇きと衰弱で死んだことを突き止めた）。パークもアフリカに着いた直後、マラリアにかかり、前任者たちと同様の運命をたどるかに思われた。だが、この禍は転じて福となり、病気の回復を待つうちにアフリカの環境に体が慣れ、スーダンのマンデ系言語も少し話せるようになった。

　最初のうちこそパークの探検は順調だったが、1796年1月に出会った先住民の首長への貢ぎ物として所持品の4分の3を奪われ、その後は食糧などを地元住民の善意に頼りながら進んだ。さらに現地で紛争が起こったため、やむをえず北に向かい、ルダマルの遊牧民の王アリが支配する土地に入ったところで捕らわれた。本人の弁によれば、ヨーロッパ人を初めて見たアリの妻の好奇心を満たすために、3カ月以上もビノウムの野営地に拘束されていた。しかし、なんとか逃げ出したパークは南東に向かって旅を続けた。ある場所では現地の結婚式に立ち会い、年配の女性から景気よく鉢いっぱいの花嫁の尿を顔に浴びせかけられた。これは特別な待遇だったと彼は語っている。「そのため、私は顔をぬぐってから、そのレディに謝意を伝えた」。数々の苦難を経たのち、パークはヨーロッパ人として初めてニジェール川に着き、東に向かって流れるその川を「ウェストミンスターの前を流れるテムズ川ほどの広さ」と評した。マリ南部の中央に位置するセグーで、パークは現地の人々から、トンブクトゥまでは数日ほどの道のりだが、たとえ無事に到着しても、街に入れば間違いなくすぐに殺されると教えられた。目指す地はもう目前だったが、断腸の思いでパークは引き返すことを決めた。イギリスではパークはもう死んだものと思われていたため、1797年のクリスマスの日に彼が帰国すると、まるでクリスマスの奇跡が起こったかのように国中が喜びに沸いた。探検でそれほど目覚ましい成果は得られなかったが、彼の旅行記『アフリカ内陸紀行』(1798年)は人気を博し、パークはスコットランドに戻って医師として開業した。

　その頃のイギリス政府は、領土を拡大するフランスを牽制する意図もあって、西アフリカへの関心を新たにしていた。イギリスの戦争省は探検隊を派遣して、ガンビア川沿いのイギリスの拠点ピ

ニジェールに捧げて

『アフリカ内陸紀行』(1798年)のムンゴ・パーク。

サニアからニジェール川のバマコまで行き、そこで40フィート（12m）の船を2隻作ってニジェール川を下り、交易拠点を築く計画を立てた。この探検は、ガンビアからニジェールまで運びやすい交易品を知る重要な試みも兼ねていた。パークは結婚したばかりだったが、探検の指揮を依頼されると二つ返事で引き受け、義理の兄弟アレクサンダー・アンダーソンも連れて行くことにした。

「私はニジェールに死す」

今回の探検では入念に準備が行われ、荷物は前回より大幅に増えた。探検隊は、部族長へ贈る460ヤード（420m）の布地、さらにライフル銃と大量の銃弾を携えたが、特に恐ろしい風土病の対策はほとんどできなかった。1805年5月4日、探検隊は45人でガンビアのピサニアから出発したが、8月19日にマリのバマコに着いたときにはわずか11人に減っていた。多くの隊員が赤痢や黄熱病、マラリアに冒され、回復しても衰弱が激しく、熾烈な気候や虫や住民による略奪にひどく悩まされた。一行はマリのセグーのすぐ南にあるサンサンディングに向かい、造船技術を持つ隊員はほとんど死亡していたが（アンダーソンもその1人だった）、何とか船を作った。探検隊は5人まで減っていたため、小さな舟で十分だった。彼らは3人の奴隷とアマディ・ファトゥーマという名前の先住民の案内人を加えて出発した。

その先の探検隊の消息は不明だが、1810年にただ1人生き残ったファトゥーマの証言により、その後の運命が明かされた。一行はニジェール川を下り、トンブクトゥの港を通り過ぎて、川の終点を目指してさらに先に進み続けた。その移動距離はおよそ1000マイル（1600km）にもおよんだ。しかしブーサの急流で岩に乗り上げ、川岸にいた先住民の部隊に矢や槍で攻撃された。パークと部下たちは殺され、川に飛び込んで溺れ死んだ者もいた。彼らの遺体は近くの岸辺のどこかに埋められたという話だった。

パークは自分を待ち受けている運命を予感していたのかもしれない。サンサンディングを発つ前に、彼は探検記録と手紙を交易商人のアイサッコに託し、アイサッコはそれを西海岸に届けた。「私はこれから東に向かって旅立つ」と、パークは植民地省の長官に宛てた手紙に書いている。「ニジェール川の終点を発見する固い決意はあるが、道半ばで死ぬかもしれない。私に同行してくれたヨーロッパ人全員も死ぬであろうし、私自身も死にかかった状態であるが、私は絶対にあきらめない。旅の目的を達することができなかったとしても、少なくとも私はニジェールに死す」

スマトラの魚

ムンゴ・パークがアフリカ探検に出かける前の若い頃にスマトラで発見したミスジチョウチョウオ。

アレクサンダー・フォン・フンボルトと エメ・ボンプランの南米探検

1799〜1802年

Alexander von Humboldt and Aimé Bonpland Explore South America

6万個の標本を持ち帰ったドイツ人

「私の中には私を駆り立てる力があり、そのせいで私はしばしば分別を失ってしまう」
——アレクサンダー・フォン・フンボルト

2016年、米国テネシー州ナッシュヴィルにあるバンダービルト大学のケン・カタニア博士は、デンキウナギが入った水槽に手を入れると何が起こるのか、自分の体で実験した。驚いたことに、体長6フィート（2m）のこの魚（デンキウナギはウナギではなくまったく別種の魚だ）は水の中から跳び出して彼の手に巻きつき、大型哺乳類も気絶させる600ボルトの電気パルスを何回も繰り出してきた。「手袋をはめていたからよかったが、まったく恐ろしい体験だった」と博士は報告している。「これを心に留めたうえで、今後の研究を進めていきたい」

21世紀にカタニア博士の研究成果が発表されるまで、デンキ

南米奥地のアンデス

フレデリック・エドウィン・チャーチ画『アンデスの山奥』（1859年）。

ウナギに水中から跳び出して攻撃する能力があることはまったく知られていなかった。1807年にドイツの博物学者で地理学者、かつ探検家のアレクサンダー・フォン・フンボルトが、ベネズエラの大平原の沼で、先住民がデンキウナギに生きた馬を攻撃させて魚を捕まえるという「絵に描いたような情景」を見たという記録が残されている。少なくともそれ以降、同様の目撃情報は一切なかったため、フンボルトの話は単なる誇張だと思われていた。1881年にはドイツの批判派に「詩的な歪曲表現」として片づけられ、アトランティック誌には「たわごと」と評された。しかし、1859年の死去から150年以上の時を経た今なお、アレクサンダー・フォン・フンボルトから私たちは学び続けている。

ベネズエラで興味のおもむくままに

フンボルトと彼に同行したエメ・ボンプランは、ほかの探検家たちとは違い、少し変わったいきさつでベネズエラ探検に行くことになった。貴族の家に生まれ、母が財産を残して亡くなったため、フンボルトは（泣き言ひとつ言えず、いつも用事に追われている）鉱山監督官の職を投げ出し、あくなき好奇心と持ち前の行動力でパリに行った。そして、リビアのトリポリから砂漠を横断してカイロに向かう北アフリカ探検の計画を、ボンプランとともに立てた。しかし、アルジェリアのアルジェでフランスの一団が歓待を受けたものの、用意された宿は地下牢のようだったという報告が飛び込んできたため、彼らは予定を変更してスペインのマドリードに向かうことにした。

マドリードで彼らはスペインの首相マリアーノ・ルイス・デ・ウルキホに紹介され、思いがけない話を切り出された。もし、彼らが南米の鉱脈の調査をしてくれるなら、自由に南米大陸内を移動できるように、スペイン政府が許可を与えようというのだ。費用は自分持ちだが、スペイン人以外の外国人にこのような特権が与えられたことはかつてなかった。折よく南米に向かうピサロ号に乗船できることになり、2人は1799年6月5日に出航した。イギリスの妨害をかわし、彼らは南米に向かった。

西アフリカの沖に浮かぶカナリア諸島に立ち寄った後に、船内ではチフスが大流行したため（フンボルトとボンプランは何とか難を逃れた）、予定を変更して1799年7月16日、当初の目的地よりかなり北の南米ベネズエラのクマナに到着した。首都カラカスから東に250マイル（400km）に位置するこの都市のすばらしさに、2人の探検家はすっかり心を奪われた。そして、ここから船を乗り継いで南に向かう予定を変更し、周辺地域を探検することにした。クマ

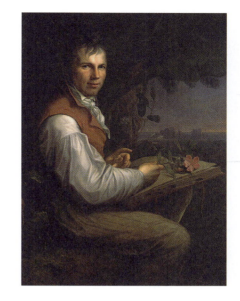

フンボルトの肖像

フリードリヒ・ゲオルク・ヴァイチュによる、アレクサンダー・フォン・フンボルトの肖像画（1806年）。

ナの都市をフンボルトは「子供の頃から思い描いてきた夢の国」だと表現し、日記にクマナで出合った自然の驚異について次から次へと書き連ねた。「裸のインディオ、デンキウナギ、オウム、サル、アルマジロ、クロコダイル、驚くような植物の数々、夜には六分儀で金星の光から位置を調べる」

クマナで2カ月近く過ごした後、フンボルトとボンプランは首都カラカスに向かった。熱心な登山家でもあった2人は、標高7595フィート（2315m）のシージャ・デ・カラカスの初めての登頂記録を作った。彼らはさらに奥地へと進み、（「無限としか思えないほど広い」）

登頂したエクアドルの山

フンボルトの『自然画』。フンボルトとボンプランが登頂を試みた巨大な活火山、チンボラソ山の断面図で、チンボラソ地図とも呼ばれる。周辺に分布する植物の詳しい情報も書き込まれている。『植物地理学』（1807年）収録。

Alexander von Humboldt and Aimé Bonpland Explore South America

大平原地域に到達し、沼で例のデンキウナギを目撃した。それから彼らは、オリノコ川の地図を作った。これは1725マイル（2776km）も辺境を歩き続ける大仕事だった。旅の間はひっきりなしに虫に刺され、野生動物や、噂では人食い人種だという住民たちにも遭遇した。そうした中でも2人はこつこつと熱心に、新種の植物や動物、人体骨格標本を集めては分類する作業を続けた。集めた標本の数は1万2000個前後に達したが、その多くは湿気のせいで駄目になった。

　2カ月後、彼らは少し前に死に絶えた先住民アトゥレス族の領

アレクサンダー・フォン・フンボルトとエメ・ボンプランの南米探検　181

地を探検し、ウォルター・ローリー卿（120～123ページ参照）が信じて探し求めた、そのほとりに黄金都市エルドラドがあるという伝説のパリマ湖が存在しないことを確かめた。フンボルトは、ルプヌニの草原地帯で発生する季節的な洪水が噂となり、誰も見つけられない幻の湖が生まれたのではないかと考えた。

川、山、天体観測、鉱物、遺跡、海流……

1800年11月、フンボルトとボンプランは船でカリブ海のキューバに行き、しばらく滞在してから再び南米大陸に戻り、今度はコロンビアを流れる500マイル（800km）のマグダレナ川の探検に出かけた。疲れを知らない2人は川の探検を終えると、その足でエクアドルの火山の調査に向かい、高さ1万5500フィート（4724m）で活動中の成層火山ピチンチャ山に登った。フンボルトは最初の登山で謎の病気（高山病）にかかって意識を失ったが、2度目の挑

探検の仲間

チンボラソ火山のふもとに立つアレクサンダー・フォン・フンボルトとエメ・ボンプラン。フリードリヒ・ゲオルク・ヴァイチュ画（1810年）。

戦で無事に登頂を果たした。1802年にはチンボラソ山（地球の中心からの距離では世界で最も高い山）に挑み、1万9286フィート（5878m）の地点でやむなく引き返したが、これは当時の世界最高記録となった。ここでの彼らの落胆は、ペルーの中心的な港町カヤオで水星の太陽面通過の観測を成功させたことで吹き飛んだ。11月9日には、フンボルトは窒素を豊富に含む糞化石（グアノ）の性質について記録し、ヨーロッパでも糞化石を肥料として使える可能性に初めて気がついた。

　1802年も終わりに近づいた頃、フンボルトはメキシコに向かい、その途中で水温を測定してペルー海流を発見した。これは南米の西海岸に沿って北上する海流で、現在ではフンボルト海流とも呼ばれる。メキシコのアカプルコに到着したフンボルトとボンプランは、ヌエバ・エスパーニャ副王領の都市や鉱山、火山などを1年かけて回り、アステカ文明の遺跡を調査した。帰国の直前に彼らは最後の目的地となる米国を訪問し、当時の米大統領トーマス・ジェファーソンに面会している。大統領が科学に強い関心があることを知っていたフンボルトは、事前にジェファーソンに手紙を書き送り、面会の約束を取り付けていた。彼らは特にマンモスについて熱く語り合ったという。

　フンボルトが財産の大半をつぎ込んでボンプランと回った南米探検の成果は、実に見事なものだった。整理するだけでも一生かかりそうな、6万個という膨大な数の標本を持ち帰った。そして30年後、これらの資料は、自然界とそこに存在する万物のつながりについて総括したフンボルトの大作『コスモス』として結実した。現在でも、フンボルトほど様々な分野で功績を残した者はなく、彼ほど名前にちなんだものを残した者もない。動物、植物、鉱物、海流、公園、山、湿地のほか、北米だけでフンボルトの名前がついた郡は4つ、街は13個、月のクレーターや月の海、小惑星にまでその名が冠されている。プロイセンに生まれ、元鉱山監督官の博物学者で「生態学の父」とも呼ばれる男は、私たちの世界観を変え、現在の研究にも今なお影響を与え続けている。

ルイスとクラーク探検隊の太平洋までの道のり

1803〜1806年

Lewis and Clark Hunt for a Route to the Pacific

北米西部の資源を求める下地づくり

「私の人生で最も幸福な瞬間は、まさに今この出発の時であろう」
——メリウェザー・ルイス、1805年4月

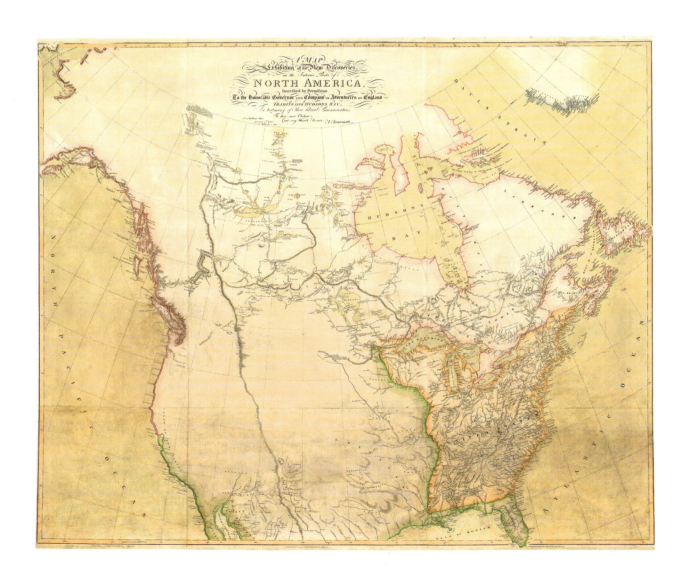

彼らが描いた地図

メリウェザー・ルイスとウィリアム・クラークによる直筆の地図(1810年)。

フンボルト(178〜183ページ参照)が北米を訪れるわずか1年前の1803年5月、米国の国土面積は、ルイジアナ買収によって一気に倍以上に広がっていた。米国大統領トーマス・ジェファーソンが、フランスのルイジアナ領の一部である港湾都市ニューオリンズとその沿岸地域を購入したいとナポレオンに持ちかけたところ、最終的に82万8000平方マイル(214万5000km²)もの広大なルイジアナ領の全域を、1500万ドル(現在の通貨価値で3億900万米ドル、約350億円)という破格の値段で買収できたのだ(ルイジアナ領は現在のアーカンソー、ミズーリ、アイオワ、オクラホマ、カンザス、ネブラスカ、ノースダコタとそれらに隣接する各州の一部)。ジェファーソンと東部の共和制政府は、この北米大陸の中央を占める一帯とその西の大自然には、豊富な天然資源があると考えていた。ルイジアナ買収で西部への進出は楽になったが、もう一つ先住民の問題があった。先住民は、ヨーロッパのどの国が領土として宣言しても関係なく、自分たちの領地を統治しており、米国は少し前の戦いで先住民から手痛い打撃をこうむっていた。

北米大陸を西へ太平洋まで

南にはスペイン、北にはイギリス、北西はフランスが進出に関心を見せており、ジェファーソンは全米統一という夢の実現を急い

空白だらけの北米西部

左ページ:アーロン・アロースミスの北米地図。メリウェザー・ルイスとウィリアム・クラークは唯一この地図を探検に持参した。当時の西部の空白地帯がいかに広かったかがわかる。

ルイスとクラーク探検隊の太平洋までの道のり | 185

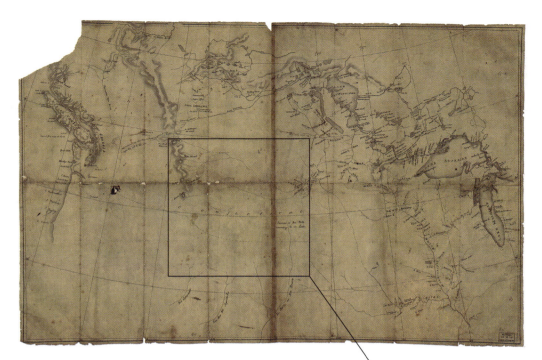

でいた。そこで彼は、発見隊という名の探検隊を組織した。発見隊の任務は、科学技術を駆使して地形を調べ、外交術を駆使して現地の人々を調査し、以前は「推測」としか書かれていなかった広い地域の地図を作成して、さらに太平洋に抜ける北西航路、すなわちジェファーソンの言葉を借りれば「通商のために、北米大陸を横断できる最も実用的な最短の水路」を発見することだった。米国の連邦議会から出た予算はたったの2500ドルで、「体格、人格ともに優れ、用心深く、森での生活に順応し、インディアンの慣習と気質に精通している」科学者は見つからなかった。そこでジェファーソンは、米軍のメリウェザー・ルイス大尉を隊長に任命し、ルイスは発見隊を率いるパートナーにウィリアム・クラークを選んだ。ルイスとクラークはまったく性格が違っていたが、友情で結ばれた2人は最高の組み合わせだった。意欲あふれるルイスが生来のリーダーシップを発揮する一方で、内向的で芸術家肌のクラークは探検中に出合う野生生物の記録に力を入れた。

　1804年5月、発見隊は2年間の探検に出発し、全長55フィート（17m）の竜骨船と2隻の丸木舟で、東へ流れるミズーリ川をさかのぼっていった。隊員は下士官と辺境地域の住民、およびシ

「地図に推測」の文字

ニコラス・キングの1803年の米西部地図の写し。ルイスとクラークが所持していたもの。2人による注釈も書き込まれている。ミズーリ川からロッキー山脈にかけては、確かな情報はほとんどなく、大きな文字で「推測（Conjectural）」と示されている。

ーマン(水兵)という名前の1匹の犬だった。蛇行するミズーリ川では竜骨船は大きすぎ、加えて最初の1000マイル(1600km)は頻繁に地面をひきずって運ばなければならなかったため、途中で竜骨船はあきらめ、カヌーだけで移動することにした。

北米大草原の動物たちと先住民

　2カ月ほど旅をしたところで、一行は開けた大草原地帯に出た。そこで探検隊はアメリカの動物相の真の豊かさを目にする。ヘラジカ、レイヨウ、バッファローの群れとの遭遇など、動物の記録は数が多くなったため、探検日誌とは別にまとめられている。数発のライフル弾でも倒れないグリズリーに襲われて隊員たちが九死に一生を得たこともあった。また、彼らは「吠えるリス」ことオグロプレーリードッグの捕獲にも成功し、生きた動物標本5体のうちの1体として大統領のもとに持ち帰った(ジェファーソンはこのプレーリードッグをホワイトハウスで飼育し、来客を喜ばせた)。

　ここはスー族(ラコタ族)の土地だった。発見隊がスー族の族長への貢ぎ物を拒否したため雰囲気は険悪になり、一触即発に陥ったが、部族の長老が間に入って事なきを得た。その後、一行は現在のノースダコタに入った。そこはマンダン族の土地だった。彼らとは良好な関係を持てたため、発見隊は砦を築き、気温がマイナス40℃まで下がる冬をここで越すことにした。1804年11月4日、トゥーサン・シャルボノーと名乗る、みすぼらしいフランス系カナダ人の毛皮の罠猟師がやってきた。「ビッグベリー語(ヒダーツァ族の言語の他称)を話し、彼が連れている2人(の妻)はスネーク・インディアンだと言ったため、私たちはインディアンとの通訳として彼と妻の1人を(雇っ

先住民の戦士

カール・ボドマー画『犬の踊りの衣装をまとったミニタリー族の戦士』(1839年)。

て）帯同させた（後略）」とクラークは記録している。スネーク・インディアンとは先住民のショショーニ族のことで、まだ十代だったシャルボノーの妻サカガウィアの役割こそ、ルイスとクラークが切実に必要としていたものだった。1805年4月、彼らはさらにミズーリ川をのぼり、8月にロッキー山脈の近くでショショーニ族に出会った。ルイスは一足先に馬に乗った60人のショショーニの戦士を出迎え、族長を発見隊の野営地に案内した。サカガウィアはその戦士が自分の兄のカメアワイトだと気づいた。「彼女はすぐに飛び上がり、彼に走り寄って抱き合い、彼に自分の毛布をかけてたくさんの涙を流した」とクラークは書いている。

深い雪に覆われた氷点下のロッキー山脈越えは大変で、連れていた馬や獣脂ロウソクまで食べて飢えをしのいだ。しかし、探検隊は1人の脱落者も出さず、山脈を越えて温暖な地域にたどり着き、クリアウォーター川を発見してカヌーで川を下り、初めてコロンビア川に到達した。そこはチヌーク族の土地だった。チヌーク族は交易商人たちとの取引の経験から白人を警戒しながらも、ヤカンなどの道具や「畜生(son of a bitch)」といった英語も使いこな

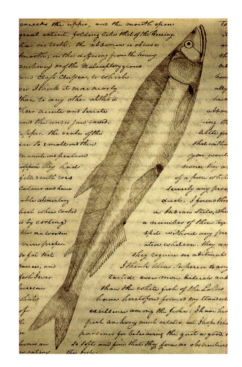

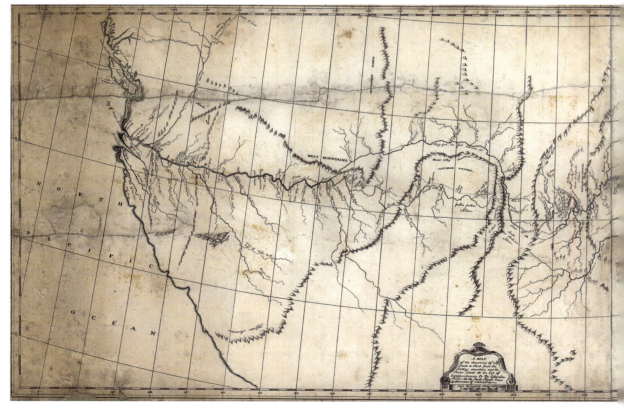

していた。一行はさらに旅を続け、とうとう「海が見えた！」とクラークは記している。「なんとうれしいことだ」。太平洋に近い場所に彼らは砦を築き、通りかかる船を待った。そのままそこで冬を越したが、船影はまったく見えなかったため、発見隊は食糧を集めて来た道を引き返すことにした。サカガウィアのおかげで、先住民に出会っても平和的にやり過ごすことができた。

1806年9月23日、ルイスとクラークの探検隊はセント・ルイスに到着し、2年と4カ月の旅を終えた*。大西洋と太平洋を結ぶ水路は発見できなかったものの、謎だった広い地域の地図と、野生生物の記録が作成され、先住民の諸族との間で予備交渉のようなものを交わすこともできた。地図には「推測」としか書かれておらず、どんな場所だか見当もつかなかった土地は、こうして米国の一部へと変容していく大きな一歩を踏み出した。

*発見隊はかなり広い地域の地図を作成したが、自分たちのルートは記載しなかった。最近の研究で、発見隊の野営地のトイレの跡から、彼らの足どりがわかってきた。探検隊は現地の野鳥を主に食べていたため便秘がちで、症状緩和のために塩化水銀の錠剤を服用していた。飲んだ薬はそのまま便に排出されるので、検出できたわけだ。有名なところではモンタナ州のトラベラーズ・レストで発見隊が滞在していた痕跡が見つかった。

北太平洋の魚

左ページ：ウィリアム・クラークのノートに描き込まれていた、「口を大きく開けた」ユーラカン（*Thaleichthys pacificus*）のイラスト。

太平洋からロッキー山

『ロッキー山とルイス川から北太平洋のディサポイントメント岬またはコロンビア川までのルイス＆クラーク大尉による発見の地図』（1807年）。

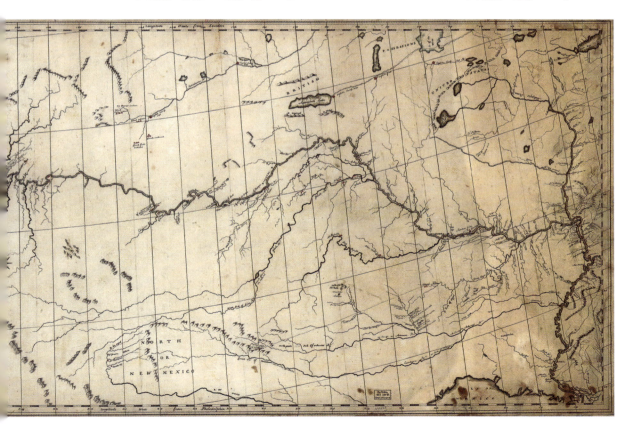

ウィリアム・エドワード・パリーが北極諸島へ

William Edward Parry Penetrates the Arctic Archipelago

「北西航路」の発見まであと一歩

1819〜1820年

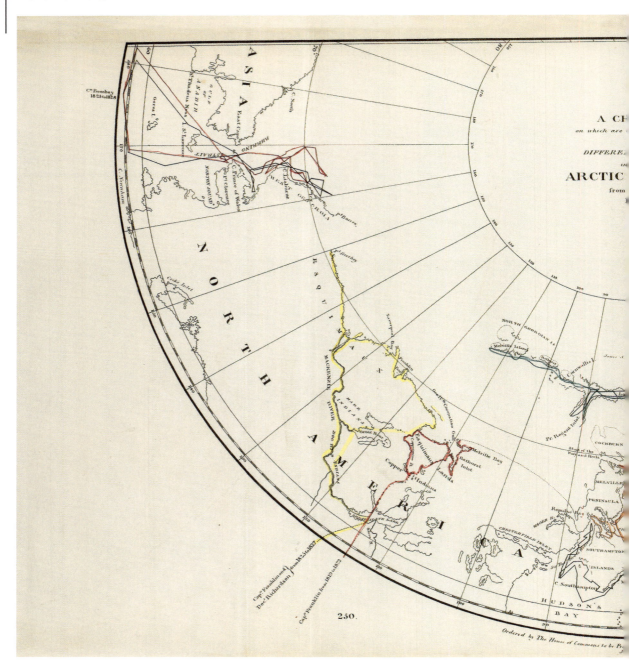

「非常に重要な変化が起きたことは明らかだった(中略)
私たちは磁極のすぐそばまで近づいている」
　　　　——ウィリアム・エドワード・パリー、『大西洋と太平洋を結ぶ北西航路探索航海記』(1821年)

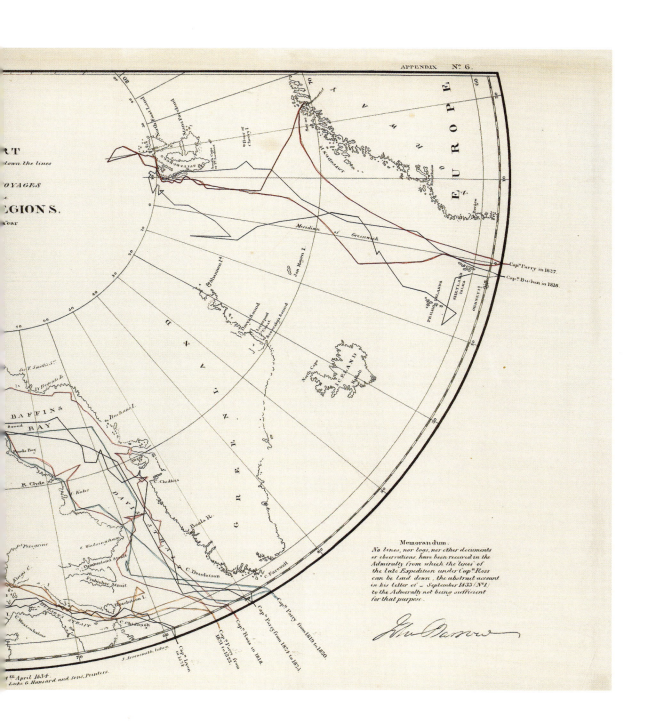

19世紀前半は、北極圏を西へ向かってアジアへ行く「北西航路」を探す探検が北極圏で盛んに行われた。イギリス海軍士官だったジョン・ロス（198ページ参照）も、イザベラ号と僚船アレクサンダー号を率いて、北西航路の探索のために北極圏に出かけた。だが、（カナダの北、グリーンランドの西にあたるヌナブトのクィキクタアルク地域にある）ランカスター海峡に入ってまもない1818年8月31日午後3時、ロスは前方の進路がふさがれていると言い、探検を打ち切るという不自然な決定を下した。1818年に出版した航海記で、ロスは当時のことを次のように振り返っている。「私は湾の奥に、湾を取り囲むように、北側の海岸から南側の海岸まで連なった山脈をはっきりと見た」。彼らの行く手を阻んだ巨大な連峰は、海軍本部第一書記官ジョン・ウィルソン・クロッカーにちなんで「クロッカー山脈」と名づけられた。そのときのランカスター海峡はまるで湾のように見えた。ロスは2隻の船にここで引き返し、母国に進路を向けるよう命令した。

10年間の
イギリス北極探検

前ページ：1818〜1827年の数回にわたるイギリスの北極探検の成果を記した地図。ジョン・ロスとウィリアム・パリーの探検もその中の一つだった。

▍上官が見落とした海峡に挑む

アレクサンダー号の船上で、帰還の命令を聞いた若き副官ウィリアム・エドワード・パリーは耳を疑った。パリーとアレクサンダー号の乗組員たちは、前方にはっきりと水面が広がっているのを見ており、ロスがいう山などは存在しないという意見で完全に一致していた。ロス司令官は正気を失ったのだろうか？ 彼にしか見えない幻影に惑わされているのではないか？ だが、ロスは部下たちの訴えに耳を貸さなかった。イザベラ号とアレクサンダー号はイギリスに引き返し、北西航路を発見するという乗組員たちの希望は、「はっきりとした理由もなく、一瞬のうちに断ち切られた」とアレクサンダー号の事務長は書いている。ロスは下船した瞬間から、自分の判断の正当性を訴えなければならない立場に追い込まれた。攻撃の急先鋒は、パリーを含む怒り狂った彼の部下たちであり、ロスは世間からも無能さを責められることになった。

パリーは、ランカスター海峡はまさしく、その先へと抜けられる海峡であり、伝説の北西航路の入口である可能性は十分に高いと、断固として主張した。1819年、パリーは副官の身分のまま、海軍本部から前回よりも装備を強化した臼砲艦ヘクラ号と、カノン砲を搭載したブリッグ船グライパー号を与えられた。そして、ロスが主張した幻の山脈は存在しない証拠を見つけ、今度こそ北米とロシアを隔てるベーリング海峡まで行きたいと意気込みながら、再びランカスター湾に向かった。5月にロンドンのグリニッジ天文

ランカスター海峡を
抜けた男

ウィリアム・エドワード・パリー艦長。

パリーの2隻の船

ウィンター・ハーバー(メルヴィル島)を航海するパリー探検隊のヘクラ号とグライパー号。

台近くのデットフォードから出港したパリーは、8月1日にランカスター海峡に到着した。ロスが帰還の命令を出してから1年近くが経っていた。彼らは何の問題もなくこの海峡を通過した。山は影も形もなく、氷に航行を邪魔されることもほとんどなかった。艦隊はランカスター海峡を抜け、その先のバロー海峡を通過し、多数の島や入り江を目撃した。これらの地形には、のちの探検でアドミラルティ入り江、ウェリントン海峡、プリンス・リージェント海峡といった名前がもれなく与えられた。

9月4日午後9時15分、パリーは西経0度のグリニッジから西に進んで西経110度線を越えるという、記録的偉業を成し遂げた(この成果により、議会から5000ポンドの報奨金がパリーとその部下たちに与えられた)。彼らはそのまま西に進んだが、流氷が厚みを増し始めた。海が完全に凍りつかないうちに、パリーは無人島のメルヴィル島に船を避難させた(その場所を彼はウィンター・ハーバーと命名した)。新たな食糧を手に入れることはできず、船に積まれた食糧だけで過ごすしかなかったが、彼らはここで冬を越した。これが19世紀の

ウィリアム・エドワード・パリーが北極諸島へ

のちの航海で

1827年8月12日に吹雪の中でウェルデン島を離れるボート。パリー著『北極到達への挑戦の物語』(1828年)より。

探検隊としては初めての北極圏での越冬になった。

確かな手ごたえ

　パリーは独創的な行事で隊員たちの士気を高めた。両方の船の乗組員を集めて「王立北極劇場」を結成し、2週間に一度、衣装や照明までそろえて舞台を上演させたのだ(パリーの日誌には、午後7時から『ティーンの娘』が上演され、自らはフリブルという名の女性役で出演し、のちに海軍少将となったフレデリック・ビーチーが美しい主人公ミス・ビディを見事に演じたことが書かれている)。さらに学校を開いて読み書きを教えたり、観測所をつくって磁気測定や天体観測を行ったりもした。彼らは『ノース・ジョージア・ガゼット・アンド・ウィンター・クロニクル』という自分たちのための新聞まで発行した。

　壊血病やマイナス48℃の寒さ、3カ月間も太陽が昇らない極夜と戦いながら10カ月が過ぎ、8月になるとようやく氷が後退し始めた。ここで一行は探検を続行してさらに先を目指すという思い切った道を選び、(アラスカの北に位置する)ボーフォート海に浮かぶカ

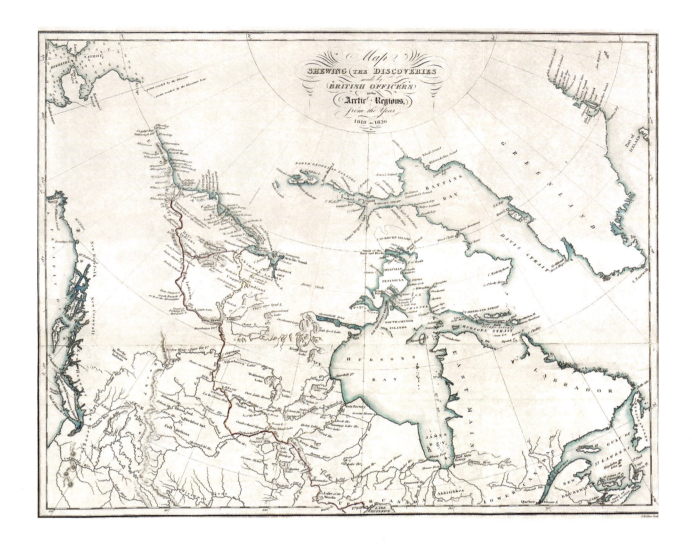

ナダの北極諸島が見える寸前のところまでいったが、夏の気温上昇にも負けないしぶとい流氷に阻まれて、進むことができなかった。とうとうパリーは、あきらめて帰国を決めた。94人の乗組員のうち1人を失いはしたが、彼らは数々の新発見と、太平洋につながる航路の発見に向けた確かな手ごたえとともに、1820年10月にイギリスに戻った。珍しいほどに氷が少ない状態に恵まれたおかげで、パリーの探検隊はカナダの北極諸島までの道のりの4分の3を航海し、北極探検の歴史の中でも最も実り多い探検として記憶されることになった。

北米の北の世界

『1818年から1826年にかけての北極地域におけるイギリスの士官による発見の地図』。ウィリアム・エドワード・パリーの発見もこの地図に盛り込まれている。

1839〜1843年 ジェームズ・クラーク・ロスと磁北極、磁南極の探索
James Clark Ross and the Search for the Magnetic Poles

方位磁針の針の先にある地球の磁極を探す

「想像しうる限りの強靭な不屈の精神を持つ男」
　　　——ロスの士官の1人、ハンフリーズ艦長の1836年1月28日の手紙

　方位磁針は最初から航海に使われていたわけではない。漢の時代（紀元前2世紀〜紀元3世紀頃）に中国で発明され、「司南」と呼ばれて、砂や土をまいて散らばった様子から運勢を占う風水の道具として使われていた。風水の占い師はこれから造る建物を環境と調和させるためにも風水術を利用していた。しかし、9〜11世紀に中国の航海者たちは、方位磁針を航海の道具に使っていた

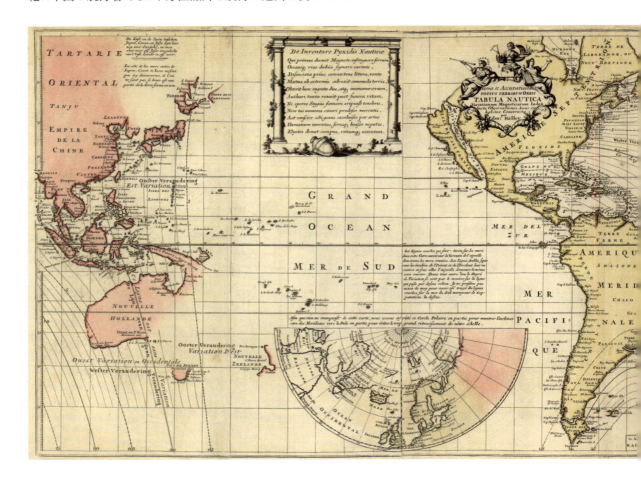

ようだ。ヨーロッパでは1190年に書かれたアレクサンダー・ネッカムの『事物の本性』が初めて方位磁針に言及している。

磁北極はどこにある

16世紀頃まで、方位磁針の針が北を指す理由は、北極に巨大な黒い磁石の山ルペス・ニグラがあるためで、その山は渦巻く海に囲まれ、その海を取り巻く陸地には北極の小人たちが暮らすという伝説がささやかれていた。メルカトルが1569年に作成した世界地図の装飾部に描き込まれている初期の北極地図は、この伝説がそのまま描かれている有名な1枚だ(114ページ)。メルカトルは1577年に、占星術師で数学者でもあったジョン・ディーにこのアイデアについて説明している。「北極点の真下には、海の中心に位置するむき出しの岩がある。岩の外周は33マイル(53km)近くあり、丸ごとすべてが磁石でできている」

1600年頃には、大洋を航海する船乗りたちは方位磁針を使う

地球の磁場を表す

エドモンド・ハレーの世界全図。1700年に磁気の偏角を調査した結果を記した最初の世界地図の一つ。偏角が等しい位置を結んだ「等角線」により、地球の磁場が波打っている様子がわかる。

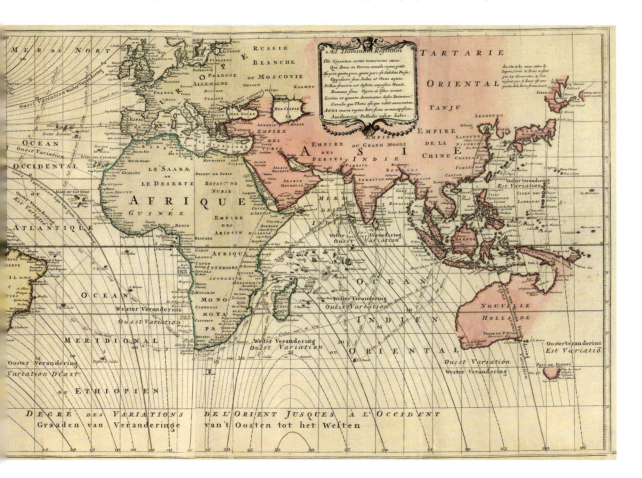

ときに、「偏角」に注意しなければならないことを知っていた。方位磁針は実は真北（地軸が通る地点）を指すのではなく、「磁北」というカナダの北極圏にある地点を向く。そのため、方位磁針の針の角度は真北からややずれる。このずれ（偏角）は、地球上のどの位置にいるかによって変わる（コロンブスは1492年9月に偏角があることに気がついたが、乗組員たちのパニックを恐れて彼らに教えなかった）。1698年、のちに王室天文官となるエドモンド・ハレーは、イギリス初の科学調査航海に出かけた。その航海でハレーは、2年をかけて大西洋をめぐりながら各地の方位磁針の偏角を記録した。ハレーはその成果を『1700年に観測された大西洋および南大洋の磁気偏角を示した新精密地図』（196〜197ページ）という画期的な地図にまとめた。これは地球の磁場を調査して視覚的に表現した最初の地図だ。しかし、磁北極、磁南極とは一体何なのだろうか？ それらはどこにあり、どんな場所なのだろう？ メルカトルの地図の黒い山は、本当にそこにあるのだろうか？

　ここで再び登場するのが、幻のクロッカー山脈を目撃したジョン・ロスだ（190〜195ページ参照）。北西航路探索の失敗により完全に面目を失ったロスは、もう一度ランカスター海峡に行って探索する蒸気船を与えてほしいと海軍本部に直訴した。しかし、海軍本部はロスの提案に応じなかったため、ロスは大手のジン酒造会社を経営していた友人のフェリックス・ブースに探検の資金援助を頼んだ。ブースは北西航路が発見されたら議会から賞金が出ると聞いて資金援助をためらった。たった2万ポンドの金を欲しがるようなけちな奴だと思われたくなかったからだ。だが、最終的に賞金案は撤回され、ブースは資金を出すことに同意した。

　1829年8月6日、ジョン・ロスは蒸気船ヴィクトリー号でランカスター海峡に入った。9月には北極圏で大きな陸地を発見し、その東海岸に沿って航海し、ここをブーシア・フェリックス（ブーシア半島）と命名した。しかし急速に押し寄せてくる氷に閉じ込められ、乗組員たちと1年間をその場所で過ごすことになった。ようやく氷から脱出したものの、数マイルも進まないうちに再び船が氷に捕まり、陸上の探検を2回行うことにした。6人の隊員と1台のそりを率いて陸路で探検に出たジョン・ロスの甥ジェームズ・クラーク・ロスは、1831年6月1日に方位磁針の針が垂直から1分（1度の60分の1）のずれもない方向を指すことに気がついた（つまり、もし針が三次元で動いたとしたら、まっすぐ下を指したことになる）。一見すると何の変哲もない凍りついた土地だが、彼らが立っている足の下こそまさしく磁北極だった。その地点にユニオン・ジャックを立てて、ロ

磁北極に立った男

スティーヴン・ピアーズにより、死後に描かれたジェームズ・クラーク・ロスの肖像画（1850年）。

スはヴィクトリー号に戻った。彼らは身動きがとれないまま、そこでさらに2度の冬を過ごし、探検隊がイギリスに戻ったのは1833年も終わりかけた頃だった。

磁南極を探す

こうして磁北極の謎は解けたが、地球の反対側にある磁南極のことはほとんど考えられていなかった。しかし、南氷洋の航海が頻繁になり、1838年に磁南極を探す計画が王立学会によって承認された。議会からも予算が下り、ジェームズ・クラーク・ロスが隊長に選ばれた。ロスには370トンの旗艦エレバス号と340トンのテラー号が与えられた（この2隻はのちにジョン・フランクリンの北西航路探検で使われて有名になった。190～195ページ参照）。

探検隊は1839年10月5日、イギリスのコーンウォールの海岸を離れ、1840年4月に南アフリカの喜望峰を回って、南インド洋のデソレーション諸島（ケルゲレン諸島）を目指した。航海の間、乗組員たちは1時間おきに磁気測定を行い、ロス自身は天体観測や潮汐観測を行った。一行はニュージーランドのキャンベル島から南に向かい、1841年の元日に南極圏に入った。海面には氷山や浮氷がひしめき、天候はますます荒れてきた。だがロスは、磁南極はロス海と名づけた海域の下にあり、10年前の磁北極より簡単に発見できると考えて、さらに南に進み続けた。そんな彼の希望は、目の前に現れた陸地によって打ち砕かれた。そこは南極のヴィクトリアランドの海岸で、巨大な山並みはアドミラルティ山脈と名づけられた。測定によって磁南極までの距離はわずか500マイル（800km）と推定されたため、ロスらは海岸線に沿って南に船を進め、前人未到の南緯まで到達した。驚くことに、そこで彼らを迎えたのは活火山だった。しかし、南極大陸最大の巨大棚氷（フランスとほぼ同じ18万8032平方マイル/48万7000km^{2}の面積を誇るロス棚氷）に行く手を阻まれた。のちにロス棚氷は南極点到達を争う探検家たちの入口になるわけだが、ドーバー海峡の白い崖ほども大きい氷の壁を前にして、ロスはその先の探検を断念した。ロスは200マイル（320km）ほど棚氷に沿って航海してから、タスマニアに戻った。

2回目の挑戦は1年後に行われたが、強風が吹き荒れる中で再び水平線に棚氷が現れ、やはりそこで探検を切り上げざるをえなかった。ここから先、数十年間にわたって南極大陸は探検の歴史に登場しなくなる。ロスが到達した南緯78度10分より南に人間が到達するには、さらに60年を待たねばならなかった。

ニュージーランドの巨木

高さ82フィート（25m）にも成長するノーザンラタ（*Metrosideros robusta*）。ロスの南極探検の間に、ジョセフ・ダルトン・フッカーによって観察された。『女王陛下の探検船エレバス号とテラー号による南極探検の植物相』（1839～1843年）より。

1845〜1847年 フランクリン探検隊の謎の失踪
The Mysterious Disappearance of the Franklin Expedition

北西航路を目指した探検隊の悲劇

「もはや打つ手はない（中略）疑念を差し挟む余地はなく（中略）船や隊員を失う可能性が現実となることを否定できる要素はまったく見当たらない」

——ジョン・バロウ卿、1844年12月

探検の歴史で最も有名な探検隊の失踪は、史上最大の謎「北西航路」を探す中で起こった。1804年にジョン・バロウ卿が海軍本部第二書記官に任命されてからの40年間、イギリスの探検家たちは自分の命と船の命運をかけて、白一色の謎のベールに包まれた北極圏で、ヨーロッパから北米西端のベーリング海に抜ける航路の探索を続けてきた。そのおかげで、地図に空白のまま残された未探検地域は7万平方マイル（18万1300km^2）、海岸線にして310マイル（500km）にまで狭まった。

すでに80歳代にさしかかったバロウ卿は、最後の挑戦をしようとしていた。バロー海峡（193ページ参照）がある西経95度あたりを目標に行けるところまで西に進み、それから氷の迷宮をひたすら南と西に進んで、北米西端のベーリング海峡を目指そうという計画だ。もしこれが不可能だとわかれば、バロー海峡からウェリントン海峡を北上し、別の航路を探せばよい。バロウ卿はウィリアム・エドワード・パリーに探検の指揮を依頼したが、パリーは丁重に辞退した。ジェームズ・クラーク・ロスも結婚したばかりの妻に北極には行かないことを約束していたため、この話を断った。バロウ卿が第三候補として考えていたジェームズ・フィッツジェームズは海軍本部が若すぎるとして難色を示し、ジョージ・バックは理屈っぽさが過ぎるように思われ、フランシス・クロージャーは指揮官になることに興味を示さなかった。結局、バロウ卿に残された選択肢は59歳のジョン・フランクリン卿以外になくなった。

ベテランの指揮官

ジョン・フランクリン卿。

フランクリン隊、北極圏へ向かう

　年齢と体調面での不安はあったものの、人当たりがよく誰にでも好かれるフランクリンは、それまで3回の北極探検を経験しているベテランで、カナダ北部の海岸線3000マイル（4828km）以上の地図を作り、少し前までは、ジェームズ・ロスなどの南極探検隊を支える経由地ファン・ディーメンズ・ランド（タスマニア）の副総督を務めていた。新たな探検でフランクリンは、エレバス号とテラー号で総勢139人の士官と乗組員を率いることになった。2隻の船には特別な改良が施され、気前のよいことにロンドン・アンド・グリニッジ鉄道の蒸気機関まで積み込まれた。フランシス・クロージャーがテラー号の指揮をとり、フランクリンが乗るエレバス号の副指揮官はジェームズ・フィッツジェームズが務めることになった。一行は1845年5月19日にロンドンのテムズ川から出発し、グリーンランド西海岸にあるホエールフィッシュ諸島で補給した。今回の北極探検ではたっぷり3年分の食糧が積み込まれていた。7月の終わりに2隻が（カナダ最北部にある）ランカスター海峡に入ったことを捕鯨船エンタープライズ号とプリンス・オブ・ウェールズ号が確認したが、それを最後に、イギリスの最新鋭の装備を誇る船とともに探検隊は北極の氷の中に姿を消した。

新しい救援手段

ジョン・フランクリン卿の捜索が続けられる中、救援隊はどんどん新しい手段を取り入れていった。上は1852年の一枚広告（知られている限りではこれが現存する唯一のもの）。ここでは、ホレイショ・オースティン号の捜索隊が水素気球を上げ、生存者に救助船と貯蔵食糧の位置を知らせるメッセージを書いた紙を北極中にまいたことを伝えている。

1847年になっても探検隊からはまったく音沙汰がなく、ロンドンでも不安が広がり始めた。1月にジョン・ロスが捜索隊の派遣を進言したものの、海軍本部は「ジョン・フランクリン卿の手腕と物資に無限の信頼」をおくとして捜索に乗り出そうとはしなかった。だが、報奨金を出したところ、捕鯨船から情報が寄せられ、海軍本部にも不安が広がった。姿を消した探検隊を心配する声は一気に高まり、新聞は彼らの記事で埋めつくされ、大衆はその後の展開を夢中で想像しあった。1848年に海軍本部はジョン・リチャードソン、トーマス・ムーア、ジェームズ・クラーク・ロスが率いる捜索隊を送って3方面からの捜索を試みた。捜索地域では新たに様々な地理的な発見があったものの、行方不明の探検隊の手がかりは何も見つからなかった。

捜索隊の努力

チャールズ・モースによる『北西航路の最近の探索の地図』(1856年、ニューヨーク)。フランクリン隊を探す初期の捜索隊が得た情報が記されている。

失踪後の足取り

　議員たちやフランクリン夫人の強い希望により、その後の数十年間で、消えた探検隊を探すために36隻の船が派遣され、陸路

での探検も行われた。フランクリン夫人は米国大統領やロシア皇帝にも支援を求める手紙を書き送った。海軍本部は、「ジョン・フランクリン卿が指揮する探検船の乗組員を助けた隊には国籍を問わず」2万ポンド（現在の通貨価値で約181万1000ポンド、約2億7000万円）の報奨金を出すことにした。最初の証拠が見つかったのは1850年だった。ランカスター海峡の入口にあたるデヴォン島南西端に集合した4隻の船が、フランクリンの部隊がこの地で越冬した痕跡を発見したのだ。さらに1854年には、ジョン・レイがイヌイットの話を報告してきた*。それによると、バロー海峡から南に500kmほどのキング・ウィリアム島の西海岸沿いで、白人の集団がボートを引きずっているところを見たという。

　彼らの生存の痕跡はまったく見つからず、1855年にイギリス政府は、フランクリン探検隊は全員が死亡したと宣言した。フランクリン夫人にとって決定的な証拠はどれ一つとしてなかったため、彼女は別の捜索隊を募った。タイムズ紙はこれを「死者の骨を探す時間の無駄遣い」と評したが、フランクリン夫人は蒸気スクーナー船フォックス号を買い取り、以前にロスの捜索隊にも加わっていたレオポルド・マクリントックを指揮官に任命した。

　マクリントックと副官のウィリアム・ホブソンは、キング・ウィリアム島の北端にあるフェリックス岬に近いヴィクトリー・ポイントで重大な発見をした。2つの石塚（ケルン）の下にフランクリン隊の生存者が探検記録を隠していたのだ。それによると、エレバス号とテラー号は、

*レイは同じイヌイットから、探検隊が空腹のため人肉を食べていたと聞いたとも語っている。フランクリン夫人は、でたらめ情報を流しているとレイを非難した。イギリス海軍の軍人たるものが、そんな行為に走るとは考えられなかったからだ。しかし、1980年代から1990年代に行われた隊員の遺体の調査で、骨に刃物の跡が見つかり、2016年のインターナショナル・ジャーナル・オブ・オステオアーケオロジー（骨考古学）誌には、人骨を砕いて煮た跡を発見したという論文が掲載された。これは絶望的な状況でのみ起こる人肉食の「最終段階」に当たり、文字通り骨の髄までしゃぶりつくす行為だった。

救出計画を立てる

スティーヴン・ピアーズ画『ジョン・フランクリン卿の捜索計画を立てるジョン・バロウ卿、ジェームズ・クラーク・ロスおよびウィリアム・エドワード・パリーら北極委員会』（1851年）。

1845年から1846年にビーチー島で越冬したことがわかった。1846年にフランクリンはピール海峡とフランクリン海峡から南下を強行したが、氷に阻まれて先に進めなかった。記録の余白に書き込まれた追記には、1848年の日付でフィッツジェームズとクロージャーの署名があり、1846年9月12日を境に船が氷から抜け出せなくなっていることが書かれていた。フランクリンは1847年6月11日に死亡し、探検隊はほかになすすべもなく、1848年4月22日、食糧を残して2隻の船を捨てた。フランクリンの死後はクロージャーが指揮をとり、生き残った105人にグレート・フィッシュ川を目指して氷の上を渡っていくよう命令を出した。そして探検隊は全滅した。

発見者に報奨金

ジョン・フランクリン卿と彼の船と乗組員を氷から救い出した者に報奨金を出すという1849年の告知。

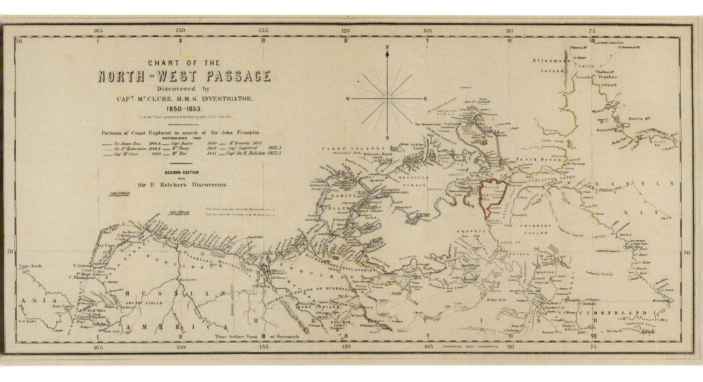

21世紀も続くフランクリン隊の調査

　フランクリン隊が最後に船を捨ててから150年以上経っても、探検隊への関心は衰えなかった。多数の隊員の遺体がキング・ウィリアム島の各所で発見され、詳しい分析が行われた。1980年代には、1846年初めに死亡した3人の遺体が墓から掘り出され、検死の結果、結核の痕跡が見つかり、死因は肺炎とされた。さらに、血液からは高濃度の鉛が検出された。探検の出発直前に急造された缶詰のはんだから鉛が溶けだしたか、船の真水供給装置に鉛が混入して中毒を起こした可能性が疑われた。船を捨てるという不自然な判断も鉛中毒のせいだと考えれば説明がつく。

　最近も非常に大きな進展があった。2014年にエレバス号が、さらに2年後にテラー号が発見されたのだ。2隻はキング・ウィリアム島の南西沖に沈没していた。本書の執筆時点で2隻の本格的な調査はまだ終了していないが、エレバス号の点鐘などが引き上げられている。2隻の沈没地点は保護のためカナダ国立史跡に指定されており、今後の事実解明が待たれるところだ。探検隊が北極圏で失踪してから170年以上が経過したが、消えたフランクリン探検隊の謎は暗い魅力で私たちを今も惹きつける。

無駄足にならず

ジョン・フランクリン卿の捜索隊が何度も派遣されたおかげで、1853年のこの地図のように、カナダ北極圏の地図は大幅に改善された。

フランクリン探検隊の謎の失踪 | 205

女性旅行家時代の幕開け
The Age of the Female Traveller Begins

1846年

女性が自分の力で世界探検に挑戦する

「整った社会秩序の下で育ったものにとって、何が起こるかわからない旅の出発点に立つときほど興奮に包まれる瞬間はめったにない。閉じられていた庭の門が開かれていく……見よ！ この計り知れぬ世界を！」
——ガートルード・ベル、1907年

時代はイギリスが繁栄を誇ったヴィクトリア期（イギリスをヴィクトリア女王が統治していた1837～1901年）になった。ここまでの探検の歴史はほぼ男性で占められている。新しい土地を発見し、地図に描き加えてきた英雄たちの中に、女性の姿が見当たらないのは不思議に思えるかもしれない。だが、女性に厳しい社会的制約が課されていた時代背景を考えれば、それほど驚くことではないだろう。女性は基本的に男性と同等の教育を受けられず、移動の自由も制限されていた。女性が船を所有することや金銭の取引にかかわることは禁じられており、探検隊を組織したり、冒険的な事業の指揮をとることなど論外だった。組織的な軍事活動や商取引、科学調査は、基本的に女性の参加を認めておらず、宣教においても女性だけで未知の土地に向かうことはみじんも考えられなかった。新世界は肉体的な負担が大きい危険な場所であり、かよわい女

男爵夫人が書いた探検記

インパルシア・グッシントン閣下のエジプト旅行記『低緯度からの発音不全』（1863年）の図版。実際にこの本を書いたのはイギリスの貴族ダファリン男爵夫人だった。

性の体では耐えられないと思われていたこともある。ましてや、女性が1人で探検に出かけるなど思いもよらぬことだった。

19世紀半ばになると自分の力で旅をする女性が増え、ヨーロッパは女性の旅に対して態度を改め始める。いや、改めざるをえなくなると言うべきかもしれない。

ヴィクトリア朝以前に旅立った女性旅行家

ヴィクトリア朝以前の女性旅行家として最も名を知られていたのはマリア・ジビーラ・メーリアン（1647〜1717年）だった。彼女はドイツ生まれの挿絵画家で博物学者でもあり、有名な版画工マテウス・メーリアンの娘だった。1665年に18歳で画家のヨハン・グラフと結婚し、5年後に夫に従って、2人の娘とともにニュールンベルクに移り住んだ。

高名な父が描いた米大陸

マリア・メーリアンの父で、スイスの版画工、マテウス・メーリアンが1638年に作成した南北アメリカ大陸地図。

敬虔なプロテスタント信者だった彼女にとって、自然を研究することは、偉大なる神の御業について学ぶことであり、その美しさと完全性を表現することは崇拝の証だった。しかし、このような崇拝が1685年に彼女を夫の元から去らせ、2人の娘を連れて、ラバディ派と呼ばれるプロテスタントの一派に身を寄せるという結果を招くことになった。メーリアンは研究を続け、1691年にオランダのアムステルダムで自分の店を開いた。アムステルダムは世界中から船が集まる交易拠点で、珍しい標本が毎日のように届き、研究には絶好の場所だった。しかし、奇跡としか思えない生き物を死骸(標本)で研究するだけでは飽き足らず、彼女は野生状態の生物を見たいと思うようになった。1699年、52歳になったメーリアンは遺言状を書き、自分が描いた作品255点を売り払って旅の資金を用意した。そしてアムステルダム市から特別の許可を得て、南米の大西洋側の北東海岸沿いにあるスリナムのラ・プロヴィデンスのラバディ派共同体まで行く乗船券を買った。

　このように自分で資金を調達して旅に出ることは、女性に限らずヨーロッパの博物学者の中でも珍しかった。もちろんメーリアンには世間の尊敬を集めていた父の名があり、アムステルダムの社会で比較的自由に行動できたが、17世紀に女性が自力で旅に出るのはまさに異例だった。下の娘のドロシアとともに、メーリア

メーリアンの南米調査

マリア・ジビーラ・メーリアンが南米旅行中に目撃した、ヘビと格闘するカイマンワニ。

208　The Age of the Female Traveller Begins

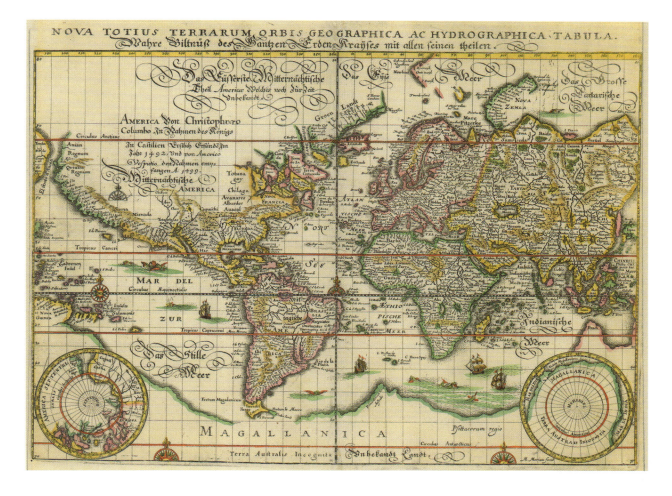

ンはスリナムで観察と標本収集に明け暮れ、90種以上の動物と60種以上の植物の絵を描きながら2年を過ごした(現在でもスリナムの動植物の変態をこれほど多く観察したのは彼女だけだと言われる)。

　アムステルダムに戻ったメーリアンは、1705年に冒険の成果をまとめた『スリナム産昆虫変態図譜』を出版した。博物学の本の中で最も美しい作品の一つとして、現在も高い評価を受けている。メーリアンの図譜はカール・リンネの画期的な植物分類にも活用された。さらに、昆虫の生態を観察した彼女の調査は、昆虫は無生物から突然生まれるという、当時の科学者が信じていた「自然発生説」を打破する最初の研究の1つとなった。それまで昆虫は泥から生まれ、蛆は死肉から沸き出ると考えられていたのだ。今日でも、メーリアンが残した作品は科学的重要性においても優れた芸術性においても、非常に高い評価を受けている。

メーリアンの父の世界地図

マテウス・メーリアンによる世界地図。

オスマン帝国を紹介した婦人

1715〜1720年頃のメアリー・ウォートリー・モンタギュー夫人の肖像画。ゴドフリー・ネラーによる。

女流旅行作家の台頭

　メーリアンの科学探求の旅に続いて登場するのは、何があってもへこたれないイギリス人女性、メアリー・ウォートリー・モンタギュー夫人が生み出した、女流旅行作家というジャンルだ。しきたりにとらわれずに生きる彼女は、21歳だった1710年に名門の出のクロットワーシー・スケフィントンとの結婚話を蹴って、エドワード・ウォートリー・モンタギュー卿と駆け落ち同然に結婚した。1716年に夫がイギリス大使としてオスマン帝国トルコのコンスタンティノープルに赴任するときには、彼女は夫に同行すると言い出してロンドンの社交界を驚かせた。

　のちに彼女が旅の途中で出合った文化や地理、苦労を綴った手紙は大評判となった。最初は手紙そのものが出回っていたが、彼女の死後の1763年に全3巻の本にまとめられて出版された。

コンスタンティノープルまでの道のりは型破りだった。そのルートについて夫人は、「ギリシャ皇帝の時代から、これまでにキリスト教徒は一切通ったことがない」と書いている。彼女らは船でロンドンからロッテルダムに渡り、陸路でオランダを通ってドイツに入り、ドナウ川を下ってオーストリアのウィーンに入った。ちょうど川が凍っている時期だったため、一行は再び陸路でトルコ北西部のアドリアノープル（エディルネ）に向かった。ロンドンを出発してから1年後にコンスタンティノープルに着き、ペラ（現在のベイオール地区）の高台に豪邸を構えた。

モンタギュー夫人は、イスラムが支配する東洋の国を長期間観察した最初のヨーロッパ人女性となり、イギリスに蔓延するイスラム教への誤解を解いた。トルコ滞在中に天然痘を予防する種痘が行われているのを見て、西洋の医学界に持ち込んだのも彼女だ。のちの1796年にエドワード・ジェンナーが8歳の男の子に牛痘を接種した有名な実験より79年も前に、モンタギュー夫人は人の天然痘の発疹から出た膿を健康な人間の皮膚に塗って免疫をつけさせるという、オスマン式の「接種」法について興奮とともに書き綴っている。弟を天然痘で失い、自身も天然痘を経験した彼女は、この予防法に感心し、4歳の息子エドワードにも人痘による接種を受けさせ、イギリス帰国後も種痘の普及に尽力した。

夫の同伴から自分の旅へ

モンタギュー夫人の冒険に続くのは、夫とともに新大陸を旅した18世紀の女性たちの苦難の旅を綴った旅行記だ。これらも人気を博した。例えば、ペルー生まれのイサベル・ゴタン・デ・オドネは、フランス領ギアナで捕らわれたまま20年以上も離れ離れになった夫を探して、1769年にペルー西部からアマゾン川の河口まで壮絶な旅をした。1795年にイギリスの旅行家メアリー・アン・パーカーは、世界初の女性による世界周航記『軍艦ゴルゴン号世界周航記』を出版し、夫のジョン・パーカーが艦長を務めるフリゲート艦ゴルゴン号に乗船して、1791〜1792年に世界中を航海した経験や、オーストラリアの植民地について紹介した。

しかし、女性が自分の力で旅をする時代の幕を開けたのは、1846〜1848年にインドや中東をはじめ、世界中を旅してまわったオーストリア人のイーダ・ファイファーだろう。帰国後に彼女が出した本はヨーロッパ中で大人気となり、船会社や鉄道会社は彼女に、自社の乗り物の無料利用を申し出た。そこで、1851〜1854年、彼女は新たに獲得したスポンサーの支援を受けて、今度は

「暗黒大陸」アフリカ

次ページ：ウィレム・ブラウの1608年の地図をもとにアレクシス＝ユベール・ジャイロが1669年に作成した壁掛けアフリカ地図。

NOVA AFRICÆ GEOGRAPHICA ET

The Age of the Female Traveller Begins

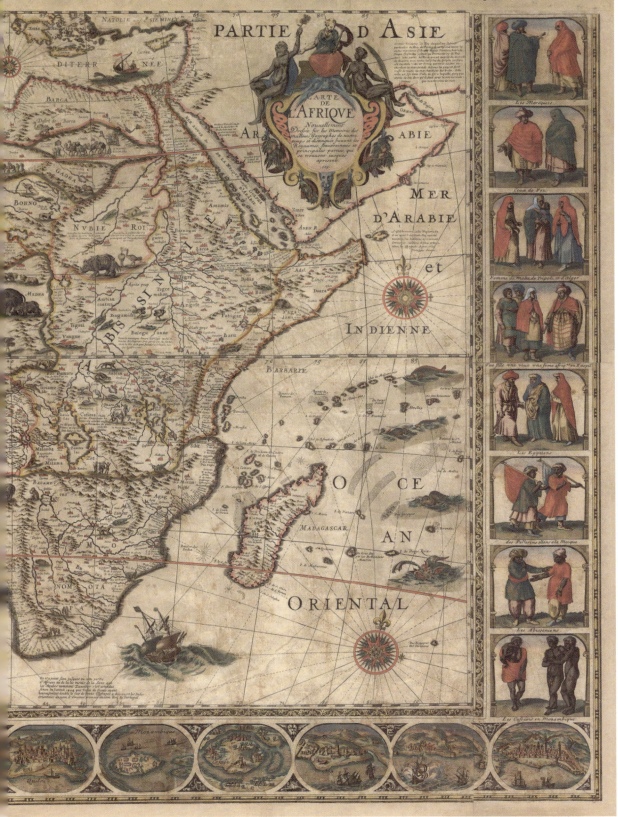

女性旅行家時代の幕開け 213

逆回りでの世界一周旅行に挑戦した。ファイファーには自分が出した本をめぐって世間が大騒ぎする理由がわからなかった。彼女は自分がごく普通の女性であり、ただ「旅行への飽くなき探求心」を持っているだけだと思っていた。

　イザベラ・バードも間違いなくファイファーと同様の心意気の持ち主だった。彼女は典型的なヴィクトリア期の女性旅行家(レディ・トラベラー)であり、王立地理学会の会員に選ばれた最初の女性でもあった。バードは19世紀後半を旅行に明け暮れた。東アジア、インド、ペルシャに行き、コロラドのロッキー山脈では800マイル(1287km)を踏破した。「イザベラの心を占める恋敵がたった一人いる」と、何年間も彼女に求婚を断られ続けたジョン・ビショップは嘆いた。「その相手は中央アジアの高原だ」

　これらヴィクトリア期後期の女性旅行家によって書かれた本の多くは、現代の読者も楽しめる作品で、当時の社会でも広く読まれた。以前なら女性が決して行けなかった世界を見るために、夫をおいて旅に出た彼女たちの一途な勇敢さと、思いもよらない行動力が伝わる題名もある。例えば、アニー・ホーアの『車椅子でタンガニーカ湖へ』(1884年)では、アフリカ東岸のザンジバルからタンザニア内陸部を横断し、西の国境にある湖まで旅する様子が描かれている。この旅は、横断の可能性を検証するために技術者だった彼女の夫が手配したもので、彼女は旅の間ずっと車輪がついた籐の椅子に乗って移動した。車輪で走りにくい場所で運搬人が彼女を運ぶ棒も備えていた。彼女はひざの上に、元気いっぱいに動き回る幼い我が子をのせたまま、90日間の全行程を耐え抜いた。

　10年後、米国人のメイ・フレンチ・シェルドンは、153人の従者を従えて意気揚々と東アフリカに乗り込んだ。ケニアのモンバサからキリマンジャロ山を越えてマサイの土地まで行き、再び戻ってきた。従者の1人がライオンに襲われて命を落とし、シェルドン自身も眼球にとげが刺さってケガをしたが、彼女は旅行中もずっと華やかな白いドレスをまとい、ブロンドのかつらをかぶり、ラテン語で「私に触れるな」と書いた旗をいつも空高く掲げていた。

アフリカに礼を尽くした女性探検家

　身なりをきちんと整えて旅をしたという点では、19世紀最後の偉大な女性探検家メアリー・キングスリーも同じだ(「アフリカに行くからといって、本国で恥ずかしいと思うような服装をしてよいことにはなりません」)。当時、西アフリカにいるヨーロッパ人女性といえば宣教師の

白いドレスで
アフリカを回る

メイ・フレンチ・シェルドン。

妻ぐらいだったが、1893年、キングスリーはアフリカ西部のシエラレオネから大陸を南下してアンゴラに行き、先住民と数カ月間暮らして現地の生活術を学んだ。1894年に彼女はアフリカに戻り、食人種と噂されていたファン族と生活をともにし、彼らの研究にいそしんだ（ファン族の村では人体の一部が飾られているという報告があり、当時は一般的にこのような人々は食人種だと決めつけられていた。のちにここでは愛する人の形見をよく見える場所に保管する習慣があり、その習慣に従って骨が置かれていたことが判明した）。

キングスリーは場違いなところにいる滑稽なイギリス婦人を楽しみながら演じ、気づかずに長さ12インチ（30cm）もの釘が突き出た動物用の罠にかかって脱出した話などを、おもしろおかしく日誌に綴っていた（「こういうときには本当に厚地のスカートのありがたみを感じます」）。ほかにも、マングローブ湿地を出たところで首にびっしりヒルが張りついていることに気づいたり、先住民が持っていた袋を逆さにして中身を自分の帽子の中に出すと、「人間の手と、足の親指が3本と、4個の目玉と2個の耳、ほかにも人間の体の一部」が入っていて当惑したことなどが書かれている。

しかし、彼女は単にトラブル続きのコメディエンヌなどではなかった。科学者として、ギニア湾で新種の魚やトカゲを発見し、民俗学の分野ではアフリカで出会った先住民に関する研究で高い評価を受け、先住民たちの擁護者にもなった。さらにガボンのオゴウェ川と隣接するレンブー川をカヌーで下り、カメルーン山に初めて登頂した。しかし、キングスリーの物語を表す地図はほとんど見当たらない。彼女の著書『西アフリカ旅行記』(1897年)は、旅行記にしては珍しく一枚も地図を掲載していない。彼女の調査地域の詳しい地図は当時まだ作成されておらず、自分で地図を作成するような時間的余裕が彼女にはなかったからだ。一方で彼女は、ヨーロッパ人の宣教師たちが「くだらない受け売りの白人文化」を持ち込むことを非常に嫌っていたため、次の章に登場する、アフリカ探検家としては最も有名なデイヴィッド・リヴィングストンとは距離を置いていた。だが、2人ともアフリカ大陸を愛している点では同じだった。1900年に従軍看護師としてボーア戦争に参加するため、キングスリーは自ら志願して再びアフリカに向かったが、わずか3カ月後に死亡し、遺言に従って海に葬られた。彼女の魂は海岸に沿って運ばれ、彼女の心が片時も離れなかった大陸の川にたどり着いたかもしれない。

不注意の代償

うっかり無人で輿（こし）を置きっぱなしにしたときに発生する危険な状況。メイ・フレンチ・シェルドンの探検記『スルタンからスルタンへ』（1892年）。

アフリカを愛した女性

メアリー・キングスリー。

女性旅行家時代の幕開け | 215

デイヴィッド・リヴィングストン、ヘンリー・モートン・スタンリーと「暗黒大陸」

1853～1873年

David Livingstone, Henry Morton Stanley and the 'Dark Continent'

宣教師の探検家と、遺志を継いだ新聞記者

「誰も探検したことがない野生の国を旅するときの動物的な喜びはたまらない（中略）アフリカは欲求を満たしてくれるすばらしい地だ」

——デイヴィッド・リヴィングストン

ヴィクトリア朝（1837～1901年）の社会で宣教師は偉大な英雄だった。未知の土地を探検しながら神の言葉を伝え、世の中の道徳や倫理の光を教える宣教師たちは、「未開人が大勢いる遠方の暗黒大陸にキリストの光と西洋文化を与える」という献身ゆえに尊敬の対象となった。デイヴィッド・リヴィングストンもそういう精神を受け継いだ一人だった。イギリスのグラスゴー近郊に生まれ、信心深い父の下で育てられ、若い頃から医事伝道に携わる夢を持ち、神に仕えながら科学的な興味も抱いていた。宣教師と医師の資格を得たリヴィングストンは、ロンドン伝道協会に入り、中国での宣教を志願したが、1839年に勃発した阿片戦争によって中国への道は絶たれた。その代わりにアフリカに派遣され、1840年12月8日、南アフリカの北ケープ州にあるクルマンへと旅立った。現地の宣教師たちの共同体に失望しながらも、リヴィングストンは数年をかけて南アフリカ各地を旅して回った。1845年に彼は宣教師仲間の娘であるメアリー・モファットと結婚し、身重の妻に旅の同行を求めた。この頃のリヴィングストンの興味は、アフリカの人々をキリスト教に改宗させるより、アフリカ大陸の探検に移っていたようだ。1852年に彼はメアリーと子供たちをイギリスに送り返し（彼らは母国でひどく貧しい生活を送ることになった）、単身アフリカに残って探検を続けた。

アフリカに身を捧げた男

デイヴィッド・リヴィングストン。

リヴィングストンがアフリカ内陸を横断

1853年5月にリヴィングストンは壮大な旅に出発した。探検の目的は、インド洋に流れ込むザンベジ川を西へさかのぼり、川が大西洋まで続いているかを確かめることだった。しかし、ザンベジ川の水源はザンビアの内陸部にあったため、探検隊はカヌーでの移動をあきらめ、徒歩で陸路を行くことにした。1854年5月、アフリカ南西部のアンゴラ海岸沿いにあるルアンダに着き、マラリアにかかっていたリヴィングストンはそのまま病に伏した。

3カ月後、回復したリヴィングストンは探検隊を率い、ザンベジ川を今度は東に向かって探検した。その途中の1855年、彼は輝くような見事な滝を発見し、現地でモシオアトゥニャ（雷鳴とどろく水煙）と呼ばれていたこの滝をヴィクトリア滝と命名し、次のように書いた。「かつてヨーロッパ人が見たことがないようなこの風景は実に見事で、飛んでいる天使でさえ見入ってしまうにちがいない」。リヴィングストンは先頭に立って進み続け、最終的に東アフリカのモザンビークにあるケリマネに着き、そこからイギリスに帰国した。1856年12月12日、彼はサウサンプトンの港で妻メアリーに迎え

蒸気船で川を行く

左ページ：トーマス・ベイネスの手描き地図。ベイネスとリヴィングストンが蒸気船マ・ロバート号でザンベジ川をたどったルートが描かれている。

デイヴィッド・リヴィングストン、ヘンリー・モートン・スタンリーと「暗黒大陸」　217

られた。リヴィングストンは知らなかったが、アフリカから本国へ送った手紙や日誌のおかげで、彼はイギリスで英雄になっていた。王立地理学会は年に1回の創立者メダルをリヴィングストンに授与し、知名度も手伝って、その後出版された『南アフリカにおける宣教師の旅と探検』は大ベストセラーになった。

リヴィングストンの数々の伝記によると、彼はヨーロッパ人をあまり好まず、イギリスよりアフリカを故郷のように思っていたようだ。実際に彼はすぐさま2回目のザンベジ探検の計画を立て始め、今度はアフリカに交易網を築きたいイギリス政府の支援を受けて、再びアフリカに向かった。

「ザンベジ探検隊」は1858年3月10日にイギリスを発ったが、いくつかの問題を抱えていた。探検隊が乗って川をさかのぼる蒸気船マ・ロバート号は高速航行ができず、船内では赤痢が流行し、リヴィングストンは、ほかの隊員といつも言い争っていた。遅々として進まない旅にいら立っていたうえに、1862年3月にはリヴィングストンの妻がモザンビークでマラリアにかかり病死した。結局、リヴィングストンは2年の予定を4年も延ばしてアフリカの探検を続け、1864年の半ばにイギリスに帰国した。

見事なヴィクトリア滝

「リーアムバイ」ことザンベジ川のヴィクトリア滝。先住民にはモシオアトゥニャ（雷鳴とどろく水煙）と呼ばれていた。リヴィングストンの『南アフリカにおける宣教師の旅と探検』(1857年)より。

特ダネを狙ってアフリカへ行ったスタンリー

1866年、リヴィングストンは、いまだ謎を秘めたナイル川源流を発見するためアフリカに舞い戻り、今回はアフリカ人とアラブ人だけを連れて出発したが、そのまま行方不明になった。フランクリン隊の失踪(200～205ページ参照)と同じく、アフリカ奥地に消えたリヴィングストンのニュースは世界各地で何年間も大きく報じられた。米国のニューヨーク・ヘラルド紙のオーナーで編集長のジェームズ・ゴードン・ベネットは特ダネを狙い、イギリスのウェールズ出身で移民として米国に来た同社の外国人特派員ジョン・ローランズ（彼は米国に来てすぐ養子になり、ヘンリー・モートン・スタンリーと名乗っていた）に連絡をとった。「リヴィングストンを探せ」という命令を受けたスタンリーは、1870年10月12日にインドのボンベイを発ってアフリカ東岸のザンジバルに向かった。

スタンリーはリヴィングストンを発見し、記事のネタを手に入れることだけを考えてアフリカに足を踏み入れた。(タンザニア、コンゴ、ブルンジ、ザンビアの境界にある)タンガニーカ湖の湖畔のウジジに高

齢の白人男性が滞在していると聞きつけると、スタンリーは捜索隊を5つの部隊に分け、ザンジバル到着から1カ月も経たないうちに捜索に出発した。11月10日にウジジでスタンリーはリヴィングストンを見つけ、ニューヨーク・ヘラルド紙の記事によれば「リヴィングストン博士でいらっしゃいますね」と声をかけた（この言葉は非常に有名で、慣用句になったが、スタンリーがでっち上げた可能性もある。スタンリーの日記ではこの日のページが破り取られていたからだ）。2人はタンガニーカ湖の北の湖岸を探検したが、湖から流れ出て白ナイル川になりそうな川は見つからなかった。

スタンリーはイギリスに向かったが、リヴィングストンは深刻な体調不良にもかかわらずアフリカに残ってナイルの源泉探しを続けた。スタンリーの著書『リヴィングストン発見記』はベストセラーになった。1873年、リヴィングストンがマラリアと赤痢で亡くなったと聞いたスタンリーは、リヴィングストンの遺志を継いでアフリカ探検に向かうことを決意した。独占記事を条件に、ロンドンのデイリー・テレグラフ紙とニューヨーク・ヘラルド紙を説得して資金提供を取り付け、スタンリーはイギリス系アメリカ人を集めて探検隊を結成し、1874～1877年の999日間にわたって中央アフリカを探検した。リヴィングストンに匹敵する精神力を持ったスタンリーは、アメリカの南北戦争でも波乱万丈の経歴を誇っていた（南北戦争で、南軍の陸軍と北軍の陸軍・海軍に従軍した唯一の人間といわれる）。不屈の精神でスタンリーはヨーロッパ人初のヴィクトリア湖一周を成し遂げ、この湖をナイル川の源泉とするジョン・ハニング・スピークの主張を裏づけた。さらに探検中に行き会った湖と川の水系を地図にまとめ、北に流れる大河ルアラバ川（コンゴ川の上流）をさかのぼり、コンゴ川の源流を発見するという、リヴィングストンもできなかったもう1つの偉業を達成した。

スタンリーの探検によってアフリカ大陸の地理に関する大きな謎のいくつかが解け、アフリカの地図には多くの地名が書き加えられた。スタンリーの名前は19世紀に活躍した偉大な探検家の1人として語り継がれている。スタンリーはイギリスに戻り、1878年に出版した手記『暗黒大陸横断記』の出版で得た知名度を生かして、西洋諸国の政府にアフリカとの交易を発展させ、アフリカ奥地で横行していた奴隷貿易を廃止するように訴えた。奴隷解放はリヴィングストンがアフリカに望んでいたことでもあった。

対面の再現イラスト

スタンリーとリヴィングストンの対面。1872年のイラストレイテッド・ロンドン・ニュースより。

1860〜1861年 バークとウィルズの探検隊による悲運のオーストラリア縦断
Burke and Wills's Doomed Crossing of Australia

行き当たりばったりで真夏の砂漠を探検

「人間の体にこれほど重い負担がかかることはないと私は確信する」
——ロバート・オハラ・バーク

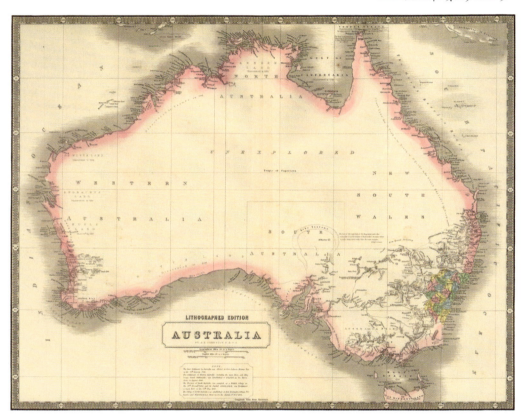

探検前のオーストラリア地図

1850年版のW・ジョンストンとA・K・ジョンストンによるオーストラリア地図。ロバート・オハラ・バークとウィリアム・ジョン・ウィルズが探検に出るまで、中央と北部の広い地域が未調査だったことがわかる。

　リヴィングストンとスタンリーがアフリカ大陸で奮闘していた頃（216〜219ページ参照）、ヨーロッパの地図製作者たちは、アフリカと同じくらい地図に広い空白地帯があるオーストラリアにも注目していた。オーストラリアはまだ奥地の地図もないまま、沿岸部では急速に植民地化が進んでいた。1850年代に南東部のヴィクトリアではいくつもの金鉱が発見され、ゴールドラッシュに沸いていた。金鉱周辺に大勢の移民が集まったため、ヴィクトリアの中心地メルボルンはオーストラリア最大の都市に急成長し、1850年に2万9000人だった人口は、1861年には13万9916人まで膨れ上がっ

た。メルボルンは金脈による発展だけに満足せず、国際的な評価を得たいという野心も抱いた。1855年には電信ケーブルでオーストラリアをジャワ島やヨーロッパと結ぶ電信線敷設計画が国家プロジェクトとして始動した。電信網はオーストラリア大陸の中央部を走る予定だったが、ここはヨーロッパ人による探検がほとんど行われていなかった。彼らも手をこまねいていたわけではない。1848年にはプロイセンの探検家で博学者のルートヴィッヒ・ラインハルト率いる4人の探検隊が、先住民アボリジニの案内人2人を連れて北のノーザン・テリトリーに向かったが、そのまま姿を消した（一行は現在も行方不明）。同年にヨーク岬半島に派遣されたエドモンド・ケネディは、半島から20マイル（32km）のエスケープ川のほとりでアボリジニに槍で突かれて死亡した。

すれ違いの不運

　失敗した調査を成功させるため、ヴィクトリア王立学会は「ヴィクトリア探検隊」計画を打ち出し、一般から寄付を募って9000ポンドの予算を用意した。探検隊の隊長はアイルランド人のロバート・オハラ・バークに白羽の矢が立った。バークは探検や野外での生活経験がまったくなく、異例の人選だったが、同様に探検を知らない委員会には魅力的な人材に映ったようだ。第三隊長に任命された測量技師で航海士のウィリアム・ジョン・ウィルズが、バーク隊長の経験不足を補ってくれるという目算もあったのかもしれない。しかし、この決定がのちに悲劇を生むことになる。

　1万5000人の群衆に見送られ、バークは15人の隊員と、パキスタンのカラチから来た25頭のラクダを率いて、1860年8月20日にメルボルンを出発し、北のカーペンタリア湾を目指した。しかし、すぐに仲間割れが起こった。悪天候で道がぬかるみ、荷馬車は一向に進まなかった。バークは第二隊長（副隊長）のウィリアム・ランデルズに、ラクダ使い（とラクダたち）にラム酒を与えることを禁じたが、ランデルズは応じなかった。まもなくランデルズは探検隊を離れ、第三隊長のウィルズが副隊長に昇格した。400マイル（644km）の行軍ののち、10月に一行はメニンディーのダーリング川のキャンプに着いた。郵便馬車が1週間ちょっとで終える旅に2カ月もかかっていた。バークは、探検家ジョン・マクドゥオール・スチュアートもオーストラリア南北縦断に挑戦するという噂を聞いており、ライバルに対抗するため、探検隊を丈夫な馬と身体能力が高い隊員の先発隊と、南北縦断の中間点になる中央オーストラリアのクーパーズ・クリークまでゆっくり進む後方部隊に分けた。

未経験の隊長

ウィリアム・ストラット画『探検家ロバート・オハラ・バーク』（1860年頃）。ストラットも、バークとウィルズの探検に一部同行した。

季節外れの穏やかな天候に恵まれて、バークの先発隊は11月11日にキャンプに到達したが、ネズミに悩まされてすぐに近くのブラー・ブラー・ウォーターホールに移動した。

　この先はヨーロッパ人にとって未踏の領域だった。当初の計画では暑さが厳しい夏が終わるのを待ち、翌年の秋（3月）に出発するはずだった。だが、スチュアートへの対抗意識を燃やしていたバークは先を急ぎ、12月16日に先発隊を北海岸に向けて出発させ、残りの部隊は先発隊が戻るまでの3カ月間、クーパーズ・クリークで待機するように命じた。バーク、ウィルズ、ジョン・キング、チャールズ・グレイの4人は、6頭のラクダと1頭の馬に3カ月分の食糧を乗せ、木陰でも気温が50℃になる北部の夏の中を突き進んだ。彼らは水場に沿って進み、現在のブーリアを通って南回帰線を越えた。ここでバークは日誌に次のように書いている。「人間の体にこれほど重い負担がかかることはないだろう」。クーパーズ・クリークを出発してから2カ月後、「柔らかくてぐちゃぐちゃの」土地と格闘した彼らは、行く手に広がるマングローブ湿地を目にした。湿地を越える船はなく、食糧も心細くなっていたため、彼らは失意のうちに退却を決めた。

　しかし、探検隊は徐々に破滅に向かっていた。3頭のラクダは殺されて食べられ、4月4日には馬のビリーも肉になった。彼らの装備は1つずつ減り、最後には地面に這って生えるスベリヒユも食べ物になった。そんな状況でグレイが探検隊の食糧を盗み、バークはグレイをひどく殴りつけた。それから1カ月も経たずにグレイは赤痢で死んだ。残った3人はひどく衰弱しながらも、やっと1861年4月21日の夜にクーパーズ・クリークに帰り着いた。しかし、ウィリアム・ブラーエを隊長とする後方部隊は、予定の3カ月より1カ月長く彼らを待っていたものの、すでにキャンプを去っていた。バークらは木に刻みつけられた目印を見つけ、後方部隊がキャンプを発った日付を知った。その日付は1861年4月21日だった。彼らはわずか9時間差ですれ違ったのだ。

　ウィルズとキングは、ブラーエに追いつくことに望みをかけて、メニンディーまで南に引き返すことを提案した。だが、バークは聞く耳をもたず、砂漠を横断して150マイル（240km）南西のホープレス山に近い警察の出張所を目指すという異例の決断を下した。バークらは知らなかったが、ブラーエはキャンプを離れた罪悪感にさいなまれ続け、急いでクーパーズ・クリークに引き返し、バークの部隊が到着した痕跡を確認した。しかし、不幸にもバークは目印を刻まなかったため、ブラーエは再びキャンプを去った。

隊長に従った副隊長

ウィリアム・ジョン・ウィルズ、1860年頃。

222　Burke and Wills's Doomed Crossing of Australia

一方その頃、ストレゼレッキ砂漠のバークとウィルズとキングは食糧が底をつき、最後の1頭のラクダを殺していた。アボリジニが救いに来たものの、窃盗を疑ったバークはその1人を撃ち、彼らは逃げ去った。まもなくウィルズは歩けなくなった。バークとキングはわずかな食べ物を与えてウィルズを残し、クーパー川沿いに進んだ。その2日後にバークは死亡した。キングはウィルズを残した場所に戻ったが、ウィルズもすでに息絶えていた。キングはアボリジニたちの力を借りて生き延び、最終的に人類学者のアルフレッド・ウィリアム・ハウイットに助けられた。2人はバークとウィルズを埋葬してからメルボルンに戻った。

　彼らの思慮を欠いた探検は悲劇で幕を閉じたが、結果としてオーストラリア内陸部の地図は大幅に充実し、オーストラリア内陸部に海があるという説も否定された。北海岸の手前でバークらの行く手を阻んだマングローブ湿地は、実は潮が満ちた状態だったこともわかった。つまり、彼らには探検を成功させる可能性があったのだ。のちにハウイットはバークらの埋葬地に戻り、彼らの遺体を収容した。1863年1月21日にバークとウィルズの国葬がメルボルンで行われ、4万人が参列したという。

探検家たちのルート

探検家たちの探検ルートを示したオーストラリア地図。1886年版オーストラリアハンドブックに掲載された。

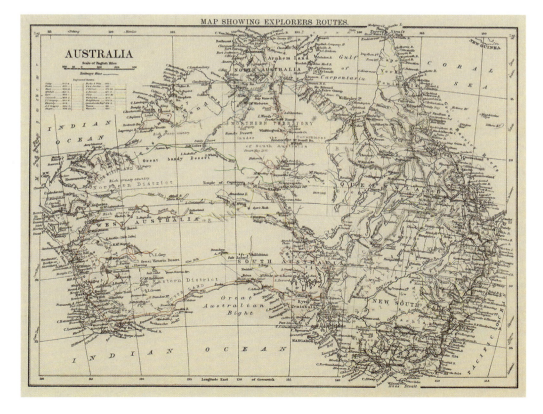

アドルフ・ノルデンショルドのユーラシア大陸周航

1878〜1880年

Adolf Nordenskiöld Circumnavigates the Entire Eurasian Landmass

スウェーデンから北極海を東へ進んで横浜へ

「これまで数々の国が挑んできた目標がついに達成された」

——アドルフ・エリック・ノルデンショルド、1881年

ロバート・オハラ・バークとウィリアム・ジョン・ウィルズがオーストラリアの砂漠で命を落としてから（220〜223ページ参照）、わずか18年後のこと。はるか北半球のほぼ同緯度の地域で、一つの偉業が達成された。1879年9月2日の午後9時半に、ヨーロッパから横浜に到着した外国船ヴェガ号が入港してきたときの様子は、一見すると特に変わったところはなかった。20年前に米国海軍司令長官マシュー・ペリーが来航し、日本で220年間続いた鎖国政策を終わらせ、日本が西洋と国交を結んでいたこの頃には、西洋船の寄港はもはや珍しい光景ではなくなっていた。かつて漁村だった横浜は世界との交易の窓口となり、人口7万人を擁する国際港湾都市に変貌していた。

準備万端の旅路

この船が特別な理由は、通過してきた航路にあった。フィンランド出身のスウェーデン人司令官アドルフ・ノルデンショルドは、下船すると大急ぎで街に出て、自分たちが無事日本に到着したという歴史的な結果を電報で母国に知らせた。「すべて順調。7月18日に越冬地点を離れて、20日に東岬で進路変更。そこからローレンス湾、ポート・クラレンス、ベーリング島に進む。体調不良者なし、壊血病の発生なし。ヴェガ号の状態良好」。ノルデンショルドと隊員たちは疲れ果てながらも、「北東航路」を通ってユーラシア大陸を越える航海を初めて成功させたのだ。

アドルフ・ノルデンショルドという名前は、今でこそあまり広く知られていないが、19世紀の最後の20年間、ニューヨーク・タイムズ紙の命名による、ヴェガ号の「記念すべき北東航路航海」は世界中の新聞の見出しを飾った。司令官のノルデンショルドは国際的な数々の科学学会から称賛を受け、スウェーデンの北極星勲章を授与された。18世紀以降、ヴィトゥス・ベーリング（142〜147ページ参照）の探検を皮切りとして、北極海を東に向かう船や、荒

小人族が暮らす北極

ヴェガ号がベーリング海峡を航海する300年ほど前の1578年に、ステファノ・ボンシニョーノが作成した地図には、小人族が暮らすと言い伝えられていた想像上の北極の陸地がグリーンランドの北に描かれている。

優秀な司令官

アドルフ・エリック・ノルデンショルドの肖像画『探検家』(1886年)。ゲオルク・フォン・ローゼンによる。

涼としたシベリアに挑む探検隊は劇的に増えていた。1742年には、ロシアの北極探検家セミューン・チェリュースキンが凍結した海を犬ぞりで横断し、アジアの最北端(現在のチェリュースキン岬)に到達した。1823年にはフェルディナント・フォン・ウランゲルが(シベリアとアラスカを隔てる)チュクチ海を発見し、北米とロシアが陸続きである可能性を完全に否定した。ほかにも数々の探検が行われた結果、北極海沿岸部の地図は現在に近い精度にまで向上した。だが、スカンジナビア半島北のバレンツ海から、遠く離れた東のベーリング海峡まで、北極海の海岸線に沿って航海を成功させたものは誰もいなかった。しかし、数世紀におよぶ挑戦はヴェガ号の成功によってようやく終わった。

探検能力に欠けたバークとウィルズの場当たり的な冒険とは対

照的に、ノルデンショルドが1878年6月22日にスウェーデンのカールスクルーナ港を出発したときの装備は万全だった。ノルデンショルドは、1876年にデイヴィッド・リヴィングストンの死により空席になったフランス科学アカデミーに迎えられたほど優秀で、鉱物学者としての科学的な資質は司令官としてふさわしかった。彼の計画は入念に練り上げられていたし、何より、この航海に出発する時点で、すでに8回の北極探検の経験があった。1872年の探検ではトナカイで北極点到達を試みたが、トナカイたちがすきを突いて逃げ出してしまったため、失敗に終わっていた。ヴェガ号はドイツで製造された299トンのバーク帆装の蒸気船で、想定外の越冬に備えてたっぷり2年分の食糧が積み込まれた。乗組員はベテランの船乗りや科学者、水路測量技師、セイウチ猟師といった、老いも若きも取り混ぜたメンバーで構成されていた（これには若手がベテランから学べるようにという配慮があった）。

　3カ月後、ヴェガ号はたいした問題もなくバレンツ海を通過し、東隣りのカラ海に入った。航海は順調に進み、航路にはほとんど氷がなかった。濃い霧に覆われてカラ海のタイミル島で3日ほど

ロシアから極東

フィリップ・シュトラーレンベルクによる1730年のロシア地図。アジアの極東も描かれている。

足止めされたものの、その後は中央シベリアから突き出した大陸最北端のチェリュースキン岬に向かい、無事に岬を回って、この地点を船で通過した初めての記念すべき探検隊となった。その東のラプテフ海を通る間も、彼らの幸運は続いた。このままあっけなく目的地まで到達できそうに思えるほど、何もかもが順調に進んでいた。しかし、探検のゴールとなるはずのベーリング海峡までわずか140マイル（225km）のところで、氷床が厚みを増し始め、そのままヴェガ号は氷に閉じ込められた。

スウェーデンに帰港

1880年4月24日にストックホルムに入港してくるヴェガ号。

目的地をすぐ目の前にして歯がゆいばかりだったが、一行はそのままそこで冬を越すしかなかった。司令官の先見の明と、現地の先住民チュクチ人の親切のおかげで、探検隊は比較的快適にここで264日間を過ごすことができた。その間に一行は、この地域の気象学や水路学的なデータを集め、海岸付近に観測所を設置して地磁気の記録をとった。氷が解け始めた時点でもまだ食糧と燃料はたっぷり残っており、1879年7月、ヴェガ号はベーリング海峡を問題なく通過して横浜港に向かった。ノルデンショルドは電報を打った後、乗組員たちとともに日本側が主催した祝典に参加した。その間にヴェガ号は整備を受け、それが終わってから一行はユーラシア大陸周航を続けた。

西に航海してエジプトのスエズ運河を通過し、イタリアのナポリ（ヴェガ号はここで「文字通り嵐のような見物客に迎えられた」）、ポルトガルのリスボン、イギリスのファルマスに寄港したのち、1880年4月24日にスウェーデンのストックホルムに帰り着いた。スウェーデンでは今もこの日を「ヴェガ号の日」として祝っている。ノルデンショルドは航海日誌に次のように書いている。「今回の航海をきっかけとして、この初めて船が通った海で新たな探検航海が行われるようになるかもしれないし、地球で最も広く耕作可能な陸地が世界の大洋を隔てているという、数世紀続いた誤解を解くことができたのではないだろうか」

北極点到達競争
The Race to the North Pole

1893〜1909年

2人は本当に北極点に到達したのか

「どう表現すればよいのかわからないが、自分自身や仲間たちと顔を突き合わせざるをえない凍りついた空間の中には何かがある」

——ロバート・ピアリ

19世紀末が迫る頃、ついに北西航路が発見された（しかし最終的に北西航路の航海が成功するのはもっと後になる。232〜237ページ参照）。探検家たちは最後の未踏の地として北極と南極に強い関心を抱いていた。北極と南極は、何が待ち受けているかわからない完全に謎に包まれた場所だった。北極海が固く凍っているなら北極点

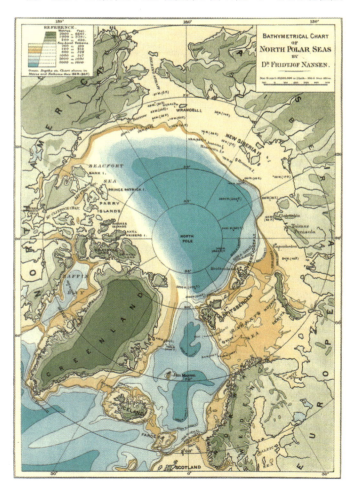

北極海の深さ

フリチョフ・ナンセンによる北極海の深度図（1893〜1896年）。

まで徒歩で行くしかないが、探検家たちそれを認めようとせず、北極点まで船で航行できるルートが絶対にあるはずだと考えた。16世紀の探検家マーティン・フロビッシャー卿（115ページ参照）たちが、北極海は太陽の熱で溶かされて液体になっていると唱え、この説が受け継がれてそのまま科学的な説に進化していたのだ。1850年代には、当時高名なドイツの地図製作者オーガスト・ピーターマンが、温暖な南の海流が流れ込んで流氷の壁とぶつかるところに航行可能な水路の入口があるはずだと発表した。19世紀後半の北極探検家たちは尊敬するピーターマンの説を受け入れていた。これを信じたための悲劇もある。1879年に米国の探検家ジョージ・ワシントン・デロングは、氷がない幻の北極海の入口を探すためにジャネット号で航海に出た。ベーリング海峡を越えたところで船は氷に閉じ込められ、33人の探検隊は船から脱出してそりで移動した。その後、小型の舟でシベリアを目指したが、旅の途中でデロングと19人の隊員が命を落とした。

19世紀末の北極探検

　3年後、北極海で氷に閉じ込められたはずのジャネット号の残骸がグリーンランドの南西海岸に流れ着いた。つまり、この船の破片は、北極海を抜け出してグリーンランドまで運ばれてきたことになる。これをヒントに1889年、のちにノーベル平和賞を受賞するノルウェーの探検家フリチョフ・ナンセンは、北極海が凍りついた海であるという前提で、北極探検史に残る大胆な計画を打ち出した。氷と戦いながら船を進めるのはもうやめて、氷に囲まれた状態に耐えられる船を作り、氷の流れに身を任せていれば（理屈上では）北極点に到達できるのではないかと考えたのだ。こうしてノルウェーで建造されたフラム号（「前方号」）は、手に入る限りで一番丈夫なオーク材を使い、氷に囲まれても船体が押し上げられるよう丸底に作られた。

　やや小型ながらかつてないほど頑丈なこの船は、1893年6月、わずか12人の乗組員を乗せてノルウェーのオスロを出航し、シベリアの海岸に沿って進んだ。浮氷が視界に入ると、ナンセンは結氷した方向へと船を進め、エンジンを止めて舵を上げるように指示した。船が氷に閉じ込められた地点は北緯78度49分、東経132度53分だった。船は氷に乗ったまま、16カ月間も漂流を続けた。食糧はたっぷりと積まれ、船内の人々は600冊も収蔵された図書館で読書をするなどして時間をつぶした。しかし1895年の初め、船が北極点から300マイル（500km）離れた地点を流されて

発想を転換した男

フリチョフ・ナンセンのポートレート。グリーンランド探検から帰還した1889年に撮影されたもの。

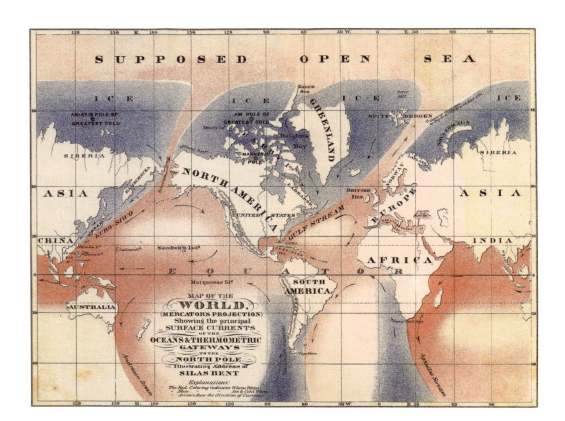

いることが明らかになった。ナンセンは勇気ある決断を下して船を下り、ヤルマル・ヨハンセンとともに氷の上を徒歩で横断して北極点を目指すことにした。彼らが北緯86度到達を記録したところでクロノメーターが動かなくなり、さらに徒歩で北へ向かう自分たちより速く、氷が南に動いていることに気づいた。そのため、彼らはあきらめて浮氷に乗ったまま南下し、バレンツ海のフランツ・ヨーゼフ島にたどり着いた。そこで彼らはフレデリック・ジャクソン率いるイギリスの探検隊と驚きの対面を果たし、1896年9月にナンセンは無事フラム号に合流した。

クックとピアリの北極点競争

　北極点への挑戦は20世紀も続き、1909年9月の米国ニューヨーク・ヘラルド紙の一面にはこんな見出しが躍った。「フレデリック・A・クック博士が北極を征服」。医師で探検家の米国人クックは1908年2月、グリーンランドの海岸からスミス海峡を横断し、カナダの北極圏にあるエルズミア島へ出発したのを最後に消息がわからなくなっていた。クックは10人のイヌイットの助手と11台のそり、105匹の犬を連れて凍ったフィヨルドの湾を渡り、北極

北極海の温度予想

サイラス・ベントによる1872年の予想海水温図。極北には「仮説上の大海（SUPPOSED OPEN SEA）」が存在している。そして、赤い暖流がぶつかる箇所に、その大海へ行く入口がある可能性を示している。

海に突き出したトマス・ハバード岬にたどり着いた。凍った北極海の横断に出た3日後、残ったイヌイットはアーウェローとユツキショックの2人だけだった。3人は北極圏特有の猛吹雪の中を北極点に向かい、そのまま姿を消した。そのクックが極北での謎に包まれた1年を経て生還したというのだ。クックは1908年4月21日に北極点に到達したものの、氷が解けたためグリーンランドに戻ることができず、デボン島に退避してそのまま越冬したという内容の電報を本国に打った。

このニュースは世界中に知れ渡り、帰国の途中で立ち寄ったデンマークのコペンハーゲンでクックは大歓迎を受けた。しかし、わずか1週間後の新聞に出た続報は再び世界を震撼させた。「23年間で8回の挑戦、ピアリが北極点を征服」。米国の探検家で海軍士官ロバート・ピアリがカナダ北東部のラブラドルから電報を打ってきて、1909年4月6日に自身が北極点に到達したと主張し、クックと真っ向から対決する姿勢を見せたのだ。ピアリは、クックは本土を一度も離れていないと言うアーウェローとユツキショックの証言も明かした。こうして始まったクック対ピアリの論争は現在でも決着がついておらず、北極点に最初に到達した人間はわからずじまいだ。というのも、両者の主張はどちらもかなり怪しく、クックもピアリも北極点に行ったことを証明する十分な証拠を示すことができなかったからだ。北極点で撮影したとクックが主張した写真は、数年前にアラスカで撮った写真を加工したものであると判明した（彼は過去にアラスカのマッキンリー山に登頂したと主張していたが、その証拠写真も偽物だった）。クックは詳細な探検記録をつけておらず、デンマークの調査機関に提出された日誌は明らかに後になって書かれたものだった。また、彼はブラッドリー島と名づけた新たな陸地を発見したと主張したが、「山々の間に浅い谷間がある」というこの島も実際には存在しなかった。

一方、ピアリも、探検資金5万ドルを渋々都合してくれた銀行家ジョージ・クロッカーにちなんで命名したクロッカー島という幻の島をでっち上げていたようだ。探検に同行していたイヌイットの助手たちも、従者のマシュー・ヘンソンも、ピアリの計算を裏づける証言をしていない。のちに探検記録の分析が行われ、その内容は彼が言う数字と合わないことが明らかになった。例えば、ピアリの主張が正しいなら、北極点を往復するために4日間で225マイル（362km）の距離を移動したことになる。1日に56マイル（90km）の速度で移動しなければならない計算だが、これは当時としては非現実的だった。

ピアリの肖像

ロバート・ピアリ。1909年撮影。

クックの肖像

世界をまどわせたフレデリック・A・クック博士。1909年。

1903～1912年

ロアール・アムンセンによる
北西航路横断と南極点到達競争
Roald Amundsen Conquers the Northwest Passage – and the Race to the South Pole

北極での成功と南極での競争

「勝利はあらゆることを秩序の中に収めた人間が手にする。
人はそれを幸運と呼ぶ。
必要なときに用心を怠る人間には必ず敗北が訪れる。
これは不運と呼ばれる」
——ロアール・アムンセン、1912年

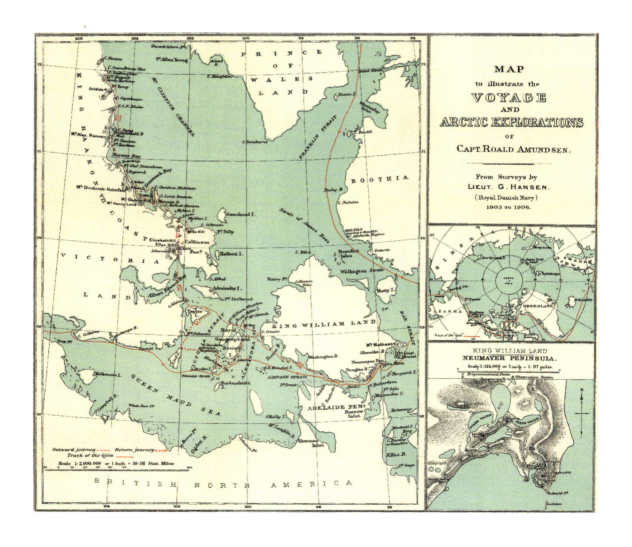

数世紀にわたって繰り返された北極圏探検のおかげで、1900年には、北極海を東から西へ向かう「北西航路」の横断航海に必要な知識は集まった。だが、全航路を制覇したものはまだいなかった。あの強大なイギリス海軍でさえ数百年間で一度も成功しなかったのだ。この偉業を1903〜1906年についに成し遂げ、北極探検の歴史を塗り替えたのは、ノルウェーの極地探検家ロアール・アムンセンだった。アムンセンは極地での生活術に非常に長けていた。これは1897〜1899年に行われたベルギー南極遠征の過酷な経験で培われたものだった。このときの探検は計画の不備のために食糧が不足し、寒冷地用の衣類は全員に行きわたらなかった。少年の頃からアムンセンの夢は北西航路を横断することであり、この航路に挑戦した探検家たちは彼にとって英雄だった。「不思議な野心が私の内側で燃えていた」と彼はのちに振り返っている。彼は夢の実現に向けて周到な準備を始めた。北極での経験豊かなベテランに助言を求め、磁気について勉強した。

北西航路制覇ののちに

1903年6月、アムンセンはわずか6人の乗組員とともに小型スループ漁船ヨーア号で(債権者たちが船を差し押さえようとしていた前日に)ノルウェーのオスロを出発した。過去の北西航路挑戦では考えられないほど小規模な船と人員による船出だった。さらにアムンセンは当時「原始人」とも言われたイヌイットの知恵を取り入れるという画期的な決断をして、ほかの探検家たちの度肝を抜いた。彼はそれまでのヨーロッパの極地探検家たちが着ていた風が通りやすく水が浸みやすい綿の服をやめて毛皮服を用意し、グリーンランドで犬とそりとカヤック(イヌイットたちが使うカヌー型の小舟)を調達した。それからヨーア号はフランクリン隊(200〜205ページ参照)のルートをたどって、(カナダ北部にある)ランカスター海峡を通過し、ジェームズ・クラーク・ロスが1831年に磁北極を発見したブーシア半島に到達した(196〜199ページ参照)。アムンセンらの一行はキング・ウィリアム島の東海岸を目指して南下し、フランクリン隊のような大型船では通れない浅瀬をいとも簡単に航行し、キング・ウィリアム島の海岸に「世界で最高の小さな港」を見つけ、そこを拠点として2度の冬を越した。

長期間にわたる待機はアムンセンがあらかじめ予期していたことだった。冬も比較的過ごしやすく、一行はカナダ北部の海岸に沿って順調に西に進み、アラスカ北のボーフォート海に出た。唯一、大きな問題が発生したのはアラスカのフォート・ユーコンに着

イヌイットの知恵に学んで

毛皮を着たロアール・アムンセン、1912年頃。

アムンセンの北極ルート

左ページ:ロアール・アムンセンの北極探検地図。1907年の『ジオグラフィカル・ジャーナル』より。

ロアール・アムンセンによる北西航路横断と南極点到達競争 | 233

いたときだった。北西航路横断成功という大ニュースを知らせる電報局がこの小さな町にはなかったのだ。アムンセンは意に介さず、そりで200マイル（320km）以上南にあるイーグルの街に行き、700ドルのコレクトコールを同郷のフリチョフ・ナンセン（229ページ参照）にかけて、独立したばかりの母国ノルウェーに捧げる偉業達成を報告した。

　アムンセンは時をおかず、すぐさま北極点到達と北極海盆の探検を計画し、探検隊の編成に取りかかった。ナンセンからはフラム号を提供するというありがたい申し出があり、北西航路を制覇した英雄アムンセンのもとにはすぐに資金が集まった。しかし、準備の途中でクックとピアリが北極点に到達したらしいという知らせが入り（228〜231ページ参照）、アムンセンは支援者にも乗組員にも告げず、秘密裡に異例の決断を下した。計画をあきらめて資金を返す代わりに、計画通りベーリング海峡に向けて出発し、フラム号で南下して南極を目指すことにしたのだ。「もし探検を続けることができるなら（中略）最後の手ごわい挑戦、すなわち南極点に挑んで征服する以外に私に残された道はない」と彼は書いている。すでに、イギリスのロバート・ファルコン・スコット大佐率いるテラ・ノヴァ号が、「南極点到達と偉業達成による大英帝国の威信の確保」を目的として1910年6月に出航したことが大々的に発表されていた。スコットのほうはまだ気づいていなかったが、南極点到達競争はこうして始まった。アムンセンは航海の途中に寄港したポルトガル沖のマデイラで初めて隊員たちに南極行きの計画を告げ、礼儀としてスコットにも電報を打った。「フラム号が南極に向かうことをお知らせする。アムンセン」

スコットの船

南極のエヴァンス岬の氷脚付近を航行するテラ・ノヴァ号。

南極点への出発をひかえたスコット

ロバート・ファルコン・スコット。1911年10月に南極エヴァンス岬の小屋にて撮影。

南極点への2人の違い

　当時、南極の情報はとても少なく、アムンセンとスコットはまったく違う方法で南極点に挑もうとしていた。スコットは以前に隊長を務めた1901〜1904年のディスカバリー号遠征経験を活かし、その隊員だったアーネスト・シャクルトン（238〜245ページ参照）が別の探検で用いたポニーによる氷上の荷物運搬という最新方法を取り入れた。さらにスコットはエンジン付きの独自のそりも実現させていた。かたや、アムンセンは犬ぞりとイヌイットから学んだ知恵を頼りにした。アムンセンと18人の隊員は1911年1月2日にクジラ湾に到着し、基地を設営してここをフラムハイムと名づけた。

　南極の長い冬の終わりをもどかしく待っていたアムンセンの部隊は、9月になると待ち切れずに南極点への最初の挑戦を開始したが、気温がマイナス58℃まで下がって2匹の犬が死に、手足の先が凍傷にかかる者も出たため、基地に戻った。その頃、370マイル（595km）西のロス棚氷に面したエヴァンス岬では、スコットの乗組員たちが南極点に向かう準備を進めていた。

　アムンセンらは10月19日に2回目の探検に出た。スコットは先にエンジン付きそり部隊を10月24日に出発させたが、エンジンはたった数週間で故障し、11月21日にはスコットのポニー部隊に追いつかれた。その時点でアムンセンはクイーン・モード山に到達

南極点への道中

ロス海属領のロス島にあるバーン氷河の端に立つ、テラ・ノヴァ号探検隊のアントン・オメルチェンコ。1911年12月2日撮影。

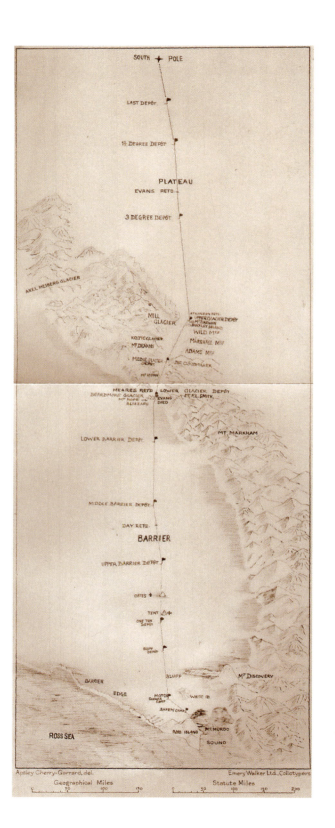

スコットの南極ルート

アプスリー・チェリー=ガラードの『世界最悪の航海：南極での1910～1913年』。

していた。高さ1万600フィート（3230m）の険しいアクセル・ハイバーグ氷河を登って基地を設営し、犬24匹を食糧にするため殺して、その地点を「肉屋」と呼んだ。一行はひどく視界が悪い中を南に進み、1911年12月14日、とうとう南極点に着いた。アムンセンらはそこにノルウェーの旗を立て、その地点を（ノルウェー国王）ホーコン7世高原と命名した。「夢見た場所とこれほど正反対の目的地に到達した人間はかつていないだろう」とアムンセンは回想している。「北極は子供の頃からの憧れだったが、結局私は南極点に立った。これほど意外な展開があるだろうか？」

アムンセンの部隊は南極点で3日間を過ごし、クック対ピアリのような争いを避けるため、スコットの探検隊に向けてテントと目印を残して立ち去った。12月18日に彼らはフラムハイムへと出発し、体力温存のため1日の移動距離を15海里（28km）にとどめた。1月7日から移動ペースを速め、1月25日午前4時、99日間におよぶ1860海里（3445km）の旅を終えてフラムハイムに帰着した。隊員は全員が無事で、出発時に52匹だった犬は11匹になっていた。アムンセンは3月7日にタスマニアからこの知らせを打電し、そこでスコットの探検隊から連絡がないことを知った。

スコットの探検隊の運命は1912年11月に判明した。エヴァンス岬の基地を出発した捜索隊により、補給所からわずか11マイル（18km）の地点で凍りついた3人の遺体が発見された。

スコットが南極点到達

アムンセンが自分たちよりも34日早く南極点に到達していたことを知って落胆するスコット隊。

ロアール・アムンセンによる北西航路横断と南極点到達競争

アーネスト・シャクルトンの
エンデュアランス号による南極探検

Ernest Shackleton's Antarctic Expedition in the Endurance

1914~1917年

冒険の時代を締めくくった英雄の挑戦

「結局のところ、困難とは克服するしかないものだ」
——アーネスト・シャクルトン

「南極点到達が南極探検の終わりではない」と1912年にアーネスト・シャクルトンは挑発的に書いている。「次に重要な仕事は、南極大陸のすべての海岸線を調べ上げ、南極点を通って海から海へ南極大陸を横断することだ」。シャクルトンはイギリスの探検家の中でも特に強いカリスマ性を持ち、愛されていた。彼が南極に精通したきっかけは、南極探検の歴史を開いたロバート・ファルコン・スコット（232~235ページ参照）による1901~1904年の遠征に三等航海士として参加したことだった。この遠征は、ジェームズ・クラーク・ロス（196~199ページ参照）以来60年間も未踏の領域に初めてイギリスの探検隊が踏み出したものだった。

モーソンの南極探検

シャクルトンはとびきり魅力的な人物で、どこでも慕われた。その魅力は資金集めでも有利に働き、雇い主の裕福な実業家ウィリアム・ベアドモアから7000ポンド（現在の通貨価値で68万ポンド、1億円弱）の支援をとりつけると、王立地理学会で計画を発表し、さらに寄付を集めた。1908年1月にシャクルトンは、大きさがスコットのディスカバリー号の半分程度のニムロド号で南極に戻った。船には科学者たちのチームも乗り込み、その中にオーストラリアの地質学者ダグラス・モーソンもいた。科学調査と地図作成に2年間が費やされ、その間にシャクルトンは、南極大陸で2番目に高い標高3794mの火山であるエレバス山の登頂などにも挑んだ。しかし、シャクルトンの一番の目的地はやはり南極点だった。1908年10月29日に基地を出発した4人の南行隊は、南極点まであと97海里（180.6km）の南緯88度23分のところまで迫った。これは、この時点において人間が到達した最高緯度の記録だった。

ダグラス・モーソンは当初1年間だけ参加する予定だったが、結局は探検の全期間に同行した。当時は多くの科学的成果より、困難と戦うドラマチックで英雄的な行為のほうが喜ばれる時代だ

南極探検の英雄

ジャック・キースが撮影したアーネスト・シャクルトン。

った（最悪の事態も物語を面白くする要素に過ぎなかった）。シャクルトンとは対照的に、モーソンは時代の波に流されなかった。師であるエッジワース・デイヴィッドとともに彼はエレバス山の登山隊に加わり、磁南極を踏破した。モーソンが集めたデータは相当な量だったが、彼が本当に知りたい謎は解けそうになかった。南極は一つの広大な大陸なのか、それとも巨大な氷床に覆われた多数の島なのか？ ニュージーランドの真南のロス海から南アフリカと同経度まで広がる、とてつもなく長い海岸線。地図にまだ描かれていないその海岸線のどこかに、その秘密が隠されているのだろうか？ モーソンが丹念な調査を行う地質学者だと知っていたロバート・ファルコン・スコットは、悲劇に終わったテラ・ノヴァ号の探検に彼を誘ったが、モーソンは断った。彼は自分が隊長となって、南極大陸の海岸の地図を作成する計画を思い描いていた。

　イギリス政府とオーストラリア政府の資金援助を受け（南極大陸の地図は鉱業や捕鯨産業にとって莫大な価値があった）、1911年12月2日、モーソン率いるオーストラリア南極探検隊は、2000マイル（3200km）におよぶ南極大陸の海岸からオーストラリア南部までの地図を作成するため、オーロラ号でタスマニアのホバートを出航した。一行は南極コモンウェルス湾のデニソン岬に上陸し、3年間の越冬に備えて予定した2カ所のうちの最初の基地を設営した。モーソンが「地球上で最も風の強い場所」と呼んだデニソン岬は、滑降風（斜面を下降するため重力で加速されて生じる強風）が吹きつけるため、フランク・ハーレーの有名な写真（240ページ）のように、探検隊は立っているのがやっとの状況がしばしばあった。

　モーソンの探検隊は、デニソン岬の5人と、クイーン・メリー・ランドの棚氷に設置される西基地の3人の、2チームに分けられていた。その8人が20平方フィート（6㎡）の小屋で一緒に越冬することになった。やまないブリザードと戦い、ときには激しいつむじ風で服や所持品を飛ばされながらも、探検隊はそりを使って順調に進み、長い海岸線を地図に書き足していった。

　モーソンは細心の注意を払って調査を進めたが、事件は起きた。発端は1912年の夏、モーソンがザビエル・メルツとベルグレーブ・ニンニスと、ジョージ5世ランドを調査していたときのことだった。テントと食糧を持ってモーソンのそりの傍らを伴走していたニンニスが、6匹の犬と一緒に荷物もろともクレバスに落下した。モーソンとメルツは犬たちを殺して食べて命をつないだが、犬の肝臓に含まれるビタミンAの過剰摂取により、2人とも中毒症状を起こした。メルツは自分の指を食いちぎって大暴れしたため、

アーネスト・シャクルトンのエンデュアランス号による南極探検

モーソンは馬乗りになってメルツを押さえつけた。メルツは1913年1月8日に死亡した。モーソンは指が凍傷にやられ、靴はぼろぼろになっていたが、小型のこぎりでそりを半分に切り、重い足を引きずって最後の100マイル(160km)をたった1人で歩き抜いた。この旅は偉大な南極の大冒険と称えられ、モーソンは1914年に国民的な英雄としてオーストラリアに帰還した。

シャクルトン、エンデュアランス号で出発

一方、南極から帰ったシャクルトンは、イギリス国王エドワード7世からナイトの爵位を授けられ、王立地理学会から金メダルを授与された。だが、その裏ではニムロド号探検の借金の返済に追われていた。それでも彼の心は南極大陸横断に向かっていた。

1914年8月3日に第一次世界大戦が勃発したにもかかわらず、シャクルトンの帝国南極横断探検(1914〜1917年)は、海軍大臣ウィンストン・チャーチルの号令で進められることになった。「狂人、お手上げ、可」に分けられた最終名簿から乗組員を選び、彼らを2つの船に分けて、シャクルトンは8月8日にイギリスから出航した。エンデュアランス号は、(南米の真南にある南極半島の横に広がる)ウ

ブリザードの中を進む

写真家フランク・ハーレーの作品『ブリザード』。モーソンたちは最大時速320km(時速200マイル)にも達する強風と常に戦いながら進まなければならなかった。

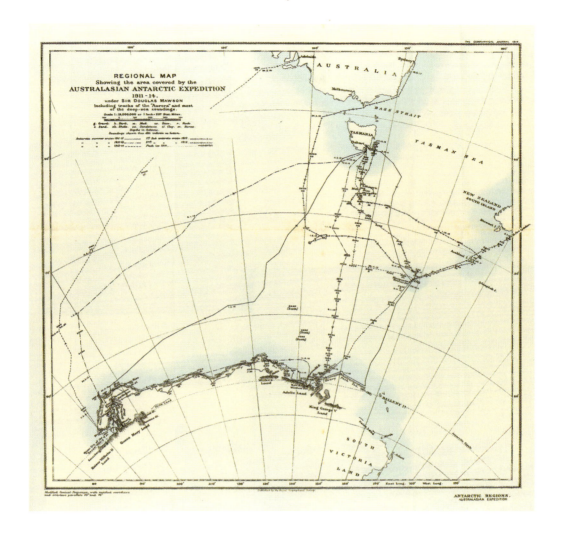

ェッデル海を進み、以前にドイツの探検家フィルヒナーが南極大陸横断用の基地を作ろうとしたルイポルト海岸のバーゼル湾を目指した。2隻目の船オーロラ号は、(ニュージーランドの真南の)ロス海を探検する部隊を南極大陸まで運び、大陸横断の後半にそりチームを支援するための補給所を設置する計画だった。しかし、1915年1月にエンデュアランス号がウェッデル海に入ったところで、急激に氷が押し寄せて船は動けなくなった。彼らはそのまま10カ月の間、なすすべもなく船が漂流するに任せたが、11月21日、ついにエンデュアランス号は氷に押しつぶされ、浮氷の下へと消えていった。沈没前に28人の乗組員は必要な装備を持って船を脱出していたが、彼らは氷の上に取り残され、南極の風から身を守るものといえばテントしかなかった。

モーソンの探検隊の行跡

モーソンのオーストラリア南極探検隊が1911〜1914年に探検した地域。

アーネスト・シャクルトンのエンデュアランス号による南極探検 | 241

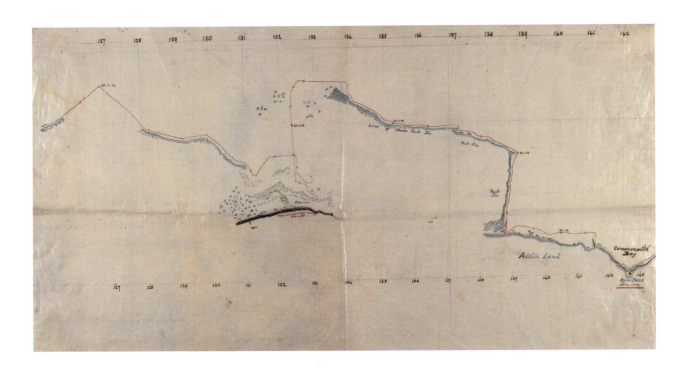

モーソンの探検隊による海岸線地図

1911〜1914年の夏の間にオーストラリア南極探検隊が調査した、海岸線が記録された探検隊作成の地図。

　急場しのぎの基地で数カ月を過ごしたところで、足元の氷が音を立てて割れ始めた。一行は3隻の救助用ボートに分かれて食糧を積み込み、南極半島のすぐ北にあるエレファント島を目指した。エレファント島は山が多く氷に覆われて荒涼とした土地だった。決して安全な土地とはいえなかったが、少なくともしっかりした地面があった。しかし、まったく救助が期待できない場所であることも確かだった。生きるためには1つの可能性にかけるしかない。誰かが全長22フィート(7m)の屋根もない小舟に乗って、世界で最も激しく荒れる極寒の海を渡り、およそ870マイル(1400km)先のサウスジョージア島にあるノルウェーの捕鯨基地まで行って助けを求めるのだ。

　シャクルトンはこの自殺行為に等しい任務に自ら志願し、航海術にすぐれた5人を選んで同行させた(トム・クリーンはタフさが買われたようだが)。冬を目前にした4月24日、彼らはジェームズ・ケアード号で南氷洋に乗り出した。乗船したフランク・ワースリーは、のちにここを「世界で最も高く、幅が広く、さらに長くうねる」海と評している。「波はすごい勢いでぐるりと回りながら進み、もとの位置に戻るとさらに力を増し、絶大な力で恐ろしげに前方をなめていく」。ワースリーは2人がかりで抱えてもらって体を固定しながら、船の位置を確認する測定を行った。わずかな誤差でも、サウスジ

ョージア島に着けない恐れがあった。シャクルトンたちの船は吹き荒れる強風に絶え間なく翻弄され、船にこびりつく氷の重みで沈没する不安におびえながら氷をかき落とし続けた。ひどい悪天候のせいで星や水平線はまったく見えず、彼らは自律航法と首の後ろに吹きつける風の感触を頼りに航路を修正しながら進んだ。出発から14日後、サウスジョージア島の山影が視界に入り、最後の嵐の後で、一行は島の南海岸に上陸した。島の北にある捕鯨基地まで再び海に出るのは危険だと考え、シャクルトン、ワースリー、クリーンの3人は、ほかの隊員たちを体力回復のために残し、ロープ以外にはまともな装備も持たず、36時間かけて山を歩き通した。島の反対側のストロムネス湾にふらりと姿を現した彼らに捕鯨漁師たちは驚いた。シャクルトンは氷の海の向こうにいる部下たちの救出に向かい、4回目の挑戦となる1916年8月30日、1人の犠牲者も出ずに全員の救出に成功した。

南極の小屋

雪に埋もれた小屋の入口に立つザビエル・メルツ。

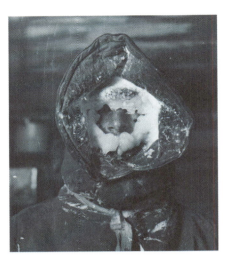

南極の犬ぞり

上の写真：アデリー・ランドでそりをひく犬の群れ。

救助を求めて出航

下の写真：シャクルトン、ワースリーと乗組員たちが、1916年4月24日、エレファント島からジェームズ・ケアード号で出発しようとしているところ。

南極の氷

顔の周りが氷だらけになっているオーストラリア南極探検隊の隊員。

氷に押しつぶされる船

氷に囲まれてウェッデル海で動けなくなり、冬の暗闇の中に浮かび上がる、シャクルトン探検隊のエンデュアランス号。1915年8月27日撮影。

36時間の山越え

フランク・ワースリーがシャクルトンの探検からの帰還後に、記憶を頼りに描いた地図。ワースリーとシャクルトンとトム・クリーンが、1916年5月にサウスジョージア島を横断する際に踏破したルートが示されている。

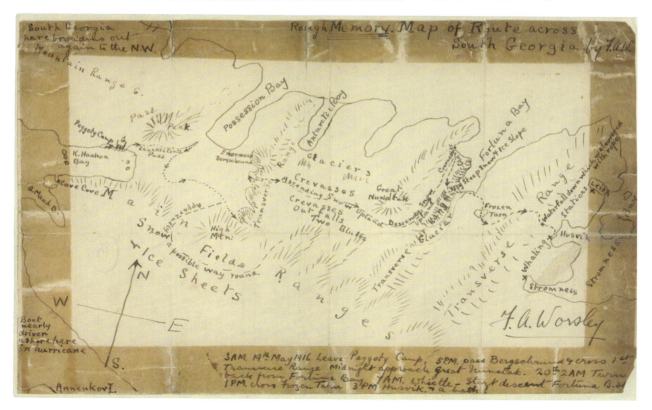

アーネスト・シャクルトンのエンデュアランス号による南極探検

あとがき

Afterword

　シャクルトンの探検が華々しい失敗で幕を閉じるとともに、探検の英雄時代は終焉に向かった。探検の歴史は次の段階に進もうとしており、エンデュランス号の物語は前時代のクライマックスにふさわしかった。地図も芸術的な装飾を排し、現在のように科学の道具として位置づけられるようになってから、かなりの年月が経っていた。歴史に残る輝かしい探検の数々の紹介もこのあたりでおしまいにしよう。

　もちろん、すばらしい地理調査の成果はこの後も次々と誕生する。英雄時代に続いて機械時代が到来した。新しい時代に登場した陸空の乗り物によって、地図の空白はかつてないスピードで埋められ、内容も充実していった。ガートルード・ベル、T・E・ローレンス、ハリー・シンジョン・フィルビー、さらに少し後の時代のウィルフレッド・セシジャーによる砂漠の探検は、地球最後の広大な空白地帯に光を当て、第二次世界大戦開戦時には彼ら先駆者たちの手による地図が非常に大きな戦略的価値を持った。北極ではピアリ対クックの争いに長く決着がつかずにいたが、1969年4月にイギリスの探検家ウォリー・ハーバートが徒歩で間違いなく北極点に到達し、初の北極点到達者と認定されてようやく決着を迎えた。ちなみにこの年に人類は初めて月面に着陸した。

　探検家たちが直面してきた困難は私たちの興味をそそるが、数世紀の間に探検の動機が進化していった様子も興味深い。初期は国力拡大、交易、金儲け、布教活動、黄金などが探検に出る理由だった。やがて科学革命の到来とともに地理自体への関心も高まり、個人的な富の追求より、新たな事実の発見や正確な情報の入手が重視されるようになった。残された「未知の領域」が非常に厳しく人間が住めない地域だけになると、探検家たちのスタイルは、ロマンを求めるビクトリア期の社会が支持した孤高の英雄へと変わっていった。探検の成功や失敗より波乱万丈の冒険が称えられた英雄時代の次には、機械時代がやってきた。技術の力で膨大な量のデータを集められるようになり、一昔前に果敢に挑んだ探検家たちが何人も命を落とした厳しい環境でも楽に克服できるような方法が生まれた。

　地図の空白が消え去った現代の探検家たちに残されている場所はどこだろう？　世界の地図はすっかり完成し、探検家たちが挑

んで明らかにすべき秘密など、もはやないように思われる。しかし、数字の上では、人間がこれまでに航海してきた範囲は地球全体の海洋面積の5パーセントに満たず、私たちと共存している生物種でこれまでに発見されたものは全体の4分の1以下に過ぎない。空の彼方にはまだ新たな発見が冒険家たちを待っているし、星や宇宙の地図作りは次世代の仕事だ。私たちの周囲にも頭上にも、謎は山のように残されている。作家のT・S・エリオットは次のような言葉を残している。「私たちが探検をやめることはない。私たちの探検は、その探検が始まった場所に着いたときに終わる。そうして、初めてその場所を知ったことになるのだ」

未来に託す地図

アンドレアス・セラリウスによる1660年の星図。これは星座の地図である。

あとがき 247

主な参考文献

Bannister, D. & Moreland, C. (1994) *Antique Maps*, London: Phaidon

Baynton-Williams, A. & Baynton-Williams, M. (2006) *New Worlds: Maps From the Age of Discovery*, London: Quercus

Baynton-Williams, A. & Armitage, G. (2012) *The World at Their Fingertips*, London: British Library Publishing

Bentley, J. H. (1993) *Old World Encounters*, Oxford: Oxford University Press

Brolsma, H., Clancy, R. & Manning, J. (2013) *Mapping Antarctica*, London: Springer

Cameron, I. (1980) *To the Farthest Ends of the Earth*, London: MacDonald

Crone (1953) *Maps and Their Makers*, London: Hutchinson's University Library

Dampier, W. (1697) *A New Voyage Round the World*, London: James Knapton

Dilke, O. A. W. (1985) *Greek and Roman Maps*, London: Thames & Hudson

Edson, E. (2007) *The World Map, 1300–1492*, Baltimore: John Hopkins University Press

Fisher, R. & Johnston, H. (1993) *From Maps to Metaphors*, Vancouver: University of British Columbia Press

Flinders, M. (1814) *A Voyage to Terra Australis*, London: G. and W. Nicol

Frankopan, P. (2016) *The Silk Roads: A New History of the World*, London: Bloomsbury

Garfield, S. (2012) *On the Map*, London: Profile

Hakluyt, R. (1582) *Divers Voyages*, London: Thomas Dawson

Hakluyt, R. (1589) *The Principall Navigations, Voiage and Discoveries of the English Nation, Made by Sea or over Land*, London: G. Bishop & R. Newberie

Hanbury-Tenison, R. (ed.) (2010) *The Great Explorers*, London: Thames & Hudson

Hanbury-Tenison, R. (ed.) (1993) *The Oxford Book of Exploration*, Oxford: Oxford University Press

Harris, N. (2002) *Mapping the World*, London: The Brown Reference Group

Hart, H. (1942) *Venetian Adventurer: Being an Account of the Life and Times and of the Book of Messer Marco Polo*, Stanford: Stanford University Press

Henderson, B. (2006) *True North*, London: Norton

Henry, D. (1773) *An Historical Account of All the Voyages Round the World*, London: printed for F. Newbery

Howgego, R. (2003-13) *Encyclopedia of Exploration*, Sydney: Hordern House

Howgego, R. (2009) *The Book of Exploration*, London: Weidenfeld & Nicolson

Hunter, D. (2012) *The Race to the New World*, London: Palgrave Macmillan

Huntford, R. (1985) *Shackleton*, London: Hodder & Stoughton

Jones, E. T. & Condon, M. M. (2016) *Cabot and Bristol's Age of Discovery*, Bristol: Cabot Project Publications

Koeman, C. K. (1970) *Joan Blaeu and His Grand Atlas*, London: George Philip

Larner, J. (1999) *Marco Polo and the Discovery of the World*, New Haven: Yale University Press

Levathes, L. (1994) *When China Ruled the Seas*, Oxford: Oxford University Press

Lister, R. (1965) *Old Maps and Globes*, London: Camelot Press

Moorehead, A. (1969) *Darwin and the Beagle*, New York: Harper & Row

Moreland, C. & Bannister, D. (1989) *Antique Maps*, London: Phaidon

Nebanzahl, K. (2011) *Mapping the Silk Road and Beyond*, London: Phaidon

Park, M. (1798) *Travels in the Interior Districts of Africa*, London: John Murray

Penrose, B. (1962) *Travel and Discovery in the Renaissance, 1420-1620*, London: Holiday House

Purchas, S. (1625-26) *Hakluytus Posthumus or Purchas His Pilgrimes …*, London: H. Fetherston

Ridley, G. (2011) *The Discovery of Jeanne Baret*, London: Random House

Robinson, J. (1990) *Wayward Women*, Oxford: Oxford University Press

Shirley, R. W. (1983) *The Mapping of the World*, London: Holland Press

Skelton, R. A. (1964) *History of Cartography*, Cambridge: Harvard University Press

Thrower, N. (2007) *Maps and Civilization: Cartography in Culture and Society*, Chicago: University of Chicago Press

Wafer, L. (1699) *A New Voyage and Description of the Isthmus of America …*, London: James Knapton

Watson, P. (2017) *Ice Ghosts: The Epic Hunt for the Lost Franklin Expedition*, London: Norton

Williams, G. (2002) *Voyages of Delusion*, London: HarperCollins

Wulf, A. (2015) *The Invention of Nature: The Adventures of Alexander von Humboldt, the Lost Hero of Science*, London: John Murra

索引

ア

アイスランド 34, 35, 52
アイツィンガー、ミヒャエル 124
赤毛のエイリーク 34-35
アギア、ジョルジェ 68
アタイデ、ヴァスコ・デ 72
アダムズ、マーシャム 17
アタワルパ 99
アー、ピーテル・ファン・デル 13
アフォンソ5世（ポルトガル王） 50, 52
アフリカ 20, 44-47, 72, 211, 214-215
 大航海時代 48-49, 72
 ヴァスコ・ダ・ガマ 66-68
 ポルトガルによる熱帯アフリカの探検 13, 48-51, 52
 ムンゴ・パーク 16, 174-177
 リヴィングストンとスタンリー 216-219
アムンセン、ロアール 16, 232〜237
アメリカ 33, 53, 73, 207
 南米（南アメリカ） 178-183
 バイキングによる到達 34-37
 フロリダ 76-81
 北西海岸の探検 168-173
 北米（北アメリカ） 58-63, 76-81, 88-93, 168-173, 184-189
 ルイジアナ買収 170, 185
アリ（ルダマルの王） 176
アリストテレス 21-22
アル=イドリースィー、アル=シャリフ 29
アル=イドリースィー、ムハンマド 31
アル=ビールーニー、アブ・ライハーン 32
アル=フワーリズミー、ムハンマド・イブン・ムーサー 29
アルマグロ、ディエゴ・デ 97
アル=マスウーディー、アブル・ハサン 32
アレクサンドロス大王 12, 18, 21-22, 68
アロースミス、アーロン 185
アンダゴヤ、パスカル・デ 95
アンダーソン、アレクサンダー 174, 177
アンナ女帝 146
アンリ2世（フランス王） 101
イギリス東インド会社 14, 126
イサベル1世、カスティーリャ女王 54, 56, 66, 76
イサベル女王 98
イースター島 11, 164, 167
イスパニョーラ島 57, 77, 78
イスラム 12
 イスラムの地理学者 28-33
イブン・ファドラーン、アフマド 30-31, 33
イブン・フルダーズベ 29-30
インカ 97, 99

インド 64-69, 71-72
インド洋 29, 44-47
ヴァイチュ、フリードリヒ・ゲオルク 179, 182
ヴァルトゼーミューラー、マルティン 22, 53, 73
ヴィアー、ゲリット・デ 117
ヴィクトリア滝 217, 218
ウィット、フレデリック・デ 119, 171
ウィリアム3世 139
ウィルキンソン、ロバート 170
ウィルクス、チャールズ 169
ウィルズ、ウィリアム・ジョン 220-224, 225
ヴィンランド 12, 36-38
ヴェスプッチ、アメリゴ 73, 94
ヴェネチア 40-41, 58-59
ウェバー、ジョン 161
ヴェラッツァーノ、ジョヴァンニ・ダ 88-93
ヴェラッツァーノ海 89, 93
ヴェロン、ピエール=アントワーヌ 149
ウォリス、サミュエル 153, 154, 156
海のともしび 14
ウランゲル、フェルディナント・フォン 225
ウルキホ、マリアーノ・ルイス・デ 179
エアネス、ジル 49
永楽帝 44, 46
エジプト（古代） 11-12, 18, 19, 22
エスカランテ・フォンタネダ、エルナンド・デ 79
エドワード7世 240
エリクソン、ソルバルド 36
エリクソン、レイフ 35-36
エリザベス1世 100, 101, 105, 115, 121-122, 123
エルカノ、フアン・セバスティアン 86
エール大学 37
エルドラド 14, 120-123, 182
エルナンデス、フランシスコ 100
エルミナ 50
エレファント島 242, 244
エレラ・イ・トルデシリャス、アントニオ・デ 79
エンデュアランス号 238-245, 246
エンリケ航海王子 48, 49-50, 66
オヴァンド、ニコラス・デ 77
オヴィエド・イ・バルデス、ゴンサロ・デ 77, 79
オーストラリア 14, 132, 133, 165
 アベル・タスマン 135
 ウィリアム・ダンピア 136-139
 ジェームズ・クック船長 133, 158, 159
 バークとウィルズの探検隊の悲運 220-223
 ヨーロッパ人による発見 124-131
オットー、フランジング司教 121
オドネ、イサベル・ゴタン・デ 211

索引 249

オドリコ、ポルデノーネ 42-43
オマイ 160
オメルチェンコ、アントン 235
オメン、ディエゴ 97
オーメン、ロボ 70
オランダ東インド会社 14, 117, 124, 126-131, 133-134
オルテリウス 18, 21, 34, 77, 87

カ

カヴァリーニ、ジョヴァンニ・バティスタ 10
カエサル、ユリウス 24
ガスタルディ、ジャコモ 42
カストリー侯爵 162
カタニア博士、ケン 178
カタロニア図 38
カナダ 35
　　北極諸島 190-195
カブラル、ペドロ・アルヴァレス 70-75
カボット、ジョン 153, 58-63, 90, 95
カボット、セバスチャン 95
ガマ、ヴァスコ・ダ 13, 45, 52, 64-69, 71
カミーニャ、ペロ・ヴァス・デ 70, 72-73
カムチャツカ 143, 145, 146, 147, 164
カラベル船 50
カリフォルニア 106, 164, 165, 169
カール5世（スペイン王カルロス1世）、
　　神聖ローマ皇帝 91, 99
カルタヘナ、フアン・デ 84
カルルセフニ、ソルフィン 36
カルロス1世 82, 91
カン、ディオゴ 50
カンティーノ、アルベルト 65
北アフリカ 174-177
北アメリカ→アメリカ
喜望峰 13, 51, 65, 67, 87, 107, 139
キャセイ 41, 43, 57, 93
驚異の書 28
キリスト教 72-73, 85, 217
キング・ウィリアム島 203, 205, 233
キング、ジョン 222-223
キングスリー、メアリー 214-215
キング、ニコラス 186
クアスト、マタイス 133
グアナハニ 57
グアム 85
グース、ピーター 135
クセルクセス 21
クック、ジェームズ 149, 158, 162-163, 169
　　オーストラリア 133, 158, 159
　　太平洋と南極海 14, 156-161, 175

タヒチ 154, 156, 160
クック、フレデリック・A 230-231, 234, 237, 246
クトゥルン姫 41
グヌプソン、エリック 38
クラーク、ウィリアム 16, 184-189
クラーク、チャールズ 160
クラナッハ、ルーカス 79
グラフ、ヨハン 207
クリーン、トム 242-243, 245
グリーンランド 34-35, 38
クルーエ、ジャン・バプティスト・ルイ 149
グレイ、チャールズ 222
グレゴリウス10世 41
クロージャー、フランシス 200, 201, 204
クロッカー、ジョージ 231
クロッカー、ジョン・ウィルソン 192
ケイミス、ローレンス 123
ケサダ、ガスパル・デ 84
ケツァルエカツィン絵文書 98
ケネディ、エドモンド 221
ゲリッツ、ヘッセル 129
香辛料諸島（モルッカ諸島）82, 86, 107
コエーリョ、ゴンサロ 73
コエーリョ、ニコラウ 73
コサ、フアン・デ 53, 60
ゴメス、エステバン 84
ゴメス、フェルナン 50
コメルソン、フィリベール 149, 153-155
コルテス、エルナン 13, 90, 95
ゴールデン・ハインド号（ペリカン号）104, 106-107
コールリッジ、サミュエル・テイラー 135
コロネッリ、ヴィンチェンツォ 113
コロンブス、クリストファー 9, 45, 63, 78, 156
　　1回目の航海 13, 49, 52-57, 59, 65, 66, 68, 198
　　2回目の航海 76-77, 94
　　ジョン・ディーからの手紙 60-61
コロンブス、ディエゴ 77-78
コンドン、マーガレット 58
坤輿万国全図（こんよばんこくぜんず）109, 112-113

サ

サウスジョージア島 242-243, 245
サカガウィア 188-189
サタスペス 20-21
ザビエル、フランシスコ 110
サラサール、ロペ・ガルシア・デ 60
サン=ジェルマン、
　　ルイ・アントワーヌ・スタロード 149
サンタ・クルス、アロンソ・デ 91
ジェオリー王子 138, 140

ジェファーソン、トーマス 16, 183, 185-187
ジェームズ6世 122-123
シェルドン、メイ・フレンチ 214, 215
ジェンナー、エドワード 211
磁極 191, 196-199, 233
シグアヨ族 57
シケリア 18
シベリア 142-147
ジャイロ、アレクシス=ユベール 211
ジャクソン、フレデリック 230
シャクルトン、アーネスト 235, 238-245, 246
シャープ、バーソロミュー 138
シャルボノー、トゥーサン 187-188
シュトラーレンベルク、フィリップ 226
ジョアン2世 50-51, 65
ショショーニ族 188
女性旅行家(女性の航海) 153-155, 206-215
ジョーンズ、エヴァン・T 58
ジョンストン、W＆A・K 220
シルクロード 41, 52
ジルゼマンス、アイザック 133
沈度(しんど) 46
スカンジナビア 12, 38
スキュラクス、カリュアンダの 20
スコットランド 22-24
スコット、ロバート・ファルコン 234-239
スタンリー、ヘンリー・モートン 218-220
スチュアート、ジョン・マクドゥオール 221-222
ストラット、ウィリアム 221
ストラボン 11, 18, 23
スパニッシュ・メイン 100-101, 137, 138
スピーク、ジョン・ハニング 219
スピード、ジョン 9
スペイン 13, 66
　エルドラド 121-123
　フランシスコ・ピサロ 95, 99
　フランシス・ドレーク 100-101, 104-107
　マゼラン 82-87
スホーテン、ウィレム・コルネリスゾーン 135
スワン、チャールズ 138
セサル、フランシスコ 95
セネガルの川 49, 175
セラリウス、アンドレアス 247
セルカーク、アレキサンダー 141
セルデンの地図 47
宣教師(キリスト教) 108-113, 214-215, 217
ソランダー、ダニエル 156, 158
ソリス、フアン・ディアス・デ 95

タ

ダイイ、ピエール 53
大西洋 29, 49, 51, 52-57, 58-63, 71, 73
太平洋 11, 89, 164
　ヴェラッツァーノ 92-93
　ジェームズ・クック船長 14, 156-162
　ブーガンヴィル 152
　フランシス・ドレーク 101, 104-107
　北西航路 14, 90, 115
　マゼラン 13, 84-85, 87
　ルイスとクラークの探検隊 184-189
ダジュレ、ジョセフ・ルポート 162
ダ・シルヴァ、オスカー・ペレイラ 72
タスマニア 134
タスマン、アベル・ヤンスゾーン 129, 132-135, 149, 157
ダ・ピアン・デル・カルピネ、ジョヴァンニ 42
タヒチ 153-154, 156, 160
ダファリン男爵夫人 206
ダントルカストー、ジョゼフ=アントワーヌ 167
ダンピア、ウィリアム 136-141, 143
チェリー=ガラード、アプスリー 236
チェリュースキン、セミューン 225
地中海 10, 29, 68
チャーチ、フレデリック・エドウィン 178
中央アジア 14, 22, 38-39
中国 39, 48, 196
　クリストファー・コロンブス 13, 54, 57
　鄭和の大艦隊 44-47
　マテオ・リッチ 108-113
　マルコ・ポーロ 40, 41-43
張文燾(ちょうぶんとう) 112
チンギス・ハン 38-39
陳祖義(ちんそぎ) 46
ディアス、バルトロメウ 13, 50-51, 65
デイヴィス、アーヴィング 36
デイヴィッド、エッジワース 239
ディオドロス 18
テイシェイラ、ルイス 66
ディー、ジョン(商人) 60-61, 62
ディー、ジョン(占星術師) 197
ディーメン、アントニオ・ヴァン 133
ディロン、ピーター 167
鄭和(ていわ)の航海図 44
鄭和の大艦隊 44-47
デ・コンティ、ニッコロ 47
デスリエ、ピエール 101
デ・ソト、エルナンド 77
テノチティトラン 91
デフォー、ダニエル 141
デ・マリニョーリ、ジョヴァンニ 43

索引 251

デ・ヨーデ、コルネリス 61, 110, 129
テラ・アウストラリス→南方大陸
デロング、ジョージ・ワシントン 229
ドウティ、トーマス 105
トゥーレ 22, 23, 24
トスカネッリ、パオロ・ダル・ポッツォ 52
トムソン、ジェームス 48
トリアナ、ロドリゴ・デ 56
トルデシリャス条約（1494年）66, 82
ドレーク、フランシス 13, 84, 100-107, 137, 164
トレス、ルイス・バエス・デ 129

ナ

ナイル川 11, 19, 24, 218-219
ナポレオン 185
南極 159, 199
 シャクルトンの探検 238-245
 スコットとアムンセンの南極点到達競争 234-237
南極海 156-161
南極点 16, 199, 232-237, 238
ナンセン、フリチョフ 228, 229-230, 234
南米→アメリカ
南方大陸（テラ・アウストラリス）113, 133, 134, 139, 156-158, 160, 175
ニジェール川 174-177
ニーダム、ジョセフ 44
日本 133, 224, 227
ニュエル、エドゥアール 163
ニュージーランド 132-135, 158-159
ニューファンドランド 13, 36, 62, 63, 90, 148
ニンニス、ベルグレーブ 239
ヌートカ湾 169, 171
ネカウ2世 19-20
ネッカム、アレクサンダー 197
ネラー、ゴドフリー 210
ノルデンショルド、アドルフ・エリック 224-227

ハ

バイキング 31, 33-38
ハウイット、アルフレッド・ウィリアム 223
パウリヌス、スエトニウス 24
パーカー、ジョン 211
パーカー、メアリー・アン 211
パーキンソン、シドニー 156
パーク、ムンゴ 14, 174-177
ハクルート、リチャード 106
バーク、ロバート・オハラ 220-223, 224, 225
パスクアリーゴ、ロレンツォ 63
パーチャス、サミュエル 112
ハットン卿、クリストファー 105
バード、イザベラ 214

ハトシェプスト 19-20
ハドソン、ヘンリー 114-119
パドラン 50-51
ハーバート、ウォリー 246
バハマ 57, 93
バフィン島 35
パムリコ湾 92-93
パリー、ウィリアム・エドワード 16, 190-195, 200, 203
ハリソン、ジョン 160
ハルクフ 19
バルボア、ヴァスコ・ヌニェス・デ 84, 89, 95
ハレー、エドモンド 149, 197, 198
ハーレー、フランク 239-240
バレ、ジャンヌ 153-155
バレンツ、ウィレム 114-118
バロウ、ジョン 200, 203
ハワイ 160-161, 164, 169
バンクス、ジョゼフ 156, 158, 175
バンクーバー、ジョージ 14, 168-173
バンダーリン、ジョン 56
ハンフリーズ艦長 196
万里の長城 43
ピアーズ、スティーヴン 198, 203
ピアリ、ロバート 228, 231, 234, 237, 246
ピエダ、アロンソ・アルバレス・デ 90
ピガフェッタ、アントニオ 82, 84, 86, 89, 104
ビークマン、ダニエル 16
ピサロ、ゴンサロ 97
ピサロ13人 98
ピサロ、フランシスコ 94-99
ビショップ、ジョン 214
ピーターマン、オーガスト 229
ビーチー、フレデリック 194
ビュアシュ、フィリップ 143
ピュテアス 22-24
ビューフォイ、ヘンリー 175
ピョートル大帝 14, 142-143
ビルー 95
ピンソン、マルティン・アロンソ 56
ファイファー、イーダ 211, 214
ファトゥーマ、アマディ 177
ファビアン、ロバート 63
ファレイロ、ルイ 82
フィッシャー、ジョージ 140
フィッセル、クラース・ヤンス 124
フィッツジェームス、ジェームズ 200, 201, 204
フィネ、オロンス 76
フィリピン 85-86
フェラーラ公爵 65
フェリペ2世 100, 124

フェルナンド2世、アラゴン王 54, 56, 66, 76, 77
フェール、ニコラ・ド 165
ブーガンヴィル、ルイ=アントワーヌ・ド 14, 148-155
ブース、フェリックス 198
フッカー、ジョセフ・ダルトン 199
プトレマイオス、クラウディオス 12, 20, 22, 85
 『地理学』27-29
  ピュテアス 23, 24
『武備誌』44
フビライ・ハン 39, 41
フマボン、ラジャ 85-86
フライズ、ロレンツ 40
ブラウ、ウィレム 71, 129, 211
ブラウエル、ヘンドリック 126
ブラウ、ヨアン 55
ブラーエ、ウィリアム 222
ブラジル 70-75
ブラジル島 60
プラチャスカ、アリス 37
プラヌデス、マクシムス 27
フランクリン、ジョン 16, 199, 200-205, 218
フランクリン夫人 202-203
プランシウス、ペトルス 66
フランス領ギアナ 120-122
フランソワ1世 91, 92, 93
プリウリ、ジローラモ 68
フリース、マールテン 133
ブリ、テオドール・ド 78, 94, 122
ブリテン諸島 22
フリードマン、ポール 37
プリニウス 11, 18, 20
フルシウス、レヴィナス 107
フルノー、トビアス 159
プレスター・ジョンの王国 50, 71, 121
フレッチャー、フランシス 105
フロビッシャー、マーティン 115, 118, 229
フロリダ 13, 76-81, 90, 93
プント国 19-20
フンボルト、アレクサンダー・フォン 16, 178-183, 185
ベア島 116
米国→アメリカ
ベイネス、トーマス 217
平面球体世界地図 13
平面天球図 65, 89, 111
ベット、ジョン 11
ベドリナの岩絵 9
ペトリーニ、パオロ 175
ベネット、ジェームズ・ゴードン 218
ベラルカサル、セバスティアン・デ 99
ベリオ、アントニオ・デ 122

ペリー、マシュー 224
ベーリング、ヴィトゥス・ヨナセン 14, 142-147, 225
ベーリング海峡 160, 192, 200, 224, 225, 227, 229, 234
ベリン、ジャック・ニコラ 147
ペルー 83, 94-99, 138, 183, 211
ベル、ガートルード 206, 246
ヘルヨルフソン、ビャルニ 35
ヘルランド 35
ヘレス、ロドリゴ・デ 57
ヘロドトス 11, 18, 20, 79
ヘンソン、マシュー 231
ベント、サイラス 230
ヘンリー7世 59, 63
ヘンリー、デイヴィッド 139, 148
ホーア、アニー 214
ボアジオ、ジョヴァンニ・バティスタ 101
ポイティンガー図 24
ボーウェン、エマニュエル 134, 141, 146
北西航路 16, 186
 ウィレム・バレンツとヘンリー・ハドソン 114-119
 ジェームズ・クック船長 160
 ジョン・フランクリン 14, 199, 200-205
 ジョン・ロス 14, 192, 198
 ロアール・アムンセン 228, 233-234
北米→アメリカ
北極 116, 224, 233
 ウィリアム・エドワード・パリー 190-195
 ジョン・フランクリン 200-205
北極点 117, 119, 226
 ジェームズ・クラーク・ロス 198-199
 北極点到達競争 16, 228-231, 234, 246
 メルカトルの地図 115, 197
ポッパム、ジョージ 121
ボドマー、カール 187
ホートン少佐、ダニエル 176
ホブソン、ウィリアム 203
ポリネシア航法 11
ボルガ・ブルガール 31
ボルタ・ド・マール 67, 72-73
ボルツ、ウィリアム 162
ポルトガル 13, 100, 109
 ヴァスコ・ダ・ガマ 52, 64-69
 熱帯アフリカ 48-51, 52, 121
 ペドロ・カブラル 70-75
ポーロ、ニコロ 40-41
ポーロ、マテオ 40-41
ポーロ、マルコ 13, 38-43, 47, 52, 57, 59
ボンシニョーリ、ステファノ 49, 224
ポンセ・デ・レオン、フアン 76-81, 89-90
ホンディウス 100, 120

索引 253

ボンヌ、リゴベール 154
ボンプラン、エメ 16, 178-183
ボーン、ロバート 104

マ

マウロ、フラ 43, 46-47
マオリ 133, 134, 157, 159-160
マクリントック、レオポルド 203
マゼラン海峡 84, 86, 87, 100, 105-106, 148, 149, 156
マゼラン、フェルディナンド 13, 82-87, 89, 94, 104, 149, 156
マッジョーロ、ヴィスコンテ 89
マッジョーロ羅針儀海図 11
マッソー号 61
マヌエル1世 66, 68, 70, 71, 73
マリアナ諸島 85
マリノス、テュロスの 24
マルクランド 36
南アメリカ→アメリカ
ミュンスター、セバスチャン 12, 92
ミラー世界地図 70
ムーア、トーマス 202
ムハンマド 29
メキシコ 90, 94
メキシコ湾流 79
メーリアン、ドロシア 208
メーリアン、マティウス 59, 207, 209
メーリアン、マリア・ジビーラ 207-210
メルカトル、ルモルド 23, 86, 115, 158, 197
メルツ、ザビエル 239-240, 243
メンドーサ、ルイス 84
モスクワ会社 14, 115, 117
モース、チャールズ 202
モーソン、ダグラス 238-240, 241, 242
モネロン、ポール 163
モファット、メアリー 217
モール、ハーマン 63, 137
モンタギュー、エドワード・ウォートリー 210
モンタギュー夫人、メアリー・ウォートリー 210-211
モンモランシー公 101

ヤ

ヤム国 19
ヤンスゾーン、ウィレム 126, 129
ヤンソン、ヤン 119, 127, 129
ユーラシア大陸周航 224-227
横浜 224, 227
ヨハンセン、ヤルマル 230

ラ

ライト・モリヌー地図 106
ラインハルト、ルートヴィッヒ 221

ラ・ジローデ、フランソワ・シュナール・ド 154
羅針儀海図 9, 10, 11, 38
ラスムッセン、イェンス・エリック・カール 35
ラ・トゥール、ルイ・ブリオン・ド 157
ラドック、アルウィン 58
ラブラドル半島 35
ラプラプ 85-86
ラ・ペルーズ伯、
　ジャン=フランソワ・ド・ガロー 14, 149, 162-167
ラマノン、ロベール・ド 162
ラ・マルティニエール、ジョゼフ 162
ランス・オ・メドー 36
ランデルズ、ウィリアム 221
リヴィングストン、デイヴィッド 215-220, 226
李之藻(りしそう) 112
リチャードソン、ジョン 202
リッチ、マテオ 108-113
リール、ギヨーム・ド 143
リンスホーテン、ヤン・ホイフェン・ファン 118
リンネ、カール 209
ルイ15世 149
ルイ16世 162, 163
ルイジアナ買収 170, 185
ルイシュ、ヨハネス 62
ルイス、バルトロメ 97
ルイス、メリウェザー 16, 184-189
ルケ、エルナンド・デ 97
ルスティケロ・ダ・ピサ 39-40, 42-43
ルッジェーリ、ミケーレ 111
ルファー、ヒエロニムス 83
ル・メール、ヤコブ 135
レイ、ジョン 203
レイース、ピーリー 33
レイネル、ペドロ 51, 70
レオ・ベルギクス 124
レオン、フアン・ポンセ・デ 13, 76-81, 89
レッドヤード、ジョン 176
レンネル、ジェームズ 175
ロシア 31-32, 143-147, 226
ロス、ジェームズ・クラーク 196-199, 200-202, 203, 233, 238
ロス、ジョン 16, 192, 198, 202
ローゼン、ゲオルク・フォン 225
ローマ(帝国) 12, 24
ロマンヴィル、シャルル・ルティエ・ド 149
ローリー卿、ウォルター 14, 120-123, 156, 182
ローリー、ワット 123

ワ

若返りの泉 79
ワクワク 30, 32
ワースリー、フランク 242-243, 244, 245

謝辞

　本書の作成にあたって、キングスフォード・キャンベル社のチャーリー・キャンベル、サイモン＆シュスター社のイアン・マーシャルにかけがえのない力添えをいただいた。またこのような美しい本をデザインしてくださったローラ・ニコルとキース・ウィリアムズに深く感謝する。立て続けの質問に辛抱強く答えてくれたフランクリン・ブルック＝ヒッチング、私を支えてくれた家族全員にも感謝を伝えたい。アレックスとアレクシ・アンスティ、デイジー・ララミー＝ビンクス、マットとジェンマ・トラウトン、ケイト・アワド、キャサリン・アンスティ、ロザムンド・アーウィン、リチャード・ジョーンズ、キャサリン・パーカー、ジューン・ホーガン、ジョージィ・ハレット、ティー・リーズの諸氏にも感謝している。QIの友人たち、ジョンとサラとココ・ロイド、ピアズ・フレッチャー、ジェームズ・ハーキン、アレックス・ベル、アリス・キャンベル・デイヴィス、アン・ミラー、アンドリュー・ハンター・マリー、アンナ・ターシンスキー、ダン・シュライバー、サンディ・トクスビグにも感謝する。

　また、本書に掲載したすばらしい地図や作品の数々を惜しげもなく提供し、本に載せることを許可してくださった皆様には特別な感謝を伝えたい。本書への協力を惜しまずご尽力くださったバリー・ローレンス・ルーダーマン・アンティーク・マップスのバリー・ルーダーマン氏、アルテア・アンティーク・マップスのマッシモ・デ・マルティニとマイルス・ベイントン＝ウィリアムズの両氏、ダニエル・クラウチ稀覯書店・地図販売店のダニエル・クラウチ氏はじめスタッフの方々、サザビーズのリチャード・ファットリーニとフランチェスカ・カールトン＝ジョーンズ両氏、サンダース骨董店のフィリップ・デボア氏、チャールズ・ミラー社に感謝する。それから最後になるが、イギリス王立地理学会図書館と大英図書館のすてきな（そして見事なまでに忍耐強い）図書館員の皆さんの力添えと助言に感謝を申し上げる。

図版・地図クレジット

Altea Antique Maps Pg 9-10, 11, 15, 156-157; **Austrian National Library** Pg 24; **Barry Lawrence Ruderman Antique Maps** Pg 12, 18, 20, 23, 34 , 40, 53, 58-59, 61, 71, 77, 78, 85, 86, 87, 92, 94, 110, 112, 113, 116, 119, 122, 128, 137, 141, 146, 147, 150-1, 166, 170, 174, 184, 195, 196-7, 207, 209, 212-3, 220, 226, 247; **Bavarian State Library** Pg 51; **Beinecke Rare Book and Manuscript Library** Pg 69, 185; **Biblioteca Estense, Modena, Italy** Pg 64-5; **Biblioteca Nazionale Marciana, Venice** Pg 43, 46 (bottom); **Bibliothèque nationale de France** Pg 38, 50, 70; **Biodiversity Heritage Library** Pg 164; **Photo Bodleian Libraries** Pg 28, 29, 47; **Boston Public Library** Pg 63; **bpk / Stiftung Preussische Schlösser und Gärten Berlin-Brandenburg / Jörg P. Anders** Pg 182; **Bridgeman Images** Pg 96; **British Library, London, UK/Bridgeman Images** Pg 102-3; **Bruun Rasmussen** Pg 35; **Charles Miller Limited** Pg 17; **Christies Images Limited** Pg 1, 2; **Daniel Crouch Rare Books** Pg 89; **Daniel Villafruela** Pg 67; **The Florentine Civic Museums (CC BY 3.0)** Pg 48, 224; **Fridtjof Nansen Institute** Pg 228, 229 (top); **bpk / Gemäldegalerie, Staatliche Museen zu Berlin / Jörg P. Anders** Pg 80-81; **Geographicus Fine Antique Maps** Pg 168; **Hampell Auctions** Pg 208; **Harry Ransom Center, University of Texas at Austin** Pg 54-55; **Jan Dalsgaard Sørensen** Pg 229 (bottom); **Karen Green** Pg 19 (top); **Library of Congress** Pg 72, 101, 107, 187, 219 **Geography and Map Division** Pg 44, 56, 62, 74-5, 76, 82-3, 98, 164-5, 186, 188-9; **mapsorama.com** Pg 45; **Martayan Lan Fine Antique Maps and Rare Books** Pg 172-3; **Metropolitan Museum of Art** Pg 54, 178; **Missouri Historical Society, St Louis** Pg 188 (top); **Mitchell Library, State Library of New South Wales**; Pg 163; **The Museum of Silhak** Pg 108-9; **bpk / Nationalgalerie, Staatliche Museen zu Berlin / Karin März** Pg 179; **National Library of Australia** Pg 134, 136, 140, 148, 221, 222, 240, 243, 244 (top right), p244 (bottom), p245 (top) ; **National Library of Norway** Pg 118, 231 (top); **National Museum of Fine Arts, Sweden** Pg 225; **Naval Museum of Madrid** Pg 52, 60; **National Portrait Gallery, London** Pg 123, 203 ; **New York Public Library** Pg 135, 138, 158 (top); **Peary-MacMillan Arctic Museum, Bowdoin College** Pg 230 (bottom), 231 (bottom); **Philadelphia Museum of Art** Pg 46 (top); **Royal Geographic Society** Pg 216; **Royal Museums Greenwich** Pg 198 (top); **Sanderus Antiquariaat, Ghent** Pg 26-7, 125; licensed with permission of the University of Cambridge, **Scott Polar Research Institute** Pg 245 (bottom); **Sir George Grey Special Collections, Auckland City Libraries** Pg 204; **Sotheby's** Pg 10, 30-1; **Stanford University** Pg 66; **State Library of New South Wales** Pg 132, 244 (top left); **State Library of Victoria** Pg 238, 242; **Stephen Chambers** Pg 198 (bottom); **Uppsala University Library, Sweden** Pg 90-91; **Walters Art Museum** Pg 33; **Yale Center for British Art** Pg 210; **Yale University** Pg 37; **Σταύρος** Pg 20

上記以外の地図は全て著者所有。

ナショナル ジオグラフィック協会は1888年の設立以来、研究、探検、環境保護など1万2000件を超えるプロジェクトに資金を提供してきました。ナショナル ジオグラフィックパートナーズは、収益の一部をナショナルジオグラフィック協会に還元し、動物や生息地の保護などの活動を支援しています。

日本では日経ナショナル ジオグラフィック社を設立し、1995年に創刊した月刊誌『ナショナル ジオグラフィック日本版』のほか、書籍、ムック、ウェブサイト、SNSなど様々なメディアを通じて、「地球の今」を皆様にお届けしています。

nationalgeographic.jp

THE GOLDEN ATLAS
Text Copyright © Edward Brooke-Hitching
First published in 2018 by Simon & Schuster UK Ltd
1st Floor, 222 Gray's Inn Road, London, WC1X 8HB
A CBS Company

Japanese translation rights arranged with
Simon & Schuster UK Ltd.
through Japan UNI Agency, Inc., Tokyo

世界をおどらせた地図

2019年10月14日　第1版1刷

著者	エドワード・ブルック=ヒッチング
訳者	関谷冬華
編集	尾崎憲和　葛西陽子
編集協力	小葉竹由美
日本語版デザイン	三木俊一＋守屋圭（文京図案室）
制作	クニメディア
発行者	中村尚哉
発行	日経ナショナル ジオグラフィック社 〒105-8308　東京都港区虎ノ門4-3-12
発売	日経BPマーケティング

ISBN 978-4-86313-443-0
Printed in Malaysia

© 2019 Fuyuka Sekiya
© 2019 日経ナショナル ジオグラフィック社
本書の無断複写・複製（コピー等）は著作権法上の例外を除き、禁じられています。購入者以外の第三者による電子データ化及び電子書籍化は、私的使用を含め一切認められておりません。
本書はSimon & Schuster UK社の書籍 The Golden Atlas を翻訳したものです。内容については、原著者の見解に基づいています。
NATIONAL GEOGRAPHIC and Yellow Border Design are
trademarks of the National Geographic Society, under license.